HERMES

在古希腊神话中,赫耳墨斯是宙斯和迈亚的儿子,奥林波斯神们的信使,道路与边界之神,睡眠与梦想之神,亡灵的引导者,演说者、商人、小偷、旅者和牧人的保护神……

西方传统 经典与解释
Classici et Commentarii **HERMES**

施特劳斯集

刘小枫 ● 主编

什么是政治哲学

What is Political Philosophy

[美]列奥·施特劳斯 Leo Strauss ｜ 著

李世祥 等 ｜ 译

华夏出版社

古典教育基金·"传德"资助项目

"施特劳斯集"出版说明

1899年9月20日,施特劳斯出生在德国Hessen地区Kirchhain镇上的一个犹太家庭。人文中学毕业后,施特劳斯先后在马堡大学等四所大学注册学习哲学、数学、自然科学,1921年在汉堡大学以雅可比的认识论为题获得哲学博士学位。1924年,一直关切犹太政治复国运动的青年施特劳斯发表论文"柯亨对斯宾诺莎的圣经学的分析",开始了自己独辟蹊径的政治哲学探索。1930年代初,施特劳斯离开德国,先去巴黎,后赴英伦研究霍布斯,1938年移居美国,任纽约社会研究新学院讲师,十一年后受聘于芝加哥大学政治系,直到退休——任教期间,施特劳斯先后获得芝加哥大学"杰出贡献教授"、德国汉堡大学荣誉教授、联邦德国政府"大十字勋章"等荣誉。

施特劳斯在美国学界重镇芝加哥大学执教近二十年,教书育人默默无闻,尽管时有著述问世,挑战思想史和古典学主流学界的治学方向,生前却从未成为学界声名显赫的大师。去世之后,施特劳斯逐渐成为影响北美学界最重要的流亡哲人:他所倡导的回归古典政治哲学的学问方向,深刻影响了西方文教和学界的未来走向。上个世纪七十年代以来,施特劳斯身后逐渐扩大的学术影响竟然一再引发学界激烈的政治争议——自由主义知识分子觉得,施特劳斯对自由民主理想心怀敌意,是政治不正确的保守主义师主;后现代主义者宣称,施特劳斯唯古典是从,没有提供应对现代技术文明危机的具体理论方略。为施特劳斯辩护的学人则认为,施特劳斯从来不与某种现实的政治理想或方案为敌,也从不提供解答现实政治难题的哲学论说;那些以自己的思想定位和政治立场来衡量和评价施特劳斯的人，不外乎是以自己的灵魂高度俯视施特劳斯立足于古典智慧的灵魂深处。施特劳斯关心的问题更具常识品质，而且很陈旧：西方文明危机的根本原因何在？施特劳斯不仅对百年来西方学界的这个老问题作出了超逾所有前人的深刻解答，而且提出了切实可行的应对方略：重新学习古典政治哲学作品。施特劳斯的学问以复兴苏格拉底问题为基本取向，这迫使所有智识人面对自身的生存德性问题：在具体的政治共同体中，难免成为"主义"信徒的智识人如何为人和治学。

如果中国文明因西方文明危机的影响也已经深陷危机处境，那么施特劳斯的学问方向给中国学人的启发首先在于：自由主义也好，保守主义、新左派主义或后现代主义也好，是否真的能让我们应对中国文明的危机问题——"施特劳斯集"致力于涵括施特劳斯的所有已刊著述（包括后人整理出版的施特劳斯生前未刊文稿和讲稿；已由国内其他出版社购得版权的《霍布斯的政治哲学及其起源》《思索马基雅维利》《城邦与人》《古今自由主义》除外），并选译有学术水准的相关研究文献。我们相信，按施特劳斯的学问方向培育自己，我们肯定不会轻易成为任何"主义"的教诲师，倒是难免走上艰难思考中国文明传统的思想历程。

古典文明研究工作坊
西方典籍编译部甲组

目 录

中译本说明 ·· 1

前 言 ·· 1
一 什么是政治哲学？ ·· 1
二 政治哲学与历史 ·· 47
三 论古典政治哲学 ·· 66
四 重述色诺芬的《希耶罗》 ·································· 83
五 法拉比如何解读柏拉图的《法义》 ························ 121
六 迈蒙尼德论政治科学 ···································· 145
七 论霍布斯政治哲学的基础 ································ 162
八 洛克的自然法学说 ······································ 189
九 注意一种被遗忘的写作艺术 ······························ 215
十 里茨勒 ·· 227
书评十六则 ·· 256

附录
　朗佩特　"什么是政治哲学"中的论证 ······················ 304

人名索引 ·· 319

中译本说明

本书是施特劳斯学述的标志性著作,尽管看起来是一部松散的论文集而非专著,其中有的篇章是书评,最后还附有十六则书介性的简短书评——在施特劳斯的著作名目中,"政治哲学"这一提法出现过两次:"什么是政治哲学"与"柏拉图式的政治哲学",看起来有如一对问答式,而且两书都是文集。

百年来,中国智识人追慕过好些西方哲学的样式:1930年代我们热衷的实用主义哲学,如今已了无踪迹;1980年代非常走红的存在主义哲学,如今也几乎销声匿迹。西方哲学的面目在国朝学界眼下主要呈现为现象学哲学、分析哲学、解释学哲学、解构哲学,这些主流样式无不依托种种现代思想经验。与此有别,施特劳斯的"政治哲学"依托苏格拉底的个体经历,以整个西方思想史为织体,所展开的是西方哲学的整个古典传统。

尽管如此,施特劳斯的学问在西方学界迄今不是显学或主流,将来也不会成为显学,原因在于,施特劳斯学述把源源不断的新生学子引向了柏拉图式的政治哲学传统,热爱哲学的青年最终在古典大书中安居乐业。一旦古典学问成了一国学术的丰厚土壤,成为显学的显然并非施特劳斯学述,而是古典学问本身。

前不久,上海有家学术书店在推荐一本关于施特劳斯政治哲学的书的中译本时宣称,"引进施特劳斯给中国学界带来了不小的思想混乱"。这种说法表明如下情形是真实的:现代的种种"主义"乃是国朝学界的思想基础。的确,在施特劳斯所展开的政治哲学引领下，一旦年轻学子的向学热情经受过古典学问的浸润，必将逐渐懂得人类政治生活的严峻性和复杂性，不再头脑简单地以种种传媒观念来衍化哲学，自由主义意识形态担心的"思想混乱"就来了。

施特劳斯的政治哲学进入汉语学界很晚，甚至晚于解构哲学，以至于我们不少人以为，这是西方学界最新、最时髦的哲学样式。其实，就学术生涯来讲，施特劳斯展开柏拉图式的政治哲学晚于海德格尔展开现象学哲学不到十年。由于施特劳斯学述几乎无不是绎读前人要著，没有一套自家理论体系，自然不易引人注目。

不仅如此，用今天的话说，施特劳斯学述还非常"低调"，为学质朴，比如写了不少在大牌教授看来不屑为之的书介性评论。施特劳斯执教芝加哥大学时，有好几位修读思想史的中国留学生同期在读，我们从未听他们后来提到过这位获得芝大"杰出贡献教授"荣誉的老师。

施特劳斯展开古典政治哲学远早于伽达默尔的解释学哲学（遑论德里达的解构哲学），但解释学哲学在 1980 年代就开始成为国朝学界的显学，毕竟，《真理与方法》具有大理论样式，耀眼得多。本书中的第一篇作品"什么是政治哲学"同样在 1980 年代就译成了中文（节译），但我们当时谁都没有注意到这篇纲领性文献的分量及其深远的思想学术史含义。

晚近十年来，不断有年轻学子满怀崇敬地热切研读施特劳斯，在我们购得本书版权之前，几位年轻有为的青年学人出于自己学习的目的自发地译出了本书中的若干篇什（第 2、3、5、6、9 篇），本稿采用这些译文时做了校订，统一格式，但尽量保留原译文风。全书各篇译文均经两度审校，最后由张缨博士统校。

施特劳斯的学生 Hilail Gildin 在先师去世后编的《政治哲学导引十论》(*An Introduction to Political Philosophy Ten Essays by Leo Strauss*, Wayne State University Press, 1989) 选录了本书好几篇文章，并加了一些注释，中译本采编了这些注释。

本书看起来不难读，其实不然——《施特劳斯与尼采》一书的作者朗佩特曾写过一篇解读文章，对我们阅读本书颇有帮助，这里一并译出收作附录。

刘小枫

中国人民大学文学院

古典文明研究中心

2010年2月

前　言

[5]本书收集的文章此前都发表过,但并非所有文章最初都以英文发表。我于1954年12月和1955年1月在耶路撒冷的希伯来大学举办马格内斯(Judah L. Magnes)讲座,"什么是政治哲学"是此次讲座的修订版;希伯来语译稿1955年4月刊载在《耶路撒冷哲学季刊》(*Iyyun*)上,同时附有英文概要;第一次讲座翻译成意大利文登在1956年第二期《政治家》(*Il Politico*)上;文章还有一部分刊登在1957年8月的《政治学刊》(*Journal of Politics*)上。"政治哲学与历史"1949年1月刊登在《思想史学刊》(*Journal of the History of Ideas*)上。"论古典政治哲学"1945年2月刊登于《社会研究》(*Social Research*),再版于Karl de Schweinitz和Kenneth W. Thompson所编的《人与现代社会》(*Man and Modern Society*, New York：Holt, 1953)。"重述色诺芬的《希耶罗》"翻译成法文刊登于《论僭政文选》(*De La Tyrannie*, *Les Essais*, LXIX, Paris：Gallimard, 1954)。"法拉比如何解读柏拉图的《法义》"收入《马西尼翁纪念论文集》第三卷(*Mélanges Louis Massignon*, Damascus, 1957)。"迈蒙尼德论政治科学"刊登在1953年的《美国犹太研究学院学报》(*Proceedings of the American Academy for Jewish Research*)上。"论霍布斯政治哲学的基础"1954年4月翻译成法文登在《评论》(*Critique*)上。"洛克的自然法学说"1958年6月登在《美国政治科学评论》(*American Political Science Review*)上。"注意一种被遗忘的写作艺术"刊登在《芝加哥评论》(*Chicago Review*)1954年的冬春号。"里茨勒"是在纽约市社会研究新校研究生部的纪念性讲座基础上扩充而成,[6]刊登在1956年《社会研究》(*Social Research*)春季号。

[关于十六则书评]除了以下几篇,其余书评都刊登在1941年至1950年的《社会研究》:评克莱姆斯(S. B. Chrimes)编译的福蒂斯丘(John Fortescue)作品,发表于1943年9月的《哥伦比亚法律评论》(Columbia Law Review),评高夫(J. W. Gough)的《洛克的政治哲学》,发表于1950年9月的《美国政治学评论》(The American Political Science Review),评西蒙(Yves R. Simon)的《民主政府的哲学》(Philosophy of Democratic Government),发表于1952年7月的《新经院哲学》(The New Scholaticism)。

感谢上述书籍或期刊的编辑和版权人惠允再版。

列奥·施特劳斯

一 什么是政治哲学?

李世祥 译 刘振 校

一、政治哲学问题

[9]应邀在耶路撒冷讲政治哲学是项艰巨的任务,这既是无上的荣誉,又是一个挑战。与地球上其他任何地方相比,这座城市这片土地上的人们对政治哲学的主题——"正义之城,忠信之城(the city of righteousness, the faithful city)"——抱有更为严肃的态度。没有地方能像在这片神圣的土壤上这样,最纯净的心灵和最高尚的灵魂如此热忱地渴望正义和正义之城。我完全清楚,对任何人来说,我所表达的,充其量不过是对我们先知视见(vision)的依稀再现或无力模仿。我甚至会被迫把你们领入一个地域,在那里,对那种视见最为模糊的记忆正在彻底消亡——上帝的王国被讥笑为想象中的封邑——更不消说,我会被迫将你们领入先知视见[10]从未照亮的地域。但尽管或主动或被动地迫使自己远远偏离我们神圣的传统,或者对之保持沉默,我仍时刻无法忘记耶路撒冷代表着什么。

自政治哲学在雅典萌生以来,政治哲学的意义及重要特点在今天同过去一样明显。所有政治行动的目标不是保守就是变革。当渴望保守时,我们希望不要变得更糟;当渴望变革时,我们希望能带来更好的东西。所有的政治行动因而都由某种更好或更糟的思想引导。但关于更好或更糟的思想隐含着关于善(the good)的思考。引导着我们所有行动的对善的意识(the awareness of the good)具有意见的特点:对善的意识不再受到质疑,但经过反思,它又证明自己是可疑的。我们能够质疑对善的意识,恰恰这一事实把我们指向不再可疑的关于善的这样一种思想——指向一种不再是意见而是知识的思想。然后,所有的政治行动本身都指向了关于善的知识:关于好的生活或好的社会。因为好的社会是完整的政治的善。

如果这种指向性变得一目了然,如果人们把获得有关好的生活、好的社会的知识作为他们明确的目标,政治哲学就出现了。称这种追求为政治哲学暗示着政治哲学是一个更大整体——哲学——的组成部分;或者说,政治哲学是哲学的一个分支。在"政治哲学"这一表述中,"哲学"表示处理的方式:这种处理既追根究底又包罗万象;"政治的"既表示主题又表示功能:政治哲学以一种与政治生活相关的方式处理政治事宜;因此,政治哲学的主题必须与目的、与政治行动的最终目的相同。政治哲学的主题是人类的各种伟大目标:自由以及政府或帝国——这些目标能够提升所有人超越他们可怜的自我。政治哲学是与政治生活、非哲学生活和人类生活最近的一个哲学分支。只有在《政治学》中,亚里士多德才使用了誓言——激情演说不可避免的伴生物。

既然政治哲学是哲学的分支,那么,关于什么是政治哲学,即使最临时的解释都无法[11]摆脱对什么是哲学的解释,无论那种对哲学的解释多么临时。探求(quest for)智慧的哲学是对普遍知识的探求,对整全(the whole)知识的探求。如果此类知识唾手可得,就没有必要探求。但缺乏整全的知识并不意味人们对整全毫无想法:关于整全的各种意见必然先于哲学。因此,哲学是用有关整全的知识取代有关整全的意见的尝试。除了"整全",哲人们还说"万物(all things)":整全不是一片纯净的以太(a pure ether)或一团彻底的黑暗,在其中人无法分清各个部分,或者察觉不到任何事物。对有关"万物"的知识的探求意味着探求有关神、世界和人的知识——或者不如说,意味着对万物本性(natures)的知识的探求:万事万物的本性的总体就是"整全"。

从根本上讲,哲学并不拥有真理,而是探求真理。哲人与众不同的特点是"他知道自己一无所知",洞察到我们对最重要事物的无知促使他倾尽全力去获取知识。若是因这些事物无法回答就回避与此相关的问题或置之不理,他就不再是哲人。关于这些问题可能得出的答案,正方与反方将始终或多或少地处于平衡状态,因此哲学决不会超出商讨或争论的阶段,决不会达到决策的阶段。这并不会使哲学毫无用处。清楚地把握一个根本问题要求人们理解这个问题所涉及的主题的本性。真正地知晓、全面地理解一个根本问题要好过对这一问题的盲目或无所谓,无论伴随着这种盲目或无所谓的,是否有对大量外围或暂时的问题的答案的知识。"有关最崇高事物最细微的知识也要胜过有关琐碎事物最确定的知识"(托马斯·阿奎那[Thomas Aquinas]:《神学大全》[Summa Theologica],I, qu. 1a.5.)。

政治哲学就是以这种方式来理解事物的哲学的一个分支。政治哲学是用关于政治事物本性的知识取代关于政治事物本性的意见的尝试。[12]政治事物依其本性容易受制于支持与反对、选择与抵制以及称赞与责怪。政治事物的精髓不是中立,而是对人们的服从、效忠、决定或判断提出主张。如果一个人没有从好或坏、正义或不义的角度严肃对待他们或直白或含蓄的主张,也就是说,如果没有根据好或正义的标准衡量他们的主张,他就没有理解这些主张作为政治事物的真实面目。要做出健全的判断,人必须知道真正的标准。政治哲学如果希望公正对待其主题,就必须竭力获取这些标准的真正知识。政治哲学是一种尝试,旨在真正了解政治事物的本性以及正当的或好的政治秩序。

政治哲学应与一般的政治思想区别开来。我们的时代常常把两者等同。人们如此贬低哲学的名誉,以至于有庸俗骗子的哲学的说法。通过政治思想,我们理解到对各种政治观念(political ideas)的反思和阐述;通过一种政治观念,我们可以理解涉及各种政治基本原则时任何具有政治重要性的"幻象、概念、种类或大脑思考时能够调用的一切"。因此,所有的政治哲学都是政治思想,但并非所有的政治思想都是政治哲学。政治思想对意见与知识的差别漠不关心；但政治哲学则有意识地、连贯并不懈地努力用有关政治基本原则的知识取代有关政治基本原则的意见。政治思想可能至多是详述一个坚定地持有的确信（conviction）或一种鼓舞人心的神话，或者至多为这样的确信或神话辩护，甚至可能有意如此；但对政治哲学至关紧要的是，通过忧虑地意识到确信或信仰与知识之间的根本区别，它将被投入运转（be set in motion），并被保持于运转中。一位并非哲人的政治思想家主要对一种特定的秩序或政策感兴趣，或者依附于这种秩序或政策；政治哲人主要对真理感兴趣，或依附于真理。一种并非政治哲学的政治思想可以在法律法典、诗歌故事、宣传手册和公共演说以及其他种种［形式］（inter alia）中得到恰当的表达；表述政治哲学的适当形式是论文（the treatise）。政治思想同人类一样古老；第一个讲出诸如［13］"父亲"一词或"汝不应（thou shalt not）……"短语的就是第一位政治思想家；但政治哲学出现在有史可载的过去中一个可知的年代。

人们如今经常将政治理论理解为对政治形势的全面反思，这种反思能为一种宽泛政策的提出做好准备。作为最后的手段，此类反思诉诸民意（public opinion）或相当一部分民意所接受的原则；也就是说，它们武断地假定了能被充分质疑的各种原则。这个意义上的政治理论作品是平斯克①（Pinsker）的《自我解放》（Autoemancipation）和赫茨尔②（Herzl）的《犹太国》（Judenstaat）。平斯克的《自我解放》以这句话为座右铭："如果我不为自己，谁将为我？如果不是

---

① ［译按］Leon Pinsker,1821－1891,俄国犹太思想家,外科医生,犹太复国主义的先驱。著有《自我解放》一书,分析反犹主义的根源,认为解决犹太问题的唯一途径是进行"自我解放",建立独立国家。

② ［译按］Theodor Herzl,1860－1904,奥匈帝国的犹太裔记者,犹太复国主义之父,著有《犹太国》和《新故土》（Altneuland）。

现在,又是何时?"它略去了:"如果我只为自己,我是什么?"①平斯克默然否认这一省略所表达的思想,这是其政治宣传手册展开论证至关重要的前提。平斯克并未对这种否认做出合理的解释。要为之辩解,人们将不得不求助于政治哲人斯宾诺莎《神学政治论》的第三章和第十六章。

我们被迫把政治哲学与政治神学(political theology)区分开来。我们将政治神学理解为以神的启示(divine revelation)为基础的政治教诲。政治哲学则限于人类头脑独力能够触及的事物。至于说社会哲学(social philosophy),它与政治哲学主题相同,但采取的视角与之不同。政治哲学依赖的前提是,政治关联——一个人的祖国或民族——是最全面最权威的关联,而社会哲学却把政治关联看作一个更大整体(它将之命名为"社会")的一部分。

最后,我们必须商讨政治哲学与政治科学的关系。"政治科学"是一个含混的词汇:它指明对政治事物的这类探究要受自然科学模式的引导,它指明此类工作要由政治科学系的成员进行。对于前者,我们可以称为"科学的"政治科学,它自视为获得政治事物真正知识的唯一方式(the way)。正如只有当人们从徒劳的思辨(speculation)转向经验性和实验性的研究时才开始形成关于自然事物的真正知识,关于政治事物的真正知识[14]也只有当政治哲学完全让路于政治的科学研究时才开始形成。正如自然科学自立自足,最多是无意中为自然哲人提供思辨的材料,政治科学也自立自足,最多是无意中为政治哲人提供思辨的材料。考虑到前一种追求的牢固与后一种追求可怜的自命不凡特征之间的反差,更合理的做法是彻底摈弃政治哲学模糊空洞的思辨,而非继续在口头上赞成一种全无信誉且老朽的传统。科学——自然科学和政治科学——坦白说都是非哲学的。它们只需要一种哲学:方法论或逻辑。但这些哲

---

① [译按]此句格言出自公元前1世纪的犹太先贤希勒尔(Hillel the Elder),施特劳斯补充的部分位于平斯克引述的两个问题的中间。

学学科显然与政治哲学没有什么共同之处。"科学的"政治科学实际上与政治哲学水火不相容。

名为"政治科学家(political scientists)"的人们所做的有用工作无关任何对"科学的"政治科学的抱负。它只包含小心谨慎地收集并分析与政治有关的数据。为了理解这一工作的意义,我们回顾一下先前对政治哲学下的临时定义。政治哲学就是理解政治事物本性的尝试。在尝试理解政治事物的本性之前,人必须知道政治事物:人必须掌握政治的知识。至少每个心智健全的成年人都掌握一定程度的政治知识。关于税收、警察、法律、监狱、战争、和平、停战,每个人都知道点儿。每个人都知道战争的目标是胜利,战争需要做出极大的牺牲和其他许多损失,勇敢得到赞誉,怯懦遭人谴责。每个人都知道买件衬衫与投一次票不同,前者本身并不是一个政治行动。普通人掌握的政治知识肯定不如以提供政治事物信息和指导为业的人知道得多。普通人的政治知识当然也比不上有着长期丰富政治阅历且极富才智的人。在阶梯的顶端,我们发现伟大的政治家掌握着最高程度的政治知识、政治理解力、政治智慧及政治技巧:这是原初意义上的政治科学(politikē epistēmē)一词的含义所在。

[15]所有的政治知识都由政治意见环绕和点缀。说到政治意见,我们这里理解的意见不同于有关政治事物的知识:错误、猜测、信念、偏见、预测等等。政治生活的实质由政治知识与政治意见的混合所引导。因此,所有政治生活都伴随着用政治知识取代政治意见的努力,这种努力或多或少是连贯而且艰辛的。我们知道,即便声称掌握的知识超出人的知识范畴的各种政府也动用间谍去获取知识。

社会的特性(the character of society)最近发生了一次变革,这对政治知识的特性以及我们对政治知识的要求产生了深远的影响。在过往时代,通过倾听睿智长者讲话、阅读优秀史家的作品,通过观察周遭的世界和投身公共事务,有才智的人能够获得政治知识以及他们所需的政治理解力。这些获取政治知识的办法现在不再够用,因为我们生活在"动态的大众社会"(dynamic mass societies),此类社会的特征是极其复杂、瞬息万变。与以前的时代相比,政治知识更难获得,而且比以前更快过时。在这种情况下,必然有许多人完全投身于收集和消化有关政治事物的知识这一任务。正是这种活动如今经常被称为政治科学。如果这种活动不在别的事物中得到实现,如下这点就不会显露出来:即使那些对当今局势毫无影响的政治问题,也值得研究,而且必须尽可能小心地研究,这种有意为之的特别的小心,是为了对付我们在政治事物的判断上易犯的那些特别的错误。而且,我们谈到的这些人费尽千辛万苦,要给政治知识一个能在教室里传授的教诲形式。此外,即便是最无所顾忌的政客为了成功也必须不断地努力用政治知识更替他头脑里的政治意见,然而,研究政治事物的学者却会超越这一点,尽力公开陈述其探究结果,毫不隐瞒,毫无派性:他将扮演已获启蒙的、[16]没有任何私心的爱国公民的角色。换个不同的表达,对政治知识的学术探求从根本上受道德冲动和对真理的热爱的激励。但无论人们如何构想对政治知识的学术探求与非学术探求的差异,无论这些差异如何重要,两者在一个决定性的方面是相同的:它们参考的中心都是特定的政治形势,甚至在大多数情况下都是学者自己国家特定的政治形势。以色列的植物学家尤其关注以色列的植物群,加拿大的植物学家特别关注加拿大的植物群。但这种差异不过是一种方便甚至是不可或缺的劳动分工的结果,其特性完全不同于以色列与加拿大的政治科学家的成见之间的差异,这两种差异仅仅看起来相似。只有当此时此地(Here and Now)不再是参考的中心,才会出现一种对政治的哲学的或科学的研究途径(approach)。

对政治事物的所有知识都暗含着有关政治事物之本性的各种假设;这些假设不仅事关特定的政治形势,而且事关政治生活或者说人类生活本身。如果对于战争本身及其在人类生活中的位置本身没有丝毫概念——无论这种概念多么昏暗朦胧——人就无法了解特定时间的一场战争的任何情况。若没有对法律和政府做出一种假设,人就无法把一个警察看作警察。有关政治事物之本性的假设暗含于对政治事物的所有知识中,具有意见的特征。只有当这些假设作为主题经受了连贯的批评性分析,才会出现一种对政治的哲学的或科学的研究途径。

政治知识的认知状态与牧人、丈夫、将军或厨师所掌握知识的认知状态并无不同。不过,这些类型的人的追求并不会催生田园哲学、婚姻哲学、军事哲学或烹饪哲学,因为他们的最终目标足够清楚,毫不含混。另一方面,最终的政治目标则迫切需要连贯的反思。将军的目标是胜利,而政治家的目标是共同的善(the common good)。胜利的含义从根本上说并无争议,但共同的善的含义[17]从根本上说则是有争议的。政治目标的含混性归因于其包罗万象的(comprehensive)特性。因此,就出现了一种诱惑,否认或回避政治的包罗万象的特性,把政治看作众多部分中的一个。但是,如果必须面对我们作为人类的处境,也就是整全的处境的话,就必须抵制这种诱惑。

我们一直努力想给出定义的政治哲学自从产生就一直得到培育,几乎从未中断过,直至不久前。今天,政治哲学即便还没完全消失,可能也已处于衰微或腐烂的状态。不仅政治哲学的主题、方法和职能完全无法获得一致,而且政治哲学任何形式的可能性本身都开始成为问题。学院里政治科学老师们唯一仍同意的一点是研究政治哲学史的用处。说到哲人,用柯亨(Hermann Cohen)①的作品对照最近四十年最伟大的四位哲人——柏格森、怀特海、胡塞尔和海德格尔——的作品,就足以看到政治哲学如何开始迅速彻底地失

---

① [译按]柯亨(1842－1918),德国犹太裔哲学家,新康德主义马堡学派创始人之一,常常被奉为19世纪最重要的犹太哲学家,其主要作品有《康德伦理学基础》(*Kant's Begründung der Ethik*,1877),《论康德对德国文化的影响》(*Von Kant's Einfluss auf die Deutsche Kultur*,1883),《源于犹太教资源的理性宗教》(*Religion der Vernunft aus den Quellen des Judentums*,1919)等。

去信誉。我们可以对目前的处境做如下描述。起初,政治哲学等同于政治科学,它是对人类事务无所不包的研究。今天,我们发现政治哲学已被切成碎片,它们就仿佛一条虫子的各个片段。首先,人们把对哲学与科学的区分应用于研究人类事务,相应地还在非哲学的政治科学与非科学的政治哲学之间作出区分,在当前的情况下,这种区分夺去了政治哲学的全部尊严和全部诚实。进而,以前属于政治哲学或政治科学的很大部分现在都被解放到经济学、社会学和社会心理学的名下。剩下的可怜的残渣,诚实的社会科学家对之并不在意,这些残渣沦为历史哲学家还有那些更喜欢以信仰表白(professions of faith)自娱的人的猎物。当我们说,除了作为供埋葬的材料(也就是供历史研究)或者作为那些苍白无力难以令人信服的断言的主题,政治哲学在今天已不复存在,我们绝无夸张。

如果深入探究产生这一巨大变革的原因,我们会得到[18]这样的答案:政治哲学是非科学的,或者说是非历史的,或者两者兼备。科学和历史,现代世界的两大力量,最终成功地毁灭了政治哲学存在的可能性本身。

把政治哲学斥为非科学是现今实证主义的特征。实证主义已违背了孔德(Auguste Comte)创立时的初衷。但在有一点上它仍赞同孔德,即主张现代科学是知识的最高形式,这恰恰是因为,现代科学的目标不再像神学和形而上学那样是关于为什么的绝对知识,而是关于如何做的相对知识。但经过实用主义、进化主义和新康德主义的修正,实证主义已完全放弃了孔德的希望——孔德原本希望,以现代自然科学为模式的社会科学将能够克服现代社会的智识混乱。大约在19世纪的最后十年,社会科学实证主义发展到其最后形式,它认识到或者裁定说事实与价值之间有一个根本的区别,只有事实判断才在科学的能力范围内:科学的社会科学是无能做出价值判断的,因而必须彻底避免价值判断。关于此类陈述中"价值"一词的含义,我们只能说"价值"意味着偏好的事物和偏好(preference)的原则。

今天讨论社会科学实证主义的信条不能不解释政治哲学的含义。我们尤其要重新考虑这种实证主义的实际后果。实证主义的社会科学是"价值无涉的"或"伦理中立的":无论善与恶得到怎样的理解,它在善与恶的冲突中都保持中立。这意味着,所有社会科学共同的基础,他们进行研究和商讨的基础,只能通过摆脱道德判断或者抽取掉道德判断的过程来达到:道德迟钝是科学分析的必要条件。我们尚未对道德区分完全麻木,从这个意义上讲,我们被迫做价值判断。审视社会或人类现象时不做价值判断,这种习惯对任何偏好都有腐蚀性影响。我们作为社会科学家越严肃,就能越彻底地在我们内部培养出一种状态,[19]对任何目标无动于衷,漫无目的,随波逐流,这种状态可以称为虚无主义。社会科学家对于各种偏好并没有免疫力;他作为一个人、一个公民必定有种种偏好,这些偏好有可能战胜其科学的超然,社会科学家的活动就是不断与这些偏好抗争。他献身于一种,也是唯一一种价值——真理,从而获得力量来对抗这些危险的影响。但依照社会科学家的原则,真理并不是一种必须要选择的价值:人们既可以选择它也可以拒绝它。实际上,科学家作为科学家已经选择了真理。但无论科学家还是科学并非完全必不可少。就社会科学本身是不是好这个问题,社会科学无法做出判决。于是它被迫教导说,社会有同样的权利和理由来支持社会科学或因其破坏性、颠覆性、腐蚀性和虚无性而压制社会科学。但非常奇怪的是,我们发现社会科学家们非常焦虑地要"推销"社会科学,也就是说,要证明社会科学是必要的。他们的论证如下。不管我们的偏好或目标是什么,我们都希望实现我们的目标;为了实现我们的目标,我们必须知道使用什么样的手段对于我们的目标是可行的;但对任何社会目标的可行手段有恰切的知识,这是社会科学的唯一职能,也唯有社会科学作为其唯一的职能;因此,对任何社会或社会运动来说,社会科学都是必要的;社会科学因而是完全必要的;从各个角度来看,社会科学都是一种价值。但一旦认可这一点,我们就不由会严肃地产生疑问:是否还有其他几种事物从各种角度看、在每个思考的人看来也必定是价值?为避免这种不便,社会科学家必然轻视对公共关系或私人进步的所有考量,而避难于一个高尚的主张,即他并不知道而只是单纯相信探索真理是好的:其他人有同样权利可以相信探求真理是坏的。但他提出这一论点的含义是什么?要么他对高贵的目标与不高贵的目标做一个区分,要么他拒绝做这样的区分。如果他在高贵的目标与不高贵的目标之间做区分,那么他就会说有各种各样的高贵目标或理想,没有一个理想能与所有其他的理想相容:如果一个人选择真理作为其理想,那么他必然拒斥其他的理想;在这种情况下,对高贵者而言,就不会有一种必然性——一种明显的必然性——去优先选择真理而非其他理想。但只要社会科学家谈到[20]理想,并由此区分高贵的与不高贵的目标,或者区分理想主义的正直与小气的自私自利,他就做了一个价值判断,而根据其根本论点,这个价值判断不再有必要。社会科学家肯定接着说,把追求安全、收入、尊重作为自己生活的唯一目标同把追求真理作为主要目标一样正当。社会科学家由此又会受到怀疑,人们会认为他作为社会科学家的活动没有其他的目的,不过是为了增加他的安全、收入和声誉,或者说,他作为社会科学家的才能不过是一种准备卖个最高价儿的技巧。诚实的公民将开始怀疑,这样一个人能否得到信任,或者说,他是否能忠诚,因为他肯定主张,反对把忠诚作为自己的价值同选择忠诚作为自己的价值一样有道理。总之,他将陷入困境,在柏拉图的《王制》卷一中,这种困境导致忒拉绪马霍斯(Thrasymachus)的败北以及苏格拉底对他的驯服。

不消说,我们的社会科学家虽然可能感到困惑,但绝非不诚实,也绝非缺乏正直(integrity)。他宣称,正直和追求真理是人们既可选择又可反对的价值,而且选择和反对的权利相等,这种宣称纯粹是嘴皮子功夫,对此他的内心或头脑并不以为然。我碰到过的所有科学的社会科学家,除了献身于真理和正直外,无不全心致力于民主制。当他说民主制作为一种价值并不明显优越于与之对立的价值时,他的意思并不是他被自己反对的选项所打动,或者说他的内心或头脑受本身同样有吸引力的两个选项的相互撕扯。其"伦理中立"远非虚无主义或通向虚无主义的道路,它不过是没有头脑和粗俗的一种托辞:通过说民主制和真理是价值,社会科学家实际上在说,一个人不必非要思考这些事物为什么好,他可以同任何其他人一样,屈从于他所在的社会采纳和尊重的价值。社会科学实证主义培育出的虚无主义并不比因循守旧(conformism)和平庸俗气(philistinism)更多。

没有必要在此时此刻商讨社会科学实证主义的理论弱点,只要提一提对这一学派做过重大反驳的各种考量就足够了。[21](1)不做价值判断就不可能研究一切重要的社会现象。有人认为没有理由不蔑视视野限于消耗食物及其消化的那些人,这种人可能是尚可忍受的计量经济学家;他对人类社会的特性说不出什么切题的话。有人拒绝对伟大的政治家、庸人和疯狂的冒名顶替者进行区分,这样的人可能是好的传记作家;但对于政治和政治历史,他说不出什么切题的话。有人无法区分深刻的宗教思想和令人衰弱的迷信,这种人可能是好的统计学家;但对于宗教社会学,他说不出什么切题的话。一般来说,不做评价就不可能理解思想、行动或工作。如果我们没能力做恰当的评价——如我们极其频繁地所做的那样,我们就还不能成功地进行恰当的理解。禁止价值判断从政治科学、社会学或经济学的前门进入,它就通过后门进入这些学科;从当今的社会科学通过其附属学科(annex)做出价值判断,价值判断这种附加物人们称之为精神病理学(psychopathology)。社会科学家看到自己被迫谈论患失衡症、神经症(neurotic)和心理失调的(maladjusted)人们。但这些价值判断与伟大的史学家们使用的价值判断不同,差别不在于其更清晰、更明确,而仅仅是其更贫乏:精明的圆滑之徒同好人或好公民调节得一样好,甚至可能调节得更好。最后,我们绝对不能忽视看不见的价值判断,无辨别力的眼睛看不见这些价值判断,但无论如何,它们在所谓纯粹描述性的概念中得到最有力的表现。例如,当社会科学家们区分人类民主的与威权的(authoritarian)习惯或类型时,据我所知,他们称为"威权"的事物在任何情况下都是对他们(作为某种好的民主分子)不赞同的一切的一种漫画式描摹(caricature)。或者说,当谈到正当性(legitimacy)的三项原则——理性的、传统的和超凡魅力的(charismatic)原则时,社会科学家们运用的独特表述——"超凡魅力的常规化"①——泄露出一种新教的或自由派的偏好,任何保守的犹太人和大公教徒(Catholic)都不会接受这种偏好:根据"超凡魅力的常规化"的概念,出于圣经预言的犹太律法(the Halakah)的产生,以及出于新约教诲的大公教会(Catholic Church)的产生,必然都是"超凡魅力的常规化"的实例。如果有人反驳说,[22]在社会科学中价值判断确实在所难免,但这些价值判断不过是一种前提条件(a merely conditional character)。那么,我会如此答复:当我们对社会现象感兴趣时,所说的这些条件难道不是必然要得到满足?社会科学家难道不是必然要作出假设说,在这个世界上健康的社会生活是好的,正如医学必然要作出假设说,健康和健康长久的寿命是好的?还有,难道不是所有的事实断言(factual assertions)都建立在各种条件或假设的基础之上,只要我们实事求是地加以处置(deal with facts qua facts)(比如,

---

① [译按]超凡魅力的常规化(routinization of charisma)是马克斯·韦伯的社会理论术语,韦伯在《经济与社会》中认为,超凡魅力是个体品格的某种素质,个体凭借这种素质与普通人区别开来并被奉为超自然的超人,或至少是具有杰出的能量或品质,而常人无法具备这种品质。人们认为超凡魅力源于神或视其为典范,个体基于超凡魅力被视为领袖。超凡魅力几乎总是在传统权威或法律权威设定的背景下发展,但超凡魅力依其本性倾向于对传统权威提出挑战,而超凡魅力对社会的不断挑战最终使超凡魅力被纳入社会中,继之以一个依靠理性权威或理性权威与传统的结合物建立的官僚体制。例如,穆罕默德在追随者中享有"先知"的超凡魅力权威,但其身后是一个伊斯兰的传统权威和社会结构,这就是超凡魅力的常规化。

存在着"各种事实",又如,各种事件皆有原因),这些断言就无论如何不会成问题?

下面可以用最简单的方式表明"价值无涉(value-free)"的政治科学的不可能性。政治科学预设在政治事物与非政治的事物之间有一个区分;因此,它假定"什么是政治的"这一问题有某种答案。为了做到真正的科学,政治科学将不得不提出这一问题,并对之做出明确恰切的回答。但是,不回答这类社会由什么组成的问题,就不可能定义政治事物(the political)——即以一种切题的方式与城邦(polis),与"祖国(country)"或"国家(state)"发生联系的事物。这样看来,不提某个社会的目的就不能定义一个社会。不考虑公认的国家的目的而定义"国家"的最著名尝试导致一个衍生于"国家的现代类型"的定义,这个定义只是完全适用于那一类型的国家;这是不首先定义国家而去定义现代国家的一种尝试。但是,通过参照其目的去定义国家或更确切地说去定义公民社会,人们承认一种标准,根据这种标准人们必须对各种政治行动和政治制度作出评判:公民社会的目的必然承担着评判公民社会的标准这一功能。

(2)对价值判断的拒斥以这样的假设为基础,即不同价值或价值体系之间的冲突在本质上用人类理性是无法解决的。尽管人们普遍认为这种假设足以成立,但从未得到过证明。其证明的艰巨程度不亚于证明《纯粹理性批判》(Critique of Pure Reason)的构想和阐述所需付出的努力;它将需要对评价理性进行全面的批判。我们实际上发现的都是勾勒性观察,这些观察佯称证明了这个或那个特定的价值冲突是无法解决的。审慎的做法是承认有些价值冲突[23]事实上无法通过人类理性得以解决。但是,如果两座山的山巅乌云笼罩,因而我们无法确定哪一座更高,难道因此我们就拿不准一座山要比一个土丘更高?如果两个接壤的民族几百年来一直进行战争,因而我们无法确定哪方的事业更正义,难道我们因此就能说耶洗别(Jezebel)对拿伯(Naboth)的行为无可指摘?① 社会科学实证主义最伟大的代表韦伯(Max Weber)已经假定所有价值冲突的无法解决性,因为在其灵魂渴望的宇宙中,人类高贵的标志是失败而不是幸福和宁静,失败是强有力的罪恶和更强有力的信仰的私生子。归根结底,价值判断并不服从于理性控制,这种信念鼓励人们倾向于就对错或好坏做不负责任的论断。有人通过将严肃论题作为价值问题一带而过这种简单的办法,避开对严肃问题的严肃讨论。有人甚至创造出这种印象,所有重要的人类冲突都是价值冲突,但我们至少可以说,许多这类冲突恰恰因为人们对各种价值的一致意见本身而产生。

(3)相信科学知识,也就是现代科学拥有或渴望的知识类型,是人类知识的最高形式,这暗含着对前科学知识(pre-scientific knowledge)的贬低。如果考虑一下关于世界的科学知识与关于世界的前科学知识之间的反差,人们就会认识到,实证主义以几乎毫不掩饰的方式保留了笛卡尔对前科学知识的普遍怀疑及彻底决裂。实证主义当然不信任前科学知识,它喜欢将其与民间传说相比。这一迷信培育出各式各样贫乏的研究或费解的蠢行。每个智商正常的十岁孩童都知道的事情,还需要科学的证据来证明以便可以作为事实被接受。这种科学的证据,不仅不必要,甚至不可能。这一点可以用最简单的例子来解释:社会科学中的所有研究都预设,社会科学的信徒能将人类与其他物种区分开;这一最根本的知识他们是无法在教室中获得的;这一知识并未通过社会科学转变为科学知

---

① [译按]语出《旧约·列王纪上》21章。撒玛利亚王亚哈想购买以色列人拿伯的葡萄园作菜园,但拿伯以那是祖上的产业予以回绝。亚哈的王后耶洗别得知后先是写信给拿伯城里的长老贵族,让他们宣布禁食并授予拿伯很高的职位。同时又指使两名匪徒作证说拿伯亵渎神明和国王,最终众人用石头砸死了拿伯。耶和华上帝对此非常愤怒,说狗将在以色列的墙外吃耶洗别的尸首。耶洗别从此成了冷酷不义的代名词。

识,而是仍保持其最初的状态,未做任何修正。如果这一前科学的知识不是知识,那么所有的[24]科学研究,无论支持它还是反对它,就都缺少知识的特性。专注于对每个人都熟知的事物——对没有科学证据人能知道得更好的事物——赋以科学证据,将导向对必须先于一切科学研究的思考或反思的忽略,这些研究若要切中肯綮,那种思考或反思乃是必不可少的。对政治的科学研究经常表现为从查明政治"事实",也就是迄今在政治中发生的情况,上升到"各种法则"公式(the formulation of "laws"),知道这些法则后能够预测未来的政治事件。这一目标被视为理所当然,无需提前研究政治科学处理的主题是否允许从"各种法则"的角度做恰切的理解,或者政治事物借以得到如实理解的各种普遍原则(the universals)是否一定不能以完全不同的术语来构想。以科学的方式关注种种政治事实、各政治事实之间的关系、各政治事实之间周期性的关系或政治行为的各种法则,要求隔离正在研究的各种现象。但如果不想让这种隔离造成不切题的或误导的结果,人们就必须从上述现象所处的整体来看待它们,必须要弄清楚这个整体,也就是整个政治的或政治-社会的秩序。例如,倘若有"群体政治(group politics)"的话,如果人们不反思预想的是何种政治秩序,不反思人们正在研究的由特定的"群体政治"预想的是何种政治秩序,那他们便无法就"群体政治"得出称得上科学的一种知识。但是,对民主制的各种选项若没有一个清楚的理解,人们就无法弄清楚一种特定的民主制或一般而言的民主制的特性。科学的政治科学家们倾向于把这一问题留给民主制与威权制(authoritarianism)之间的区分,也就是说,他们仍停留在既定政治秩序及其对立面所定义的视域内,把既定的政治秩序绝对化。科学的方法倾向于使人们忽略首要的或根本的问题,继而不假思考地接受各种公认的意见。奇怪的是,关于这些根本的问题,我们一向讲究科学精确的朋友们倒不精确了。再次提一下最简单的同时又是最决定性的例子,政治科学要求澄清什么东西构成政治事物与非政治事物之间的区别;它要求[25]提出并回答"什么是政治的"这个问题。这一问题无法科学地处理,只能辩证地处理。辩证地处理必然要从前科学知识开始,并以最严肃的态度来对待前科学知识。人们认为,哥白尼(Copernicus)和随后的自然科学已使前科学的知识——或者说"常识的"知识——信誉扫地。我们称为望远 – 显微的(telescopic – microscopic)知识在某些领域成果丰硕,但这一事实并不让人有资格否认,有些事物只有用肉眼来看才能看到它们的本来面目;或者更准确地说,这些事物只有从与科学观察者截然不同的公民眼中来看,才能看到它们的本来面目。如果有人否认这一点,他将重复格列佛(Gulliver)与小保姆在大人国的经历,并卷入格列佛在浮岛(Laputa)深感惊愕的那类研究项目中。

(4)实证主义必然将自身转化为历史主义。凭借自然科学模式的定位,社会科学处在危险之中,错把比如说20世纪中叶美国的特殊性,或更宽泛地说现代西方社会的特殊性,当作人类社会的根本特性。为避免这种危险,社会科学被迫进行"跨文化研究(cross – cultural research)",对过去和现在的其他文化进行研究。但在做这种努力的过程中,社会科学错失了那些其他文化的意义,因为社会科学用一种源自现代西方社会的概念图式来解释其他文化,这一概念图式反映的是那一特定的社会,充其量只适用于那一特定的社会。为避免这种危险,社会科学必须试图如其他文化理解(或曾经理解)自身那样来理解那些文化:社会科学家们主要需要的理解是历史理解。历史理解成了一种有关社会的真正的经验科学的基础。但是如果考虑到历史理解这一任务的无限性,人们就开始纳闷,历史理解是否取代了科学的社会研究的位置。进一步说,社会科学据说是有关社会现象的一堆真正的命题。命题就是问题的答案。逻辑的规则或原则可以决定什么是有效的答案,客观上有效的答案。但是,各种问题取决于一个人的各种兴趣导向,因而取决于他的各种价值,即各种主观原则。现在,正是各种兴趣导向而不是逻辑提供了各种根本的概念。[26]因此,社会科学中的主客观要素是不可能彼此分开的：客观的答案从主观的问题中得到意义。如果人们不重新陷入潜伏于各种永恒（timeless）价值的概念底下的腐朽的柏拉图主义（decayed Platonism），他们就一定会认为，体现于一种特定社会科学的各种价值，取决于这种社会科学所从属的社会，也就是取决于历史。不仅社会科学被历史研究取代；社会科学本身也证明自己是"历史的"。对社会科学作为历史现象的反思导致社会科学的相对化，最终导致一般意义上现代科学的相对化。结果，现代科学终于被看作一种从历史角度相对地理解事物的方式，这种方式原则上并不优越于其他各种理解方式。

只有到了这一步，我们才面对面地遭遇政治哲学的严肃对手：历史主义。羽翼丰满后的历史主义与实证主义在特征上有下述不同。（1）历史主义抛弃了事实与价值之间的区分，因为每一种理解，无论多么理论，都暗含着特定的评价。（2）历史主义否认现代科学的权威特性，认为现代科学不过是世界上诸多人类思考方式中的一种。（3）历史主义拒绝把历史进程看作在根本上具有进步性，或更一般地说，它拒绝认为历史进程是合理的。（4）历史主义否认进化论者的论题的切题性，辩称从非人向人的进化无法使人的人性得到理解。历史主义认定社会和人类思想本质上的历史的特性，从而拒斥好社会的问题，也就是说拒斥唯一的好社会（the good society）的问题：没有根本的必要性去提出好社会的问题；这个问题原则上与人在时间上并不同存（coeval）；好社会的仅有可能性是命运神秘分配的结果。至关紧要的问题关注的是人性的那些永久特征的状态，诸如高贵与低俗之间的区别，有头脑的历史主义者们都对此表示认可：这些永久事物（permanencies）能用来作为区分命运的好的分配与坏的分配的标准吗？历史主义者对这个问题做了否定的回答。他因其客观、共通、肤浅和不成熟的特性而轻视上述的永久事物：[27]要变得中肯切要，这些永久事物将不得不是完成的（completed），它们的完成不再是共通的（common）而是历史的。正是对这些永久事物的蔑视，使得最极端的历史主义者于1933

年——当他的民族中最不明智、最少节制的那部分人陷入其最不明智最少节制的情绪时——屈从于或不如说欢迎那部分人所做出的裁定,将之作为命运的一种分配,与此同时又奢谈智慧与节制。1933年最重大的事件不如说似乎已经证明——如果这种证明是必要的——人无法抛开好社会的问题,人无法通过听从历史(History)或任何其他不同于他自身的理性的力量来摆脱回答这一问题的责任。

二、古典解决方案

当把柏拉图和亚里士多德的政治哲学描述为古典政治哲学时,我们暗示它是政治哲学的古典形式。有人曾说古典的特征是高贵的素朴和宁静的伟大。这一建议把我们引向正确的方向。它试图清楚表达从前人们所谓的古典思想的"自然(natural)"特性。"自然的"在这里理解为与纯粹人性、太人性的事物截然相对。如果引导一个人的是自然,而不是习俗、传承的意见或传统,更不用说纯粹的突发奇想,人们就说他是"自然的"。古典政治哲学是非传统的,因为它属于丰产的时刻(fertile moment),当时所有的政治传统都在动摇,尚不存在一种政治哲学传统。在以后的所有岁月里,哲人对政治事物的研究由政治哲学的一种传统居中调和,它就像哲人与政治事物之间的一道屏障,无论某个哲人是赞同还是反对这一传统。由此,古典哲人用一种清新(freshness)而直接的目光看待政治事物,这种清新和直接始终无与伦比。哲人从开明的(enlightened)公民或政治人的角度看政治事物。哲人能够看清楚开明的公民或政治人没有看清或根本看不到的事物。但这并无别的原因,[28]哲人与开明的公民和政治人观望同一个方向,只是哲人看得更深。他们不像政治生活的旁观者那样从外部看待政治事物。哲人说公民或政治人的语言:市场上不常用的词,他们几乎一个不用。因此,他们的政治哲学很全面;它既是政治理论又是政治技巧;它从观念上对政治生活的法律和制度层面开放,同样对那些超越了法律与制度的事物开放;它同样没有律师的狭隘、技师的残忍、空想家的异想天开和机会主义者的卑鄙。古典政治哲学使真正政治家宏伟的灵活性得以再生,并将之提升到尽善尽美,真正的政治家镇压傲慢之徒,宽恕失败的对手。古典政治哲学摆脱了所有的狂热主义,因为它知道邪恶无法根除,因此人对政治的期望必须适度(moderate)。激励着政治哲学的精神可以称为宁静(serenity)或崇高的清醒(sobriety)。

与古典政治哲学相比,所有后来的政治思想(无论其可能有什么其他优点),尤其现代政治思想,都有一个衍生的特性。这意味着后来发生了一次对首要问题的偏离。这种偏离赋予了政治哲学"抽象的"特点,因而产生一种观点,即哲学运动必定不是从意见到知识,从此时此地到永恒永久的运动,而是从抽象到具体的运动。人们认为,凭借这种向具体的运动,新近的哲学不仅已克服现代政治哲学的局限,也摆脱了古典政治哲学的局限。但人们没有看到,这种定位的变化使现代哲学最初的缺陷永久化,因为它把抽象作为自己的起点,人们最终抵达的具体根本不是真正的具体,仍是一种抽象。

这里讲一个例子就够了。今天,有些圈子认为,政治科学或社会科学的基本任务是理解最具体的人类关系,这种关系被称为我-你-我们的关系(I-Thou-We relation)。这个你和我们显然是对笛卡尔的"自我(Ego)"的补充;问题是笛卡尔"自我"的根本缺陷[29]是否能通过任何补充来解决,是否有必要返回到一个更加根本的开端,或自然的开端。现在被称为我-你-我们关系的现象在古典世界中的名称是友谊。与朋友谈话时,我用第二人称称呼他。但哲学或科学的分析并不是对一位朋友讲话,也就是说,不是对此时此地的这个个体讲话,而是对此类分析涉及的任何人讲。不能指望此类分析可以替代朋友之间的共同生活;它至多只指向这种共同生活,或激起对这种生活的渴望。当谈论与我有密切关系的人时,我称他为我的朋友。我并不称他为我的你。分析的或客观的言辞中恰当的"谈论(speaking about)"必然以人类社会内在的"谈论"方式为基础并延续这种方式。通过说"你"而不是"朋友",我试图在客观言辞中保留客观言辞无法保留的东西;我努力要把无法客观化的事物客观化。我努力在"谈论"中保留只有在"交谈(speaking to)"中才能实现的东西。因此,我没能公平对待各种现象;我没忠实于这些现象;我丧失了具体。尽管试图为真正的人类交流奠定基础,"我"(I)却保留了一种对真正的人类交流的无能为力。

古典政治哲学的特点在柏拉图最卓越的(par excellence)政治作品《法义》(Laws)中得到最为清晰的展现。《法义》是关于法律和一般政治事物的对话,对话在一位年长的雅典异乡人、一位克里特长者和一位斯巴达长者之间展开。对话的地点是克里特岛。开始,人们得出的印象是雅典人来到克里特,在那里学习最好的法律。如果好真的等于古老,对一位希腊人来说,最好的法律就是最古老的希腊法律,即克里特法律。但是,如果最早的先人不是神、神的儿子或徒弟,将好等于古老就站不住脚。因此,克里特人相信,他们的法律由宙斯创制,他对自己的儿子克里特立法者米诺斯(Minos)做了指导。《法义》开篇就表达了这种信仰。书中紧接着说,除了荷马——和诚实性有问题的诗人——的说法,以及克里特人的话[30](克里特人不说真话人人皆知),这种信仰没有其他根据,没有更好的根据。无论如何,对话在开始后很快从克里特和斯巴达法律的起源问题转向它们的内在价值问题:由神、由具有超人般卓越的存在者制定的法典必须绝对的好。雅典人非常缓慢非常谨慎地接近这一重大问题。他开始时克制自己,不批评支撑着克里特和斯巴达法典的原则,他批评的不是这些法典,而是一位诗人(一个没有权威的人),此外,他还批评了一位曾称赞同一原则的流亡侨民(an expatriate)。后来,这位哲人没有攻击克里特和斯巴达法律,而是攻击两位对话者对这些法律提出的解释。雅典人开始时并未明确批评这些古老的法律,直到他诉诸一条推定为真的克里特和斯巴达法律,这条法律允许在一定条件下进行这种批评,而在目前的对话中,这些条件一定程度上得到了满足。根据这一法律,所有人必须统一口径说所有克里特或斯巴达法律好,因为它们是神赐的,容不得任何人有其他说法;但是,如果旁边没有年轻人,年长的公民可以面对同龄的执法官批评所谓的神法。读者到这时已经明白,雅典人来克里特不是为了在那里学习最好的法律,而是为了给克里特引入新的法律和制度,真正好的法律和制度。这些法律和制度将在相当程度上被证明起源于雅典。作为一个高度文明社会的子嗣,雅典人似乎在冒风险,想使极不文明的社会变得文明。因此,他不得不认识到他的建议将遭人憎恶,不仅仅因其是创新,而且因其是异邦的、雅典的;他的建议将激起根深蒂固的古老的憎恨和猜疑。雅典人谈到某些克里特和斯巴达制度与这些城邦中同性恋盛行之间可能的联系时开始了直白的批评。起而为祖国辩护的斯巴达人实际上并没为同性恋辩护,反而进行攻击,指责雅典人饮酒过度。雅典人有一个绝好的理由为雅典引入宴饮的制度辩护:他为[31]这一制度辩护是被迫的;他辩护时扮演的角色不是文明的哲人而是爱国者——作为哲人,他是个爱人类的人(philanthropist)。雅典人的行为方式在对话者看来完全可以理解,依照他们的意见,这样做绝对值得尊重。雅典人试图表明,如果宴饮控制得好,饮酒甚至醉酒有助于教育人们戒酒或节制。关于酒的这一发言构成了《法义》前两卷的主体。直到有关酒的发言结束后,雅典人才转向了政治生活的开端问题,这个问题是其政治主题的真正开始。有关酒的发言似乎是政治哲学的特定导引。

为什么柏拉图关于政治和法律的特定对话开头要用如此大的篇幅谈论酒?这样做在艺术或笔法(logographic)上有何必要?在关于法律的交谈中,适当的对话者是以对其法律的服从和忠诚而闻名的城邦的年长公民。这类人最能理解生活在法律之下、法律之中是什么含义。他们是法律精神的完美化身:合法守法。但是,如果问题不再是保留古老的法律,而是寻求最好的法律或引入新的或更好的法律,他们的德性本身就成了缺陷。他们的习惯和能力将使这些人对改良的建议无动于衷。雅典人诱使他们参加一场关于饮酒的谈话,古老的法律禁止饮酒的快乐。交谈可能让两位年长的对话者想起自己的秘密和犯法时的快感。因此,关于酒的谈话的影响与实际饮酒的影响类似:它使他们的话变多;使他们年轻;使他们大胆、勇敢、愿意创新。他们不能真的饮酒,因为这会妨害他们的判断。他们必须在言辞而非行动中饮酒。

但这意味着饮酒教育人大胆、有勇气,而非节制,但前文曾说饮酒把人引向节制。因此,让我们思考一下谈话中的另一位[32]对话者,雅典哲人。怀疑古老事物的神圣性意味着从诉诸古老转向诉诸自然。这意味着超越所有的人类传统,不仅如此,还超越整个纯粹人性的维度。这意味着把人类当作某种次级的东西加以轻视或离开洞穴。但离开了洞穴,人就看不见城邦,看不见整个政治领域。如果哲人要从事政治指导,他必须重返洞穴:从阳光下转入阴影的世界;他的感知必须变得模糊;他的头脑必须经受昏暗。有关酒的谈话带来了替代性的饮酒享受,这扩大了受法律养育的古老公民的视域,限制了哲人的视域。但这种混乱,这种对政治视角的接受,这种对政治人语言的采纳,这种在人的卓越与公民的卓越或智慧与守法之间实现的和谐,似乎是节制德性最高贵的践行:饮酒教育人节制。因为节制并不是一种思想德性:柏拉图把哲学比作疯狂——恰恰是清醒或节制的对立面;思想必须要做的不是节制,而是无畏,虽不能说是无耻。但节制是一种控制哲人言辞的德性。

我们曾提出,雅典异乡人到克里特是为了使一个不文明的社会变得文明,他这样做是出于爱人类。但爱人类难道不是从家乡开始的吗?他难道没有更多迫切的责任需要在家乡履行?雅典异乡人是个什么样的人?《法义》以"神"一词开篇:这是柏拉图唯一一篇以这种方式开头的对话。还有一篇,则是唯一一篇以"神"一词结尾的对话:《苏格拉底的申辩》(*Apology of Socrates*)。在《苏格拉底的申辩》中,年老的雅典哲人苏格拉底面对不虔敬、不相信雅典城邦崇拜的诸神存在的指控为自己辩护。哲学与接受城邦的诸神之间似乎有一种冲突。在《法义》中,年长的雅典哲人提出一条有关不虔敬的法律,使哲学与城邦不再可能发生冲突,或者说使哲学与城邦之间实现和谐——《法义》城邦中的每位公民都承认,诸神是可以证明其存在的存在者[33]。《苏格拉底的申辩》中年长的雅典哲人被雅典城邦判处死刑。他有从狱中逃走的机会:他拒绝利用这个机会。他的拒绝并非基于诉诸一条要求被动服从的没有如果和但是的绝对命令。他的拒绝基于深思熟虑,基于审慎思考这种情况下如何做才对。情况之一是苏格拉底的年纪:我们不由得想,如果苏格拉底三四十岁而不是七十岁,他会做出什么样的决定。另一种情况是没有合适的流亡地点:他逃向何处?他似乎可能选择附近的守法城邦,在那里生活他将无法忍受,因为人们都会知道他是躲避正义的逃亡者,他也可以选择没有法律的遥远国度,那里的无秩序会使其生活非常悲惨。这一推断显然不完整:还有守法的遥远城邦,比如克里特,苏格拉底恰恰在深思熟虑时提到过,克里特是一个守法的地方。我们有资格推断,如果苏格拉底逃亡,他将去克里特。《法义》告诉我们的就是苏格拉底到克里特后的所作所为:他将为克里特带来雅典的祝福、雅典的法律、雅典的制度、宴饮和哲学(谈到柏拉图的《法义》时,亚里士多德认为《法义》的主角理所当然是苏格拉底)。逃往克里特,在那里生活,是死在雅典之外的另一选择。但苏格拉底选择死在雅典。苏格拉底宁愿牺牲自己的生命以便在雅典保留哲学,也不愿保留自己的生命从而把哲学引入克里特。如果哲学的未来在雅典所受的危险没那么大,苏格拉底可能会选择逃到克里特。他的选择是最高等级的政治选择。这一选择并非在于按照一种简单、普遍、不可变更的规则对他的案例作简单归类。

但让我们从这个漫长的故事回到柏拉图《法义》的开篇。如果克里特法律或其他法律的创立者不是一个神,那么法律的起因就是人、人类立法者。人类立法者的类型具有多样性：立法者在民主制、寡头制和君主制中的特性各不相同。立法者是统治群体（governing body），统治群体的特性取决于整个社会秩序和[34]政治秩序，取决于politeia——政制（regime）。法律的起因是政制。因此，政治哲学的指导性主题是政制，而不是法律。一旦人们认识到法律的派生的或成问题的特性，政制就成了政治思想的指导性主题。有很多圣经中的词汇能贴切地译成"法律"，但圣经中没有一个词与"政制"对应。

　　政制是秩序、形式，它赋予社会其特性。因此，政制是一种特定的生活方式。政制是共同生活的生活形式（form），是社会的生活和生活在社会中的方式，因为这种方式最终取决于某一类人的优势，取决于某一类人对社会的明显主宰。政制意味着那种整全，我们今天习惯于主要用一种支离破碎的方式看待它：政制同时意味着一个社会的生活形式、生活风格、道德品味、社会形式、国家形式、政府形式以及法律精神。我们可以试着阐明如下简单一元的思想，它就表达在politeia一词本身中：生活是指向某个目的的活动；社会生活是一种指向某个只有社会才能追求的目的的活动；但为了追求作为其全面目标的一个特定目标，必须要以一种与那一目标相符的方式来组织、安排、建构和组成社会；但是，这意味着掌权的人必须与那一目标品性相同（akin to）。

　　政制具有多样性。每种政制都或明或暗地提出一个主张，这种主张会超出任何特定社会的边界。因此，这些主张彼此冲突。相互冲突的政制也具有多样性。因而，政制本身而非纯粹旁观者的成见迫使我们思考，在相互冲突的政制中，哪种更好或最终哪种政制是最佳政制。最佳政制的问题引导着古典政治哲学。

　　最佳政制的实现取决于自然倾向于彼此分离的各种事物的汇聚与巧合（比如哲学与政治权力的巧合）；因此，其落实取决于机运（chance）。人类天性受到奴役的方式如此之多，以至于某个个人达到最高点几乎是一个奇迹：[35]人对社会又能期望什么！最佳政制存在的特有方式——即最佳政制虽优于所有的实际政制却缺乏现实性——其终极原因在于人的双重本性,在于人是居间存在者(in-between being)这个事实:人介于兽与神之间。

当人们思考"好公民"一词的含混性时,最佳政制概念的实践意义就得到最为清楚的展现。亚里士多德就好公民提出两个完全不同的定义。在其更为通俗的《雅典政制》(*Constitution of Athens*)中,亚里士多德提出好公民就是为其国家服务得好的人,不考虑政制上有何差异——谁为国家服务得好在根本上与政制的变化无关。一言以蔽之,好公民是爱国的公民,是始终忠诚于祖国的人。在不那么通俗的《政治学》中,亚里士多德说不经资格审验就不存在特定的(the)好公民。因为做好公民的含义完全取决于政制。希特勒治下德国的好公民在其他任何地方都将是坏公民。虽然好公民相对于政制而存在,但好人却没有这样一种相对性。好人的含义时时处处都相同。好人只有在一种情况下等同于好公民——在最佳政制中。因为只有在最佳政制中,政制的好等同于好人的好,那个目标就是德性。这等于说,亚里士多德在《政治学》中质疑了有爱国主义就足够这一命题。从爱国者的角度来看,祖国比任何政制的差异更重要。从爱国者的角度来看,任何偏爱政制胜过祖国的人即便不是卖国贼也是党徒。亚里士多德实际上在说,党徒比爱国者看得更深,但只有一种党徒优于爱国者;这就是德性的党徒。人们能够这样表述亚里士多德的思想:仅有爱国主义是不够的,出于同样的理由,最溺爱孩子的母亲也更乐于看到她的孩子好,而不是坏。母亲爱她的孩子因为他是她自己的;她爱她自己的东西。但她也爱善。所有人类的爱都服从一条法则,它既是对自己东西的爱又是对善的爱,在属己与善之间必然有一种紧张,这种紧张可能会造成破碎,即便只是心的破碎。属己与善的关系在政治中的表现是祖国与政制之间的关系。用古典形而上学的语言说,祖国或民族是质料,而政制是形式。古典派的观点是形式比质料有更高的尊严。人们可以称这种观点为"唯心论(idealism)"。这种唯心论的实践意义是,善比属己性有更高的尊严,或者说最佳政制是比祖国更高的一种考虑。在犹太人中,可以说《律法书》(Torah)与以色列的关系与这种关系相等同。

古典政治哲学今天遭到两种极为共同的反对,提出这些反对既不需要原创性,也不需要才智,甚至不需要博学。这两种反对意见是:(1)古典政治哲学反民主,因而是坏的;(2)古典政治哲学基于古典自然哲学或古典宇宙论,现代自然科学的成功业已证明这一基础不真实。

首先谈谈古典派对民主制的态度,"古典派是好的"和"民主制是好的"这两个前提并不必然得出"因此古典派是好的民主派"的结论。古典派把民主制贬斥为一种低等种类的政制,否认这点是愚蠢的。他们并未对民主制的优势视而不见。对民主制提出的最为严厉的控诉出现在柏拉图《王制》第八卷中。但即便在第八卷,恰恰在第八卷,柏拉图清楚表明——通过协调他的政制安排与赫西俄德(Hesiod)对世界诸世代的安排——在一个非常重要的方面,民主制等于最佳政制,它相应于赫西俄德的黄金时代:因为民主制的原则是自由(freedom),所有类型的人都能在民主制中自由发展,尤其最优秀的那一类人。苏格拉底的确遭民主制杀害;但他遇害时已经七十岁;他活到了七十岁高龄。不过,柏拉图并不认为这一考虑至关重要。因为他关心的不仅是哲学的可能,还有一个稳定的政治秩序,一个适宜稳健政治方针的政治秩序;他认为,这样一种秩序取决于古老家族的优势。更宽泛地说,古典派反对民主制是因为他们认为,人类生活乃至社会生活的目的不是自由而是德性。自由作为目标是含混的,因为它既是作恶的自由也是行善的自由。德性通常只有通过教育才会出现,也就是说通过[37]塑造性格,通过养成习惯,这需要父母与孩子双方都有闲暇。但闲暇反过来要求一定程度的财富——更具体地说,需要某种其获取和管理与闲暇相容的财富。现在,正如亚里士多德观察到的那样,关于财富的实际情况是这样,总是富裕的人少贫困的人多,这一奇怪的巧合将会永远持续下去,因为存在一种自然匮乏。"因为地上的穷人将永不断绝。"① 基于这个原因,民主制或多数人统治就是由未受教育者来治理。心智健全的人不会希望生活在这样一个政府下。如果人们不需要教育就能严格遵行德性,这一古典论证就不会那么有说服力。卢梭教导说,人为了有德性地生活所需要的全部知识都可由良心提供,良心由质朴的灵魂而非他人来维护保养:天性足以使人过好的生活;人天生是好的。但正是这个卢梭被迫制订了一项教育方案,只有极少数人在财力上能够负担这一方案。总的来看,有一种观点占了上风,民主制必须由受过教育的人统治,这一目标将通过普及教育来实现。但普及教育预设了稀缺经济已经让位于富足经济。富足经济意味着技术从道德和政治的控制中获得了解放。我们的观点与古典观点的根本区别不在于道德原则的差异,也不在于对正义的不同理解:我们同样——甚至我们同时代的共产分子也——认为,给同等的人同等的东西、给具有不同等优点的人不同等的东西是公正的。古典派与我们对民主制的态度的差异只在于对技术的德性(virtues of technology)的不同评价:但我们没有资格说古典的观点已经被驳倒。他们的含蓄预言——即技术和艺术从道德和政治的控制中获得解放将导致灾难或人的非人化——尚未被驳倒。

我们也不能说民主制已经发现教育问题的解决方案。首先,今天所说的教育往往并不是指真正意义上的教育,[38] 即性格的塑造,而是指导与培训。其次,即使真的想塑造性格,也存在一种非常危险的倾向,把好人等同于有风度的人、有协作精神的家伙和"老好人",也就是过分强调社会德性中的某一部分,相应地忽视那些在私下,更不用说在孤独中,成熟起来(即便不是繁盛起来的话)的德性:只是教育人们以友好的精神彼此合作,还不能教育出不因循守旧的人,不能教育出那些准备独自承受、独自战斗的人以及"粗鲁的

---

① [译按]此句引语出自《圣经·申命记》15:11。译文参考中文圣经和合本。

个人主义者"。针对渐渐出现的因循守旧及民主制培养的对隐私前所未有的快速入侵,民主制还没有找到一个防御办法。从一颗星辰上俯视我们的存在者可能发现,民主制与共产主义的差异并不像一个人只考虑无疑非常重要的公民自由和政治自由问题时看起来那么大,尽管只有格外轻率或不负责任的人会说,归根结底共产主义与民主制的差异微不足道。现在,某种程度上民主制意识到了这些危险,在同样的程度上,它看到自己被迫思考通过返回古典派的教育概念———一种从未被想过是大众教育的教育,只是对天性适合的那些人的更高和最高的教育——来评价自己的水准和可能性。称这种教育为王室教育(royal education)将是一种勉强可行的表述。

不过,即便承认古典政治哲学没有受到有效的道德或政治反驳——难道那种政治哲学不是与一种过时的宇宙论联系在一起?难道人的本性问题不是指向整全的本性问题,从而又指向这种或那种特定的宇宙论?无论现代自然科学的意义是什么,它都无法影响我们对何为人身上的人性(what is human in man)的理解。对现代自然科学来说,以整全的眼光来理解人意味着以次人(sub‑human)的眼光来理解人。但从这一角度来看,人作为人完全不可理解。古典政治哲学以不同的眼光看待人。这肇始于苏格拉底。苏格拉底绝没有服从一种特定的宇宙论,以至于其知识是关于无知的知识。无知的知识不是无知,它是认识到真理和整全难以捉摸这一特性。于是,苏格拉底[39]凭借整全的神秘特性看待人。因此,他认为,我们更熟悉人作为人的处境而非这一处境的最终原因。我们也可以说他以不变的理式(ideas)的眼光来看人,也就是从种种根本且永恒的问题的角度来看人。因为阐明人的处境意味着阐明人对整全的开放。这种对人的处境的理解因而包含对宇宙论的探问而非对宇宙论问题的一种解决方案,它是古典政治哲学的根基。

阐明宇宙论问题意味着要回答哲学是什么或哲人是什么的问

题。柏拉图克制着没有让苏格拉底对这一问题做主题讨论。他把它托付给了从爱利亚（Elea）来的异乡人。但即便爱利亚异乡人也没有明确讨论什么是哲人。他明确讨论了容易被误认为哲人的两类人，智术师和治邦者：通过理解智术（就其最高和较低的意义而言）和治邦术，人们将理解什么是哲学。哲学努力追求整全的知识。整全是部分的总体。我们看不到整全但知道部分：我们拥有关于部分的部分知识。我们所拥有的知识具有一种从未被克服的基本二元论的特征。在二元中的一端，我们发现关于同质性的知识，这种知识主要存在于算术中，还有数学的其他分支以及所有从数学衍生而来的生产性技艺或手艺。在二元的另一端，我们发现关于异质性的知识，尤其是关于异质目的的知识，这类知识的最高形式是政治家和教育者的技艺。基于下述原因，后一种知识高于前一种知识。关于人类生活目的的知识是使人类生活完备或整全的知识，因此是关于整全的知识。关于人的目的的知识必然包含关于人类灵魂的知识；人类灵魂是整全中唯一向整全开放的部分，因此比其他事物更接近整全。但这种知识——最高意义上的政治技艺——不是关于整全的知识。关于整全的知识似乎不得不结合某种最高意义的政治知识和同质性知识。这一结合并不受我们支配。因此，人们不断地［40］禁不住想通过强加给现象以统一性、通过将关于同质性的知识或关于目的的知识绝对化，来强行解决这一问题。人们不断地为两种相反的魅力所吸引和欺骗：一种魅力是数学及与数学类似的一切事物所产生的能力（competence）；另一种魅力是沉思人类灵魂及其经验所产生的谦卑的敬畏（humble awe）。哲学的特点是温和又坚定地拒绝屈从于任何一种魅力。哲学是勇气与节制密切结合的最高形式。尽管哲学崇高或高贵，但当人们将其成就与其目标对比时，哲学可能会以西绪弗斯式的（Sisyphean［徒劳的］）或丑陋的面目出现。但是，哲学必然由爱欲（eros）陪伴、维持和提升。哲学因自然的恩宠而获恩宠。

三、现代解决方案

说政治哲学问题有古典的解决方案是可能的,因为所有的古典政治哲人有一个根本的同时是特定的一致之处:政治生活的目标是德性,最有益于德性的秩序是贵族共和或混合政制。但在现代,我们的政治哲学形形色色,彼此又有着根本的差异。不过,所有现代政治哲学可归为一类,因为它们拥有一条基本的共同原则。这一原则从反面才能得到最好的表达:它指责古典方案不现实。激励现代政治哲学的无可置疑的原则业已经历了许多重大变化。如果我们接下来采取一种与以前相比叙述性更强的方式,这一事实及其原因将得到最好的表述。

现代政治哲学的奠基者是马基雅维利(Machiavelli)。他努力实现,而且的确实现了与整个政治哲学传统的决裂。马基雅维利认为其成就堪比哥伦布(Columbus)那样的人。马基雅维利宣称他发现了一个道德的新大陆。其主张有充分的依据;其政治教诲是"崭新的"。唯一的问题是这个新大陆是否适合人类栖息。

在《佛罗伦萨史》(*Florentine Histories*)中,马基雅维利讲述了下面这个故事:梅迪奇家族的科西莫(Cosimo de Medici)曾说,手里拿着念珠的人无法掌握权力。[41]这使科西莫的敌人有机会诋毁他,说他爱自己胜过爱祖国,爱此世胜过爱彼世。然后他们说科西莫有些不道德、不虔敬(irreligious)。马基雅维利本人就面临相同的指责。其作品的基础是对宗教和道德的批判。

马基雅维利对宗教(主要针对圣经宗教,但也针对异教信仰)的批判并非首创。他的批判相当于重新讲述了异教哲人们及其中世纪学派的教诲,后者以阿威罗伊主义(Averroism)的名义进行,并催生了三个冒名顶替者(Three Impostors)①的概念。马基雅维利在这一领域的原创性限于这一事实,即他是一个渎神的大师。但我们更强烈感到的不是其渎神的魅力和优雅而是其震撼性的特点。让我们把渎神留在马基雅维利隐藏它的面纱下。我得赶紧谈谈马基雅维利对道德的批判,这等同于他对古典政治哲学的批判。其要点可以表述如下:在这种[古典的]政治方案中存在着某种根本错误,因为其最终目标是一种乌托邦,是对最佳政制的描述,而实现这种最佳政制的可能极小。因而,让我们不要再根据德性,即根据一个社会可能选择的最高目标来判定我们的方位;让我们开始根据所有社会实际追求的目标来判定我们的方位。马基雅维利有意识地调低了社会行动的标准。他调低标准意味着根据调低的标准制订的方案更有可能得以实现。因而,对机运的依赖将被减少:机运将得到征服。

传统的途径基于一个假设,即道德是某种本质性的东西:道德是人的灵魂中的一种力量,无论它在国家和王国事务中可能多么不起作用。针对这一假设,马基雅维利的反驳如下:德性只有在社会中才得以践行;人必须通过法律、习俗等使德性成为习惯。人必须由人类来教育才拥有德性。但用马基雅维利分子(Machiavellian)马克思的话说,教育者本人必须受到教育。最初的教育者,社会的奠基者,不可能通过教育来获得德性:罗马的建城者是一个弑兄者。

---

① [译按]"三个冒名顶替者"的概念来自一部批评宗教统治的启蒙作品《论三个冒名顶替者》(*The Treatise of the Three Impostors*),作者很可能是托兰德(John Toland)。据说此文最早于 1711 年现于 Benjamin Furly 图书馆,由 Charles Levier 发现。这篇作品主要分析圣经宗教中的三个主要人物:穆罕默德、耶稣和摩西,认为他们错误表述了发生在自己身上的事情。这种崭新的宗教批判方法使得思想家们能构造一个论证解释支配着纯然"神秘"的世界,而当时"神秘"用来表达上帝对尘世的奇迹般的干预。有神论者和无神论者都援引这部作品来支撑他们的世界观。参见徐戬编,李小均等译,《掌握城邦钥匙的人:托兰德未刊文稿》,北京:华夏出版社,2011。

只有在一个不是由道德创造的背景下,道德才成为可能,[42]因为道德不能创造自身。使道德得以可能的背景由不道德所创造。道德有赖于不道德,正义有赖于不义,正如所有的正当性最终有赖于革命性的奠基。人并不是天生就被引向德性。假如是的话,良心的阵阵责备对他而言就会是最大的折磨。但是,实际上我们会发现,失望的折磨至少同罪疚的折磨一样强烈。换句话说,人无法从德性的角度定义社会的善、共同的善,而必须从共同的善的角度定义德性。正是这种对德性的理解实际上决定了社会生活。我们必须通过共同的善理解所有社会实际追求的目标。这些目标是:不受外族统治、稳定或法治、繁荣、荣耀或帝国。从德性这个词的有效意义上说,它是促成实现这一目的或这一目的所要求的习惯的总和。正是这一目的,也只有这一目的使我们的行动成为有德性的。为了这一目的做的任何事都是好的。这一目的使任何手段都成为正当。德性不过是公民德性,是爱国主义或献身于集体自私。

马基雅维利无法就此止步。献身于祖国本身依赖于教育。这意味着爱国主义不是自然的。正如人并非自然而然(by nature)就被引向德性,他也不是自然而然就被引向社会。人天生(by nature)是极度自私的。尽管人天生自私,天生就只有自私,从而坏(bad),但他们能够变得具有社会性、公共精神或者说变好。这一转变需要强迫。这种强迫的成功要归功于人令人惊讶的可塑性:人的可塑性要比迄今所设想的大得多。因为如果人天生就不受命追求德性或完美,如果人没有自然的目的,人就能够为自己设定几乎任何他渴望的目的:人几乎具备无限的可塑性。人的力量要比古人所想的大得多,自然和机运的力量则相应小得多。

人是坏的;必须强迫他们变好。但这种强制必须由坏、自私和自私的激情来完成。哪一种激情将会引导一个坏人强烈关注迫使其他坏人变好并保持下去?哪一种激情将教育人类的教育者?这种激情就是对荣誉的渴望。渴望荣誉的最高形式[43]就是渴望成为最完全意义上的新君主,一个全新的君主:一个新型社会秩序的发明者,一个影响许多代人的塑造者。社会的奠基者对保存社会和他的功业有着自私的兴趣。因此,他对其社会成员具备并保持社会性乃至好有着自私的兴趣。对荣誉的渴望是好与坏的连接点。它使从坏到好的转变得以可能。正是自私的雄心激励着全新的最高类型的君主。他承担的伟大公共任务对他来说只是粉饰其设计的机遇。他与罪犯的唯一区别在于罪犯不过缺少一个可获辩护的机遇;他们的道德动机是相同的。

在此不可能表明马基雅维利如何成功地在此基础上建立起一种政治教诲,这种教诲全然公正地对待任何铁血政策全部可能的要求,同时最有益于政治自由和法治。我必须仅限于指出,西方思想经过几百年的马基雅维利化,是如何易于给马基雅维利的教诲一种绝对尊崇的氛围。人们能够按如下论证来表述马基雅维利。你想要正义吗?我将向你表明你如何能获得正义。通过宣道和劝告性讲辞,你得不到正义。只有使不义完全无利可图,你才能得到正义。你并不需要那么多的性格塑造和道德诉求,你需要的是正确类型的制度,有强制力的制度。从塑造性格转向信任制度,此乃相信人的几乎无限可塑性的典型的必然结果。

在马基雅维利的教诲里,我们有了一场壮观景象(spectacle)的第一个例证,这一壮观景象此后几乎在每一代人那里更新着自身。一位无畏的思想家似乎已经打开了一个深渊,而古典派以其高贵的质朴在这个深渊前止步。事实上,就人性和人类事务的本性而言,马基雅维利的全部作品并没有一个古典派对之完全陌生的单独真实的观察。视野令人惊讶的缩小反倒将自身呈现为视野令人惊讶的扩大。我们能如何解释这种幻象?到马基雅维利时代,古典传统已经经历了深刻的变革。沉思生活在修道院里找到了自己的家园。道德德性[44]被转变成了基督教的仁爱。通过这一转变,人对同伴的责任、为了同伴及身边造物所担负的责任都无限增加。对救赎人不朽灵魂的关注似乎允许——不仅如此,还要求——各种行动方针,古典派可能认为而马基雅维利确实认为,这些行动方针不人道而且残酷。马基雅维利谈到阿拉贡的费迪南(Ferdinand of Aragon)的虔敬的残酷(pious cruelty),他指的是费迪南在驱逐西班牙的马拉诺人(Marannos)时进行的宗教审判。① 马基雅维利是他那个时代唯一表达这种观点的非犹太人。他似乎已经把宗教迫害的巨大罪恶诊断为基督教原则乃至圣经原则的必然结果。马基雅维利倾向于认为,人身上不人道的大量增加,乃是人目标太高的无意的但并不让人感到惊讶的后果。让我们降低目标,以便我们不会为保存社会和自由被迫犯下任何并非明显必要的兽行。让我们用计算、用一种尚未定名的(avant la lettre)②功利主义代替仁爱。让我们从这个观点修改所有的传统目标。因此,我们推测,马基雅维利首先促成的视野收缩由一种反神学的怒火引起(或至少为之提供便利),我们可以理解但无法赞同这种激情。

马基雅维利不仅彻底改变了政治教诲的实质,也彻底改变了其模式。其政治教诲的实质可以说是关于全新君主的全新教诲,也就是关于在社会的基础乃至结构中不道德的本质的固有性(essential inherence)。这种教诲的发明人有必要引入一部新道德法典、一种新的"十诫"(Decalogue)。在"君主"一词最高可能的意义上,马基雅维利是一位全新的君主,他是一个新摩西,一个先知。关于先知,马基雅维利教导说,所有武装的先知(armed prophets)都取胜了,而所有未武装的先知(unarmed prophets)都失败了。武装的先知中最伟大的范例是摩西。未武装的先知中最伟大的范例是耶稣。但马基雅维利能否合理地说耶稣已经失败?或用另一种形式来表述这

---

① [译按]马拉诺人指中世纪时在西班牙和葡萄牙境内被迫改信基督教而暗地里依然信奉原来宗教的犹太人或摩尔人。施特劳斯书中拼作 Marannos 的词一般拼为 Marranos。

② [Hilail Gildin 注]指的是功利主义学派出现前的功利主义(*An Introduction to Political Philosophy*:*Ten Essays by Leo Strauss*,Wayne State University Press,1989,页 44)。

个问题:马基雅维利本人难道不是一位未武装的先知?如果未武装的奠基者必然会失败,他怎么能希望自己过于大胆的冒险会成功?

仅就被钉十字架而言,耶稣失败了。就许多民族的[45]许多代人业已接受他创立的新模式和新秩序来说,耶稣没有失败。基督教的这一胜利归功于宣传:未武装的先知凭借宣传死后获胜。马基雅维利自己作为一位未武装的先知,除了通过宣传没有其他征服土地的希望。马基雅维利唯一接手的基督教因素是宣传的理念。这一理念是他的思想与基督教的唯一联系。他尝试用基督教最初创立时所用的同一种手段摧毁基督教。他渴望模仿的不是武装的先知摩西,而是耶稣。不用说,马基雅维利的效仿基督(imitatio christi)仅限于这一点。特别是,《曼陀罗花》(Mandragola)的作者通过生前不出版他的伟大作品从多个意义上避免了十字架。

马基雅维利假设每个宗教或"教派"有1666年到3000年的寿限。因而,他拿不准基督教是在他死后一百年终结,还是仍会延续另一个1500年。马基雅维利从这个视角思考和写作:他自己可能在为彻底变革模式和秩序做准备,这种变革可能在不太远的将来圆成,但他的事业同样有可能彻底失败。马基雅维利当然盘算着基督教会即将毁灭的可能性。对于一种新的社会秩序可能取代基督教会的方式,马基雅维利看到了如下备选方案。一种可能是野蛮的游牧部落从东方(从现在称为俄罗斯的地方)入侵:他正是把这一地区看作人类定期恢复青春的水池。这一备选方案是文明世界内部一次彻底的变革。当然,马基雅维利急切渴望着后一种变革,他竭尽全力为此进行准备。他把这一准备看作是一场战争、一场精神战争。马基雅维利渴望带来一场意见的变革,届时这场意见的变革会促成政治权力的变革。马基雅维利期待的只是极少数人的皈依,但他盼着影响多数人。这些多数人是那些在祖国与其灵魂、与其灵魂的救赎的冲突中选择祖国的人;这些多数人是半心半意的基督徒。马基雅维利期望这些多数人会同情[46]他的事业,这一事业无限地支持尘世的祖国,远甚于支持基督徒的天上祖国。这些多数人将无法理解其事业的全部意义,但他可以指望他们确保他的著作会有听众。他们将使他的著作成为可公开辩护的。但是,在马基雅维利的战争中,他们不是能坚持到底的可靠盟友。他长远的成功取决于一些人——极少数人——的完全皈依。他们将成为全关重要的核心,在情况有利时,该核心将逐渐激发一个新的统治阶级的形成,一种堪与古罗马的弑兄者比肩的新型君主的形成。马基雅维利的作战有宣传的特点。在他之前,没有哲人曾想到为这一目的制订特定的战略和战术以确保自己的教诲在死后获得成功。先前持各种论点的哲人都甘于一个事实,即他们的教诲,真正的教诲,绝不会替代他们认为错误的教诲,而是会与它们共存。他们为同代人,以及首先是后代人,提供教诲,但他们做梦也不曾想过要控制一般而言的人类思想的未来命运。倘若他们是政治哲人,已经就正确的政治秩序得出明确的结论,那么,若是他们不曾愿意帮助自己的同伴以可能最好的方式料理他们共同的事务,他们就会是邪恶的,从而不是哲人。但他们从不曾有一刻相信,真正的政治教诲是或可能是关于未来的政治教诲。马基雅维利是第一位想通过发起一场战役、一场宣传战役来迫使机运就范、控制未来的哲人。现在所谓宣传是对被掳听众高压式的推销和抢劫,马基雅维利的宣传是与之截然相反的另一极端。马基雅维利渴望让人信服,而不仅仅是去说服或吓服别人。在希望通过启蒙建立新模式和新秩序的一长串现代思想家中,马基雅维利位居榜首。启蒙运动——*辞源悖谬*①——源于马基雅维利。

---

① [译按]拉丁原文为 lucus a non lucendo,字面含义是"没有被照亮的树丛"。这话出自公元4世纪后期语法学家 Honoratus Maurus 之口,他一直竭力讽刺另一位拉丁语法学家 Priscian 所提出的不合情理的辞源。在 lucus(黑暗的丛林)和动词 lucendo(照亮)之间有一个双关语,有人认为前者衍生于后者,因为茂密的丛林缺少阳光。这句话经常被用作辞源荒唐的范例。[Hilail Gildin 注]这一短语通常用来质疑启蒙运动的名称(前揭,页47)。

要认识马基雅维利巨大的成功,人们有必要清楚地把握他的原则。重复一遍,这一原则是:为使正当[47]或可欲的社会秩序有可能——即便不是确定的话——实现,或者说,为了征服机运,人们必须降低标准;人们必须使重点从道德品质转向制度。正如马基雅维利自己所理解的那样,正当的秩序是清醒务实的(hard-headed)共和国,以古罗马为榜样,但又意味着对古罗马的改进。因为罗马人偶然或依本能能做的事情,现在能够有意识地、深思熟虑地做到:现在——在马基雅维利理解了罗马人成功的原因后。经马基雅维利解释,罗马风格的共和主义成为现代政治思想最有力的趋势之一。我们观察到,它出现在哈灵顿(Harrington)、斯宾诺莎、锡德尼(Algernon Sidney)、孟德斯鸠、卢梭的作品和《联邦党人文集》中,还出现在那些出于对法国大国地位的担心而支持法国革命的法国上层人士中。但马基雅维利在身后取得的这一成功,其重要性比不上通过其方案的转化而产生的成功——马基雅维利自己的原则激发了这一转化。

马基雅维利的方案面临严重的理论困难。其政治教诲的理论基础或宇宙论基础是一种被败坏了的亚里士多德主义。这意味着,他假定但没有论证目的论的自然科学站不住脚。马基雅维利反对人必须凭借德性、人的完善和自然目的来确定自己方位的观点,但这一反对需要批判自然目的的概念。这一论证由17世纪的新自然科学提供(或人们以为由其提供)。马基雅维利的政治科学与新自然科学之间有一种隐秘的血缘关系。古典派以不同于例外的正常情况来确定他们的方位。马基雅维利通过例外、通过极端情况来确定方位,从而促使他在理解政治事物的方向上发生根本的变革。自培根以降,马基雅维利的定位与拷问自然(torturing nature)的概念(也就是有控制的试验的概念)之间有着密切的联系。

但马基雅维利的方案不得不加以修正,主要原因在于其令人反感的特点。有一个人使马基雅维利的方案变得缓和,所采取的方式几乎足以保证马基雅维利的主要目的获得成功,这个人就是霍布斯

(Hobbes)。人们很快就能想到霍布斯对马基雅维利的纠正由一部变戏法式的杰作组成。马基雅维利写了一本[48]书叫《君主论》(On the Prince);霍布斯写了一本书叫《论公民》(On the Citizen);也就是说,霍布斯选择的主题不是王国或国家的实践,而是臣民的种种责任;因此,霍布斯的教诲听起来要比马基雅维利的教诲无辜得多,又不与马基雅维利的教诲产生必然矛盾。但更宽厚、更正确的说法是,霍布斯是一位诚实直白的英格兰人,他缺少其导师精致的意大利手法。或者如果你愿意,你可以把霍布斯比作福尔摩斯(Sherlock Holmes),把马基雅维利比作莫里亚蒂(Moriarty)教授①。因为,霍布斯对待正义当然要比马基雅维利更严肃。霍布斯甚至可以说为正义的缘由辩护:他否认公民社会绝对有必要建立在犯罪的基础上这一观点。霍布斯著名的自然状态学说的主要目的可以说就是反驳马基雅维利的根本主张。霍布斯接受传统的概念,认为正义不仅是社会的作品,而是还存在着一种自然正当(natural right)②。但他也接受马基雅维利对传统政治哲学的批评:传统政治哲学的目标太高。因此,他要求自然正当(natural right)应源自开端:基本的需要或冲动(urges)在大部分时间里对所有人起有效的决定作用,这些需要或冲动不是来自人的完善或目的,渴望完善或目的只对少数的人在少数的时间里起有效的决定作用。这些初级的冲动当然是自私的,它们可以归结为一个原则:自我保存的欲望,或反过来说,对暴死的恐惧。这意味着,培育了公民社会的摇篮不是荣誉——或骄傲——的光辉和魅力,而是害怕死亡所造成的恐惧:文明的奠基者不是英雄们(即便是弑兄和乱伦式的英雄)而是

---

① [译按]莫里亚蒂教授是柯南道尔在系列作品《福尔摩斯探案集》中虚构的一个角色,是在智力上与福尔摩斯旗鼓相当的超级恶人,福尔摩斯称之为"犯罪界的拿破仑"。

② [译按]此处原文为...but that there is a natural right,因施特劳斯这里指霍布斯对传统概念的接受,故将 natural right 译作"自然正当"。

赤裸裸颤抖着的可怜恶魔们。恶魔的狰狞面目彻底消失了。但让我们不要太轻率。一旦建立政府,对暴死的恐惧就转变为对政府的恐惧。自我保存的欲望扩展为舒适地自我保存的欲望。马基雅维利的荣誉实际上被缩小;它现在表现得像纯粹、不实在、委琐和可笑的虚荣。然而,那一荣誉没有让位于正义或人的卓越,而是让给了对实实在在的舒适和务实平淡的享乐主义的关注。荣誉只以竞争的形式残存下来。换句话说,马基雅维利政治教诲的核心是[49]荣誉,而霍布斯政治教诲的核心则是权力(power)。权力远比荣誉更为实际。权力远不是一种高尚或邪恶的追求目标,它是一种冰冷的客观必然性的要求或表达。权力在道德上是中立的。或者这样说也一样,权力在道德上是含混的,即便是隐藏着的含混。权力和对权力的关注缺少荣誉和对荣誉的关注所具有的那种直接的人性吸引力。权力通过远离人的首要动机而现身。它弥漫着衰老的气息。权力在灰色的显赫中而非在斯基皮奥(Scipios)和汉尼拔(Hannibals)们身上显现。"权力政治"保护体面平淡的享乐主义和没有崇高性和敏锐性的清醒(sobriety),并使之得以可能——这就是霍布斯对马基雅维利的修正的意义。

霍布斯的教诲仍然太过大胆以致令人难以接受。它也需要缓和的处理。使之更缓和便成了洛克(Locke)的工作。洛克接手霍布斯的根本方案,只就其一点进行变革。洛克认识到,人的自我保存首先需要的是食物,或更宽泛地说就是财富,而不是枪。因此,自我保存的欲望就变成对财富和获取(acquisition)的欲望,自我保存的权利(right)就变成无限制获取的权利。这一微小的变革产生了巨大的实践后果。霍布斯的教诲尚有一定的诗意品质,洛克的政治教诲则是其散文版。洛克的教诲恰恰基于霍布斯的前提,它要比霍布斯自己的政治教诲更合理。与霍布斯明显的失败相反,洛克取得的胜利声名远扬,尤其是在盎格鲁-撒克逊世界。鉴于这一点,我们能够说,马基雅维利发现或发明了用一种不道德或非道德的事物替代道德的需要,洛克则发现或发明了把获取作为这一替代物,马基雅维利的发现或发明凭借洛克的发现或发明取得了成功。在这里，我们有了一种完全自私的激情，满足这种激情不需要任何流血，这种激情的效果就是所有人运气的改善。换句话说，一旦有人接受了马基雅维利的前提，用经济手段解决政治问题就成为最优雅的解决方案：经济主义是发展成熟的马基雅维利主义。没人能比孟德斯鸠更深刻地理解这一点。其《论法的精神》(Esprit des Lois) 读起来仿佛不过是两种社会或政治观念之间的一场连续的斗争、一种无法解决的冲突的档案：一方是以德性为原则的罗马共和国，另一方是以政治自由为原则的英格兰。但实际上，孟德斯鸠[50]最终决定支持英格兰。在他看来，英格兰的优越性基于这一事实，即英格兰人找到了严厉的、共和式罗马德性的替代品；这一替代品就是贸易和金融。以德性为基础的古代共和国需要纯朴的风尚 (pure manners)；用贸易代替德性的现代体系出产文雅的风尚，即人道 (humanité)。在孟德斯鸠的作品中，我们观察到位于现代散文之下的诗歌的最后一次复兴。《论法的精神》中只有两卷以诗作引语：谈论人口的一卷以卢克莱修赞美维纳斯的诗行作引语；讨论商业的第一卷的引语是一首散文诗，它是孟德斯鸠本人的作品。

这种蛇一样的智慧——因其魅力而腐化，又因腐化而生魅力，这种人的降格，促使卢梭发出充满激情、至今仍令人难忘的抗议。从卢梭起，我们所说的现代性第二次浪潮开始了：这次浪潮孕育了德国唯心主义哲学和所有国家各个阶层的浪漫主义。这一巨大复杂的反向运动 (counter-movement) 首先在于从现代世界回归前现代的思想方式。卢梭从金融世界，从最早由他称之为布尔乔亚 (bourgeois) 的世界，回归到德性和城邦的世界，回归到公民 (citoyen) 的世界。康德从笛卡尔和洛克的各种观念 (notion of ideas) 回到柏拉图式的概念。黑格尔从反思的哲学回到柏拉图和亚里士多德的"更高生命力 (higher vitality)"。浪漫主义作为整体也首先是一场回归起源的运动。不过，就所有这些例子而言，回到前现代思想只不过是一场运动的第一步，这场运动有意或无意地导向了一种更为激进的现代性——对古典思想来说,这种现代性的形式要比17、18世纪的思想更为陌生。

卢梭从到他那个时代已发育成熟的现代国家返回古典城邦。但卢梭从霍布斯方案的角度来解释古典城邦。因为卢梭同样认为,公民社会的根基是自我保存的权利。但卢梭偏离了霍布斯和洛克,他宣称这一根本权利指向一种与古典城邦极为相似的社会秩序。[51]如此偏离霍布斯与洛克的理由,与一般而言的现代政治哲学的首要动机完全一致。在霍布斯和洛克的方案中,即便是在公民社会内部,人的根本权利仍保留了其最初的状态:自然法仍是实定法(positive law)的标准;从诉诸实定法转向诉诸自然法仍有可能。当然一般来说,这一诉求是无效的;它当然没有配备使自己有效的担保。卢梭从中得出结论,构建公民社会必须使从诉诸实定法转向诉诸自然法变得完全多余;一个根据自然法妥当构建的公民社会将自动产生公正的实定法。卢梭将这一思想表述如下:公意(the general will)——一个社会的意志——不会犯错,因为在这样的社会里服从法律的每个人在制定法律时都有发言权。公意——某类社会内在的意志——取代了超验的自然正当(transcendent natural right)。卢梭可能憎恶今天的极权主义(totalitarianism),这一点怎么强调也不为过。的确,他喜欢一个自由社会的极权主义,但他以可能最清晰的语言反对任何可能的极权主义政府。卢梭把我们领入更深的困境。如果正义的最终标准变成公意,也就是一个自由社会的意志,食人族就与其对立面同样正义了。普通百姓崇奉的每种制度都不得不被视为神圣的。

卢梭的思想标志着世俗运动中决定性的一步,这场世俗运动试图保证理想的实现,或证明理性事物与实在事物(the rational and the real)的必然巧合,或消除本质上超越每一种可能的人类实在的事物。对这样一种超越的假设,使前人在自由与放肆(liberty and license)之间做出了牢靠的区分。放肆在于做一个人想做的事情;自由则在于只以正当的方式做好事;我们关于善的知识必须来自一个更高的原则,来自上天(above)。这些人承认,对放肆的限制来自上天,这是一种垂直的限制。而根据卢梭,对放肆的限制只是水平地受到他人的放肆影响。如果我同样给予其他任何人我为自己主张的权利,无论这是些什么权利,我就是正当的。卢梭宁愿选择水平限制[52]胜于垂直限制,因为水平限制似乎更现实:水平限制用他人的要求来限制我的要求,这种水平限制乃是自我强制。

有人可能会说,卢梭的公意学说是一种司法(juridical)学说,而非道德学说,并且,法律必然比道德更松散。有人可能会遵从康德的话来解释这一区别,康德在其道德教诲中宣称,任何谎言、任何不真实的话都不道德;而他在司法教诲中却说,言论自由的权利就是撒谎和说真话具有同样的权利。但人们可能会非常纳闷,德国法哲学如此为之自豪的法律与道德的分离本身是否是个可靠的建议。最重要的是,卢梭的道德教诲没有解决我们指出的难题。自我立法的权利或责任在其道德教诲中占据了自我保存的权利在其司法教诲中的位置。"质料的"伦理让位于"形式的"伦理,结果是不可能再建立各种清楚的实质性(substantial)原则,人们被迫从"公意"或逐渐被称为历史(History)的东西中借用各种实质性原则。

卢梭不是没有意识到这些困难。造成这些困难的原因在于,人性(human nature)的概念被掏空,最终从人的目的转向人的开端。卢梭已经接受霍布斯的反目的论原则。由于卢梭比霍布斯本人更一贯地遵循这一原则,他被迫拒绝霍布斯的方案,或者说他要求把自然状态——人的原初或前社会状况——理解为完美的,也就是说,他并不把自然状态理解为超越自身走向社会的状态。卢梭被迫要求自然状态——人的开端——成为社会性的人的目标:只因为人已经远离其开端,因为他已经因之而腐败,他才需要一个目的。那一目的首先是公正的社会。公正社会与不公正社会之间的区别在于,公正社会是一个尽可能贴近自然状态的社会:在自然状态中对人起决定作用的欲望,自我保存的欲望,是公正社会的根基,也决定着公正社会的目的。这一根本的欲望同时也是根本的权利,激活了区别于道德的司法实践：社会绝非以道德为基础，而是反过来，社会是道德的基础；[53]因此，必须从司法的方面而不是从道德的方面去规定社会的目的；不能强加给人以进入社会的义务（或者说，社会契约不能把"人民的身体[the body of the people]"绑在一起）。无论道德的意义和状态可能如何，道德当然都以社会为其存在前提，而社会，甚至公正的社会，则是束缚，是对自然的疏离。人因而应超越整个社会和道德的维度，回到自然状态的完整和真挚（sincerity）。由于关注自我保存迫使人进入社会，人应该跳出自我保存回到自我保存的根基。这一根基，绝对的开端，就是生存感（the feeling of existence），纯粹生存的甜蜜感。通过让自己只感觉当下的存在，一点不去思虑未来，从而生活在对一切忧虑、恐惧的蒙福的遗忘中，个人感觉到所有生存的甜蜜：他返回了自然。正是人的生存感导致了人保存自己生存的欲望。这一欲望迫使人完全投身于行动和思虑，投身于一种充满忧虑、责任和悲哀的生活，随即切断了人与深藏在人的深处或起源中的极乐（bliss）的联系。只有极少数人有能力找到回归自然的道路。因此，保存生存的欲望与生存感之间的张力体现在大多数人与少数孤独梦想者无法化解的敌对中——大多数人充其量是好公民，孤独的梦想者则是"地上的盐"。卢梭在这一敌对处戛然而止。德意志哲学家们接过他的问题，认为敌对双方有可能和解，他们认为，历史能够达成或者已经达成了那种和解（reconciliation）。

在对抗现代性的第一次浪潮造成的损害时，德国唯心主义哲学宣称已经恢复（而且不仅仅是恢复）了古典政治哲学的高水平。但是，属于现代性第二次浪潮的政治哲学与历史哲学（philosophy of history）分不开，而在古典政治哲学中根本没有历史哲学，更不要说用自由（Freedom）取代德性（Virtue）。历史哲学的意义是什么？历史哲学表明了正当秩序之实现的本质必然性。在决定性的方面机运并不存在，也就是说，[54]在第一次浪潮中导致降低标准的同一种现实主义倾向，造成了第二次浪潮中的历史哲学。引入历史哲也不是对降低标准的一种真正补救。正当秩序的实现由盲目自私的激情达成:正当秩序是决非受正当秩序指导的各种人类活动的无意的副产品。黑格尔构想正当秩序的方式可能与柏拉图构想它的方式一样崇高——有人可能有此猜疑。黑格尔认为,正当秩序当然要以马基雅维利的方式而不是以柏拉图的方式建立;即,他认为正当秩序是靠一种与正当秩序本身相抵触的方式建立的。共产主义的种种幻象(delusions)早已是黑格尔甚至康德的幻象。

德国唯心主义暴露出来的种种困难引发了现代性的第三次浪潮——这次浪潮为我们催生出了今天。最后这一纪元由尼采拉开帷幕。尼采保留了在他看来因19世纪的历史意识而属于洞见的思想。但他既反对历史进程是理性的这一观点,也反对真正的个体与现代国家之间有可能达到和谐这个前提。人们可以说,尼采在历史意识的层面上从黑格尔的和解回到了卢梭的二律背反(antinomy)。尼采教导说,所有人类生活和人类思想最终依赖形成视域(horizon-forming)的创造,而这些创造不易受理性的正当化(rational legitimization)的影响。创造者是些伟大的个体。[尼采的]孤独的创造者取代了卢梭的孤独的梦想者,他为自己设立新法,并让自己屈从于新法所有的严厉。因为自然(Nature)已不再以合乎法则的仁慈的面目出现。因此,生存的根本体验不再是极乐的体验,而是对苦难、空虚和深渊的体验。尼采对创造力的创造性呼吁,所诉诸的对象是应对自己的生活进行革命的个体,而非社会或他自己的民族。但尼采期望或希望,他的呼吁(既是严厉的、带着恳求和质疑,同时又渴望受到质疑)将吸引后辈中最优秀的那些人变成真正的自我,从而形成一种有能力统治全球的新的高贵。他将一种全球性贵族制(a planetary aristocracy)的可能性与一个普遍的无阶级无国家的社会所谓的必然性加以对照。尼采确信现代西方人的温顺,他宣扬[55]"无情毁灭(merciless extinction)"多数民众的神圣权利,在这样宣扬时,尼采同其伟大的对手一样没有丝毫克制。尼采大肆利用其热烈迷人的言辞中难以逾越又取之不竭的力量,使其读者不仅厌恶社会主义和共产主义,也厌恶保守主义、民族主义和民主制。而在主动肩负起这一伟大的政治责任之后,尼采却无法向其读者阐明一条通往政治责任的道路。他的读者只能彷徨于对政治不负责任的冷漠与各种不负责任的政治方案之间,尼采没有给他们留下任何其他选择。尼采因而准备了一种政制,这种政制只要持续下去就会使声名扫地的民主制再次看上去像黄金时代。尼采试图用其权力意志学说来阐明他对现代处境和人类生活本身的理解。然后在尼采之后,权力意志哲学内在的困难导致对"永恒"概念本身的明确弃绝。现代思想在最彻底的历史主义中,即,现代思想以明确导致永恒概念被彻底遗忘,达到了其巅峰和最高的自我意识。因为,遗忘永恒,或者说远离人最深的欲望继而远离种种首要的议题,是现代人从一开始就不得不为试图成为绝对主权者、变成自然的主人和所有者并征服机运所付出的代价。

二 政治哲学与历史

洪涛 译 李世祥 校

[56]政治哲学不是一门历史学科。有关政治事务之本性(nature)的哲学问题,有关最好的或正当的政治秩序的哲学问题,根本不同于史学问题,后者始终关注个体:个别的团体、个别的人、个别的功业、个别的"文明",某一从开端到现在的人类文明"进程",等等。尤其是,政治哲学根本不同于政治哲学本身的历史。有关政治事务之本性的问题及其解答,决不会被误认为是如下问题:这个或那个哲人或所有哲人如何提出、讨论或回答上述哲学问题。这并不意味着政治哲学完全独立于历史。没有体验过不同国家、不同时代中的政治制度和政治信念的多样性,就绝不可能提出有关政治事务之本质的问题、有关最好的或正当的政治秩序的问题。这些问题提出来之后,唯有历史知识才能防止[57]人们将某个时代和某个国家的政治生活的具体特征误认为政治事务的本质。对政治思想史和政治哲学史亦当如是观。但是,无论历史知识对政治哲学有多重要,它也只是政治哲学的预备与辅助,它不可能成为政治哲学的组成部分。

至少直到18世纪末,这样看待政治哲学与历史的关系,仍占据着无可非议的主导地位。而在我们的时代,这种看法常遭拒斥,为的是支持"历史主义",亦即支持这一主张:哲学问题与历史问题之间的基本区分,终究无法保持。因此,历史主义可以说是对政治哲学之可能性的质疑。无论如何,历史主义挑战了整个政治哲学传统的共同前提,显然,这一前提以前从未被它质疑过。因此,与以往的政治哲学相比，历史主义看起来更深地进入了根基，或者说，显得更为哲学。无疑，历史主义质疑的正是政治事务之本性的问题，最好的或正当的政治秩序的问题。于是乎，历史主义便为政治哲学创造了一种全新的处境。历史主义提出的问题，乃是政治哲学当前最为紧迫的问题。

历史主义鼓吹融合哲学与历史，这是否已有进展，乃至能否有所进展，甚值得怀疑。然而，这种融合看起来像是19世纪和20世纪早期的思想主流共同指向的自然目的。无论如何，历史主义不仅是众多哲学流派之一，而且是一股最强大的力量，影响了几乎所有当代思想。就我们能真正谈论的某个时代的精神而言，我们可以自信地宣称，历史主义就是我们时代的精神。

人们以前从未像今天这样，对既往的一切、对既往的所有方面，产生如此强烈而广泛的兴趣。历史学科的数量、每一学科的领域及其独立性，全都在不断地增长。成千上万的甚至更多的专业学者在从事这些历史研究，他们并不仅仅把这些研究视为工具，认为它们本身毫无价值：我们理所当然地[58]认为，历史知识构成了最高类型的学问不可或缺的部分。我们只需回顾一下，就能以恰当的视角来了解这一事实。在《王制》(Republic)中，柏拉图勾勒了一种研究计划，他提到算术、几何、天象学，等等：历史连影子都没有。更不必提起亚里士多德(古典时期最著名的历史研究很大程度上归属于他)那耳熟能详的说法：诗比历史更富有哲学味。这种态度是所有古典哲人的特征，也是所有中世纪哲人的特征。对历史推崇备至的是修辞学家，而非哲人。尤其是，哲学史并不被视为一门哲学学科：哲学史属于古文史家(antiquarians)而非哲人。

只是到了16世纪，人们才开始感受到一场根本变革。因此，对历史的异常强调最早显明了一种对立——与所有早期哲学尤其是所有早期政治哲学的对立。早期的历史转向基本上为理性时代的"非历史"学说所吸收。从根本上讲，17、18世纪的"理性主义"比前现代的"理性主义"更具"历史性"。17世纪以降，几乎一代又一代,哲学与历史以加速的步伐趋于和解。到17世纪末,历史已成为通常所谓的"时代精神"。18世纪中叶,创造了"历史哲学"一词。19世纪,哲学史通常被视为一门哲学学科。19世纪著名哲学家黑格尔的学说,注定了哲学与历史的"综合"。19世纪的"历史学派"使得历史的法学、历史的政治科学和历史的经济科学,取代了明显是"非历史的"或至少与历史无关的法学、政治科学和经济科学。

19世纪上半叶这种特殊的历史主义受到猛烈抨击,这是因为,它似乎在对过去的沉思中丧失了自身。然而,获胜的批评者并没有[59]用一种非历史的哲学取而代之,取代它的是一种更"先进的"、某些情况下更"复杂的"历史主义形式。20世纪典型的历史主义要求,每一代人应基于自身的体验并着眼于自己的未来,重新阐释过去。这种历史主义不再是沉思的,而是实践的;它所从属的那种对既往的研究,受预期的未来引导,或者从当下出发并返回到对当下的分析,它认为这种分析有着至关重要的哲学意义:它期待从中获得对政治生活的根本指导。几乎在我们时代的每一门课程和每本教科书中,都可以看到结果如何。我们有种印象:当下社会生活的特定"趋向"及其历史起源的问题,取代了有关政治事务之本性的问题;关于可能的或可欲的未来的问题,取代了有关最好的或正当的政治秩序的问题。现代国家、现代政府、西方文明理想等等问题,占据了一个位置,先前占据这个位置的,乃是有关这个国家和这种正确生活方式的问题。哲学问题已转变成历史问题——或更确切地说,转变成具有"未来主义"特征的历史问题。

我们时代这一取向的特色,只有用历史主义才能合理地描绘。历史主义体现于各种变化万端的形态、各种截然不同的层面。某一种类型的历史主义自吹自播的信条与论点,会使得其他类型的历史主义信徒会心一笑。历史主义最常见的形式体现在如下要求中:用现代国家、现代政府、当前的政治处境、现代人、我们的社会、我们的文化、我们的文明等等问题,取代政治事务之本性、国家、人的自然本性这类问题。然而,如果没有首先了解某个国家是什么,某种文明是什么,人的自然本性是什么,就难以弄清,我们如何恰切地谈论现代国家、我们的文明、现代人等等,因此,较深刻类型的历史主义承认,传统哲学的普遍问题无法抛弃。不过,他们声称,对这些问题的任何回答、任何澄清或讨论的尝试,乃至任何精确的表述,[60]必定受到"历史性地制约",亦即,必定仍依赖于它在其中得到表达的具体情境。关于这些普遍问题,没有一种答案,没有一种论述或精确的表述,可称为普遍有效,对一切时代都有效。其他一些历史主义者走极端,他们认为,尽管没有抛弃哲学本身,就不可能抛弃传统哲学的普遍问题,但哲学本身及其普遍问题本身受到"历史性地制约",也就是,它们本质上与某个特定的"历史"形态有关,例如,与西方人或希腊人及其精神后裔有关。

为了显明历史主义的领域,我们不妨谈一下当今普遍接受的两个历史主义的典型假设。"历史"起初是指一种特殊类型的知识或探究。历史主义假设,历史知识的对象即所谓的"历史",是一个"领域",这是它自身的"世界",截然不同于(当然也关系到)另一个"领域"——"自然"。这一假设最为明确地区分了历史主义与前历史主义的观点,在前历史主义看来,作为一种知识对象的"历史"并不存在,因而,它从未想到一种作为分析或思考特定的"现实维度"的"历史哲学"。只有在人们开始想知道,《圣经》或柏拉图会如何称呼这个我们习惯称之为"历史"的 X 之后,我们所讨论的这一假设的严重后果才会显现。历史主义的特征还在于假设,早期学说的复兴是不可能的,或任何有意的复兴必定会导致根本改变要恢复的学说。这一假设极其容易理解成如下观点的必然结论:每种学说本质上都与某种不可重复的"历史"处境有关。

充分探讨历史主义,就是批判性地分析一般意义上的现代哲学。我们所能做的不过是尽力表明某些想法,以防我们把历史主义视为理所当然。

首先,我们必须处理一种流行的误解,它容易让这个问题变得含混不清。让我们回顾一下早期历史主义对政治哲学的攻击:政治哲学为法国大革命铺平了道路。"历史学派"的代表人物表示,[61] 18世纪某些富有影响的哲学家,勾画过正当的政治秩序或理性的政治秩序,认为无论何时何地都应该或能够建立这一秩序。与这种看法不同,他们宣称,研究政治事务唯一合理的方法乃是"历史的"方法,亦即,将某个既定国家的制度理解为过去的产物。合理的政治行动必须基于这种历史的理解,该理解不同于并反对1789年的"抽象原则"或其他任何"抽象原则"。不管18世纪的政治哲学有多少缺陷,这些缺陷肯定没有使如下主张正当化:历史方法必须取代非历史的哲学方法。以往大多数政治哲人,不顾(或更准确地说,由于)其思想的非历史特征,理所当然地区分了两个问题:一是有关最好的政治秩序的哲学问题,一是这个秩序能否或应不应该在某个时代的某个既定国家中建立起来的实践问题。他们自然懂得所有政治行动都有别于政治哲学,政治行动关注个别的处境,因此必须以明确把握相关处境为基础,从而常常以理解那一处境的各种前事为基础。他们理所当然地认为,政治行动由如下信念所引导:本质上最可欲的东西,在所有情形下都必须付诸实践,而不管那些情形如何,这种信念适合于无害人之心的温和人士(他们不知道蛇的智慧),而非明智者和好人。简言之,一切政治行动都关注并由此预设了恰切的知识——有关个别处境、个别共同体、个别制度等等的恰切知识,这个自明之理与历史主义提出的问题毫无关联。

历史主义比非历史的政治哲学晚出现,这一事实很大程度上决定了历史主义提出的问题:"历史"本身似乎已决意支持历史主义。然而,倘若我们没有崇拜这种"成功",我们就不能认为,胜利的目标必然是真理的目标。因为,即便我们承认真理终将获胜,我们也不能确定最后时刻已经来临。有些人喜欢历史主义胜过非历史的政治哲学,[62]是因为这两者在时间上的关联,于是他们就用一种特殊的方式来解释这一关联:他们认为,可以假设历史上后起的立场比先起的更成熟,其他皆然。他们会说,历史主义建立在需千百年时间方能成熟的经验之上——这千百年的经验告诉我们,非历史的政治哲学失败了,或是一种幻觉。以往的政治哲人试图一劳永逸地解答有关最好的政治秩序的问题。但是,他们努力的结果表明,有多少个政治哲人,几乎就有多少种答案,就有多少种政治哲学。哲学处于"令人愧怍的多样性"之中,置于"体系间的无政府状态"之下,这一奇观似乎驳倒了每一种哲学主张,并且表明,政治哲学史同样驳倒了非历史的政治哲学,因为,诸多不可调和的政治哲学相互驳斥。

然而,历史其实没有告知我们,以往的政治哲学相互驳倒了对方。历史仅仅告知我们,它们相互矛盾。因此,我们面对的是这样一个哲学问题:关于政治的基本原则,两个既有的相互矛盾的观点何者真实。例如,在研究政治哲学史时,我们观察到,一些政治哲人区分了国家与社会,而另一些政治哲人或显或隐地拒绝这种区分。这一观察迫使我们提出如下哲学问题:这样的区分是否恰当,在多大程度上是恰当的。即便历史能够告知我们,以往的政治哲学都已失败,它告知我们的也不过是,非历史的政治哲学到目前为止失败了。但是,这是否仅仅表明,我们没有真正懂得政治事务的本性,以及最好的或正当的政治秩序?这远不是什么历史主义的新发现,它已暗含于"哲学"这一名称之中。倘若哲学史所展示的"体系间的无政府状态"可以证明什么的话,它也只是证明,对于最重要的问题,我们一无所知(没有历史主义,我们也能意识到这种无知),并由此证明了哲学的必要性。不妨补充说,我们时代历史的政治哲学的"无政府状态",[63]或当今对过去的解释的"无政府状态",并不明显轻于以往非历史的政治哲学的"无政府状态"。

然而,并非仅仅是政治哲学的多样性,据说显示了非历史的政治哲学的无用。大多数历史主义者认为,如下事实具有决定性意义:政治哲学与其所在的历史处境之间存在的紧密关联,可以通过历史研究来确立。他们认为,政治哲学的多样性最主要是历史处境的多样性作用的结果。政治哲学史不仅告诉我们,如柏拉图那样的政治哲学与洛克那样的政治哲学无法调和。它还告诉我们,柏拉图的政治哲学本质上与公元前4世纪的希腊城邦有关,正如洛克的政治哲学本质上与1688年的英格兰革命有关。这就表明了,没有哪种政治哲学可以合理地宣称,它有效超越了与其具有本质关联的历史处境。

不过,前面表明的不用再重复了,用于支持历史主义的历史证据,看上去并不像设想的那样有力。首先,历史主义者并没有充分考虑到,就以往的政治哲人而言,他们有意使自己的观点适合同时代人的偏见。肤浅的读者很容易认为,一名政治哲人受他于其中思考的历史处境左右,因为,他的思想表述适应于那个处境,其实,他这样做只是为了让自己的思想从根本上为人倾听。诸多以往的政治哲人展现其教诲时,并非采用科学论文的形式,采用的形式我们不妨称为论文-小册子(treatise - tracts)。他们并不局限于阐明他们所思考的政治真理。他们结合了那个阐述与另一个阐述,这另一个阐述涉及他们视为现实处境中可欲的或可行的东西,或按照普遍接受的意见可理解的东西;他们传达自己观点的方式不仅是"哲学的",同时也是"公民的(civil)"。① 因此,通过证明[64]政治哲人们的政治学说整体上受到"历史性地制约",我们压根无法证明,他们的政治哲学同样受到"历史性地制约"。

最重要的是,没有理由假设,各种学说与其"时代"之间的关联一清二楚。受到忽视的是这种显而易见的可能性:与某种特定学说相关的处境(situation),可能特别有利于唯一真理的发现,而其他一切处境则多少不利于它的发现。更一般地讲,在理解某一种学说的根源时,我们并不必然会得出结论说,我们所讨论的学说不可能完全真实。例如,通过证明现代自然法的某些命题可以"追溯到"罗

---

① 对比洛克《政府论》(*Of Civil Government*)上篇第109节、下篇第52节与其《人类理解论》(*Essay Concerning Human Understanding*)第3卷第9章第3节、第22节。

马实定法,我们并不能证明,这些提到的命题不是 de jure naturali[源于自然法],而仅仅是 de jure positivo[源于实定法]。因为,完全有可能,罗马法学家们会把某些自然法原则误作为实定法原则,或者,他们仅仅"推测",而没有真正把握自然法的重要因素。因此,我们不能止步于探察一种学说与其历史渊源的关联。我们必须解释这些关联;而解释的前提是对这一学说本身进行哲学研究,以判明其真伪。不管怎样,每种学说与某种特定的历史背景"有关",这一事实(倘若是事实的话)根本不能证明,没有一种学说完全真实。

老一派并不熟悉历史主义酿成的灾难,可能会嘲笑我们,因为我们得出的结论相当于一个众所周知的道理:在我们充分检审某种严肃的学说之前,我们没有理由拒绝它。既然如此,我们被迫明确宣布,在仔细研究之前,我们不能排除一个可能性:在千百年前出现的某种政治哲学就是那种真正的政治哲学,它在今天的真实性一如最初得到阐明之时。换言之,一种政治哲学不会仅仅因为与之相关的历史处境尤其是政治处境的消逝而过时。因为,每一种政治处境都包含一切政治处境的本质要素:否则人们怎么能以可理解的方式把所有这些不同的政治处境明确称为"政治处境(political situations)"呢?

且让我们以最基本的方法简明扼要地考察一个最重要的例子。[65]古典政治哲学的核心主题是城邦,而现代国家取代了城邦,正如有些人似乎相信的那样,仅凭这一事实并不能驳倒古典政治哲学。大多数古典哲人将城邦视为最完美的政治组织形式,不是因为他们对其他任何形式一无所知,也不是因为他们盲目追随先人或同时代人的引导,而是因为他们认识到,至少像我们今天那样清楚地认识到,城邦本质上高于古典时期已知的其他政治传结(political association)方式——部落组织和东方君主制。我们姑且可以认为,部落的特征是,自由(公共精神)而不文明(文明指艺术和科学的高度发展),东方君主制的特征则是文明而不自由。古典政治哲人基于自由与文明的标准,喜欢城邦胜过其他政治传结方式,是有意识的且合理的。这一偏爱并不是一种与特殊的历史处境密切相关的特性。直至18世纪(含18世纪),一些最杰出的政治哲人仍极其正当地偏爱城邦,而非16世纪就已出现的现代国家,恰恰是因为他们用自由与文明的标准来衡量其时代的现代国家。只是在19世纪,古典政治哲学在某种意义上变得过了时。原因在于,19世纪的国家与马其顿帝国、罗马帝国、封建君主国、现代专制君主国不同,它可貌似合理地自称至少像希腊城邦那样符合自由与文明的标准。即使那样,古典政治哲学也没有变得完全过时,因为,正是古典政治哲学以一种"古典的"方式详细阐明了自由与文明的标准。不能否认,现代民主的出现尤其引发了对"自由"与"文明"的重新解释(即便它不是这种重新解释的结果),而这是古典政治哲学所无法预见的。不过,这一重新解释之所以至关重要,不是因为现代民主取代了早期的政治拢结方式,也不是因为它获得了成功[66]——它不是无论何时何地都能成功的,而是因为有明确的理由认为,这种重新解释本质上优于原初的版本。自然,有些人质疑上述标准,但这个质疑与标准本身一样,几乎不受限于特殊的历史处境。也有些古典政治哲人决定拥护东方君主制。

在我们能够明智地运用从历史角度探明的哲学学说与其"时代"的关联之前,我们必须把有关的学说置于与它们的真伪密切相关的哲学批判之下。反过来,一种哲学批判以充分理解被批判的学说为前提。充分的解释是这样一种解释:恰如哲人理解自己的思想那样去理解他的思想。事实上,一切用来支持历史主义的历史证据都预设,根据历史主义,有可能充分理解以往的哲学。这一预设大有疑问。为了弄清楚这点,我们必须按照历史准确性的标准来看待历史主义,根据普遍的看法,这些标准是历史主义率先察觉和阐明的,或至少是历史主义推测出来的。

在与之前为其铺平道路的学说斗争时,历史主义发现了这些标准。之前的这种学说信仰进步:相信18世纪晚期比先前的一切时代更优越,且期待着未来的更大进步。对进步的信仰,是哲学传统非历史的观点与历史主义的中间环节。从某些方面讲,这种信仰赞同哲学传统:两者都承认存在普遍有效的标准,这些标准无需历史检验或不会受历史检验的影响。从另一个方面讲,这种信仰偏离哲学传统:它本质上是一种有关"历史进程"的观点;它断言,存在"历史进程"这样的东西,这个进程通常而言就是一种"进步":思想与制度的进步指向一种秩序,这种秩序完全赞同某些假定的有关人类优异的普遍标准。

因此,对进步的信仰不同于[67]哲学传统的观点,可以从纯粹的历史观点进行合理的批评。早期历史主义就是这样做的,许多例子——最著名的要数对中世纪的解释——表明,以往"进步主义者"的观点基于对过去全然片面的理解。显然,我们对过去越感兴趣,我们对过去的理解就会越充分。然而,如果我们事先就知道,就最重要的方面而言,现在优越于过去,那么,我们就不会对过去兴致盎然,不会真正对过去感兴趣。从这一假设出发的史学家们,就觉得没有必要去理解过去本身;他们将过去理解为仅仅是为当下作准备。研究以往的一门学说时,他们不会首先探问,学说创建者有意识的、深思熟虑的意图何在;他们更喜欢追问,这一学说对我们的信念有何贡献?从当前的观点来看,这一学说不为创建者所知的含义是什么?根据后来的发现或发明来看,它有何意义?因此,他们理所当然地认为,比过去的思想家理解自身更好地理解他们,不仅有可能,甚至是必然的。

为了历史的真实和历史的准确性,"历史意识"恰切地反对这种方法。思想史家的任务就是,恰如以往的思想家理解自身那样去理解他们,或者,根据他们本人的解释来复活其思想。倘若我们放弃这一目标,我们也就放弃了思想史中唯一可行的"客观性"标准。因为,众所周知,在不同的历史处境下,同一历史现象会呈现不同的面相;新的经验似乎会揭露古老的文本。这类观点似乎暗示,任何一种解释,要是宣称自己是唯一真实的解释,那是站不住脚的。但是,这类观点并不能证明此种暗示正当。因为,虽然表面上有无限多的方法去理解某种既定的学说,但也无法抹去如下事实:这种学说的创建者只用一种方式理解它,倘若他本人不糊涂的话。认为对以往某种学说成千上万的解释都同样合理,[68]是由于有意无意地想要比创建者理解自身更好地理解他。但是,像他理解自身那样地去理解他,唯有一种方式。

那么,历史主义本质上不可能符合历史精确性的标准——可以说,它发现了这些标准。因为历史主义深信,历史主义者的方法优于非历史的方法,但实际上,以往所有的思想,完全是"非历史的"。因此,历史主义被迫根据其原理,试图比以往的哲学理解自身更好地理解它。以往的哲学以一种非历史的方式理解自身,但历史主义必须"从历史角度"理解它。过去的哲人宣称已发现唯一的真理——并不仅仅局限于他们时代的唯一真理。相反,历史主义者认为,过去的哲人这样宣称是错的,历史主义者禁不住把这个看法作为解释的依据。所以,历史主义不过是重复了(尽管有时以一种更精妙的方式)它所严厉谴责的"进步主义"史学的错误。不妨再说一遍,史学家越不认为自己的观点具有优越性,或者说,他越准备承认,他不仅可能得了解过去的思想家,而且可能得从他们身上学些东西,那我们对过去思想的理解就会越充分。要理解一种真正的学说,我们必须真正对它感兴趣,必须认真对待它,也就是说,我们必须愿意考虑这一可能性:它完全正确。同样,历史主义者否认了以往任何哲学的这种可能性。自然,比起任何早期的哲学来,历史主义赋予哲学史更大的意义。但是,不同于大多数早期的哲学,历史主义原则上危及对以往哲学的任何充分理解,尽管这与它的原初意图相违。

认为历史主义可能是不偏不倚地研究哲学史(尤其政治哲学史)的结果,这是一种错误。史学家可能会认定,一切政治哲学均与特定的历史背景有关,或者,只有生活于某一特定历史处境中的人,才会有接受[69]某种既定的政治哲学的自然倾向。因此,他不能排除这种可能性:一种特定的政治哲学的历史背景,是发现那种政治真理的理想条件。那么,历史主义就不能用历史证据来确立。历史主义的依据是对思想、知识、真理、哲学、政治事务、政治观念等的哲学分析,据称,这种哲学分析得出结论说:思想、知识、真理、哲学、政治事务、政治观念等等,本质上彻头彻尾是"历史的"。我们提到的这一哲学分析,俨然成了解释千百年来的经验和政治哲学的权威。以往政治哲人试图一劳永逸地回答最好的政治秩序的问题。他们每个人都或显或隐地认为,其他所有人都失败了。只是在长期的尝试和挫折之后,政治哲人们开始质疑这种一劳永逸地解决基本问题的可能性。历史主义是这一反思的最终产物。

让我们看看这一产物究竟在多大程度上影响了政治哲学。历史主义无法合理地宣称,历史性的问题必须取代政治哲学的基本问题。例如,有关"维持一种特殊类型的国家(如现代民主国家)的操作性观念"的讨论,无法代替最好的政治秩序这一问题。因为,对这些观念的"任何透彻讨论","必定会对这些观念的绝对价值产生某种思考。"①有关未来秩序的问题也无法代替最好的政治秩序的问题。因为,即便我们能够确定无疑地知道,未来的秩序就是共产主义社会,我们所知道的,无非是共产主义社会将是现代文明崩溃之后的唯一选择,我们仍不得不思考,何种选择更可取。我们绝不可能回避如下问题:未来可能的秩序是可欲的、公正的,还是令人厌恶的?事实上,我们对这一问题的回答,可能会影响到这一未来可能的秩序能否真正变成未来的秩序。既然如此,我们视为可欲的东西最终取决于[70]优先选择的普遍原则,这些原则的政治意蕴如果得到适当的阐发,就能为我们呈现何谓最好的政治秩序这一问题的答案。

倘若作为历史主义基础的哲学分析是正确的,那么,历史主义就能合理地说,普遍性的哲学问题的所有答案必然受到"历史性地

---

① A. D. Lindsay,《现代民主国家》(*The Modern Democratic State*),Oxford,1943,卷一,页45。

制约",或者,普遍性问题的任何解答,事实上都不可能普遍有效。这样,一个普遍性问题的每个解答,必然都想成为普遍有效的。因此,历史主义的论题相当于:在哲学的意图与其命运之间,在哲学解答非历史性的意图与其永远受到"历史性地制约"的命运之间,存在着无法避免的矛盾。矛盾之所以无法避免是因为,一方面,显而易见的理由迫使我们提出普遍性问题,并使我们力图获得充分的回答,亦即普遍性的回答,另一方面,一切人类思想都受制于意见和信念,而它们因历史处境的不同而不同。既定答案的历史局限性必然不会引起解答者的注意。历史条件具有无形之墙的特性,使任何解答都不能成为普遍有效。因为,一个人如果知道,决定其答案的不是他对真理的自由洞见,而是他的历史处境,那他就不再会认同或由衷相信自己的答案。虽然我们能够确知,提供给我们的答案没有一种是完全正确的,但我们不会知道造成这种情形的确切原因。这一确切原因是我们时代最根深蒂固的成见的可疑根据——这一成见必然向我们隐藏着。如果这一看法正确,那么,政治哲学依然不得不提出基本问题和普遍性问题,一个思想者一旦意识到这些问题,他就会禁不住提出来并试图作出解答。但是,哲人在进行他的哲学研究时,定会同时反思其历史处境,以使自己尽可能摆脱时代的偏见。这种历史反思服务于哲学研究本身,但绝不等同于哲学。

因此,从一开始,基于历史主义的哲学研究就会受到如下事实启发:其研究[71]可能得出的答案必然会受到"历史性地制约"。相应地,哲学研究将会伴随着对它们所处的历史处境的反思。我们或许会认为,可以恰切地宣布,比起过去"幼稚的"非历史哲学来,这样的哲学研究已提升到一个更高的思考水平,或者说,更富有哲学味。某个时刻,我们或许会认为,历史的政治哲学与先前的政治哲学相比,更不易堕落为一种教条主义。但只要细思片刻便足以打消这种幻觉。对以往真正的哲人而言,他可能想到的所有答案,在他进行检审之前,均具有可能性,相反,历史主义哲学家在检审之前,就排除了先前时代能让人想到的所有答案。比起过去普通的哲学家,历史主义哲学家并不更少教条主义一些,而是要教条得多。尤其是,在其他条件同等的情况下,哲学家对其历史处境的反思并不必然标志着,其哲学反思水平高于那些不十分关注历史处境的哲人。现代哲学家更需要反思自己的处境,原因很可能是,既已放弃在永恒的样式下(sub specie aeternitatis)观照事物的决心,他就更易受支配时代的信条与"潮流"影响,并受其控制。对历史处境的反思,很可能只是对一种缺陷的弥补,这一缺陷是历史主义造成的,确切地说,是历史主义展露出来的更深层动机造成的,先前时代的哲学研究并不受制于这些动机。

看来,推动历史主义的这种确定性好像是:在未来,人们从未或不可能梦想过的许多可能性将变成现实,相反,非历史的政治哲学并没有处于这种开放性的视域之中,而是处于被其时代所已知的种种可能性封闭着的视域中。然而,只要不曾消除人与天使、人与野兽之间的差异,或者,只要存在政治事务,那么,未来的可能性就不是无限的。未来的可能性并非全然不可知,因为,它们的限度是已知的。确实,没有人能够预知,未来能发现的可能性是明智还是疯狂——这些可能性的实现[72]都在人性限度之内。不过也可以确定,那些当下所无法想象的可能性,也难以在当下言说。因此,我们不得不遵循先例,即遵循早期政治哲学对可能性所采取的态度,这些可能性或者已发现,甚至已实现。至于那些只有未来才能知道的可能性,我们就把它留给未来的政治哲学家讨论吧。即便可以绝对肯定,未来能目睹现在仍无法想象的远景的根本变化,同时也是切合实际的变化,那也不可能影响政治哲学的问题和步骤。

同样,下述说法亦不正确:非历史的政治哲学相信可能一劳永逸地解答根本问题,而历史主义则认识到,根本问题不可能有终极的解答。对于根本问题,每一种哲学立场暗含的回答都可谓终极、真正的一劳永逸。有些人相信,"具体处境所具有的独一无二性和道德上的终极性至关重要",因此,他们拒绝探索"普遍性答案,这些答案被认为具有能囊括并支配一切个别情形的普遍意义",这些人会毫不犹豫地对下述问题给出据称是终极而普遍的回答:何谓"道德处境","这些独特的道德特性"是什么,或"这些德性"是什么。① 有些人相信朝向某个目标的进步,这一目标本身在本质上是进步的,因此,他们拒绝追问何谓最好的政治秩序这一"过于静态的"问题,这些人确信,他们对进步的现实性的洞察"已成定局"。同样,对于某种目的论,历史主义不过是用另一种目的论来取代,并用这一终极信念来取代:人的所有回答本质上彻头彻尾是"历史的"。只有在一种情况下,历史主义才会声称不以目的论自居,即他不把历史主义者的命题描述为完全真实,而只是暂时真实。事实上,倘若这一历史主义命题正确,我们就无法避免得出结论说:这一命题本身就是"历史的",或者说,因为有意义,它只对某一特定的历史处境有效。历史主义不是一辆人们想停就停的小马车:[73]历史主义必须运用于自身。因此,历史主义也会揭示,自己与现代人相关。这意味着,在适当的时候,非历史主义立场将取代历史主义。有些历史主义者会认为,这样的发展是明显的倒退。但如果他们这样认为,他们就给有利于历史主义的历史处境赋予了一种绝对性,而原则上,他们拒绝将这种绝对性赋予任何历史处境。

因此,恰恰是历史主义方法迫使我们提出历史主义与现代人的本质关联的问题,或者,更准确地说是这一问题:现代人异于前现代人的哪些特殊需要和特征,构成了现代人热切转向历史的基础。若要尽可能在当前语境中阐明这一问题,我们必须思考一个赞成融合哲学与历史研究的论点,这个论点看上去极为可信。

政治哲学试图用有关政治基本原则的知识来取代关于他们的意见。因此,政治哲学的首要工作就是使我们的政治观念变得一清二楚,这样就能对这些观念进行批判性分析。"我们的观念"只在局部上是我们的观念。我们的观念中绝大多数是其他人、是我们的

---

① 杜威(John Dewey),《哲学的改造》(*Reconstruction in Philosophy*),New York,1920,页 189,163 以下。

老师（在该词的最广泛意义上）以及老师的老师的思想的简化或残余；他们的思想是过去思想的简化与残余。这些思想曾经一度是浅显的（explicit），处于思考和讨论的核心。甚至可以认为，它们曾极其晓畅易懂（lucid）。在代代相传中，它们发生了变化，无法确定这些变化是不是有意造成的、是否清清楚楚。不管怎样，这些曾热切讨论过的极其显白的观念（尽管不一定是易懂的观念），现已蜕变成纯粹的隐含之意（implications）和心照不宣的预设。因此，如果我们想澄清我们承继的政治观念，我们就必须如实描述过去曾是显白的观念的隐含之意，这唯有借助政治观念史才能做到。这意味着，我们政治观念的澄清，不知不觉地转化并变得与政治观念史没有两样。在此意义上，哲学研究与历史研究完全融合了。

那么，要是为了澄清我们的政治观念，[74]我们越发感到有必要从事历史研究，我们就一定越会为下述现象所震撼：以往的政治哲人压根没有感到有这种必要。例如，翻一下亚里士多德的《政治学》，就足以让我们相信，亚里士多德极其完美地阐明了其时代通行的种种政治观念，但他从未操心这些观念的历史。关于这一矛盾的事实，最自然、最谨慎的解释可能是：或许，我们的政治观念的特征截然不同于以往政治观念的特征。我们的政治观念的特性是：除非借助历史研究，否则无法完全澄清这些观念，而以往的政治观念必须求助于它们的历史就可获得彻底的澄清。

要阐明这一观点略有困难，我们将借用休谟（David Hume）的一个术语，做些自由发挥。在休谟看来，我们的观念源于"印象"，源于我们所谓的直接经验。为澄清我们的观念，并区分它们的真实要素和虚假要素（或区分这些要素是否符合直接经验），必须将我们的每一个观念追溯到产生它的印象。现在的问题是，是否所有观念与印象的关联方式都完全相同。例如，城邦观念据说源于对城邦的印象，这种关联方式与狗的观念源于对狗的印象完全相同。另一方面，国家观念并不只是源于对国家的印象。这一观念的产生，部分可归结为转变或重新解释某些更基本的观念，尤其是城邦的观念。

直接源于印象的观念无需求助于历史就可以得到阐明;但是,某些观念的出现,源于对更基本观念的特殊转化,唯有借助观念史才能澄清这些观念。

通过国家观念与城邦观念这些例子,我们可以阐明我们的政治观念与早期政治观念之间的差异。选取这些例子并非偶然,因为,我们关注的这一差异,乃是现代哲学的特征与前现代哲学的特征的具体差异。[75]黑格尔曾经如是描述这两者之间的根本差异:

> 古代的研究方法不同于现代,因为,前者旨在自然意识的真正培养与完善。通过竭力探究生活的各个方面,对所碰到的一切作哲学思考,自然意识才将自身转变成一种抽象理解力的普遍性,这种理解力活跃于每一事物的每个方面之中。然而,在现代,个人就能找到现成的抽象形式。①

从呈现为"自然意识"(即前哲学意识)的政治现象出发,古典哲学一开始就获得了政治哲学的基本概念。因此,通过直接谈论可进入"自然意识"的现象,就能理解这些概念,并检测它们的有效性。这些基本概念是古典时期哲学研究的最终结果,在中世纪依然是哲学研究的基础,它们是现代哲学研究的起点。现代政治哲学的奠基者,将其中一部分视为理所当然,并修正了另一部分。经过进

---

① 《精神现象学》(*The Phenomenology of the Mind*),J. B. Baillie 译,第 2 版(London, New York, 1931),页 94。为使黑格尔评论的意图更明确,我对译者的译文略有改动。更细到的分析请参见 Jacob Klein,《希腊逻辑与现代代数学的起源》(*Die griechische Logistik und die Entstehung der modernen Algebra*),"数学史、天象学史和物理学史的资料与研究"(Quellen und Studien zur Geschichte der Mathematik, *Astronomie und Physik*),第 3 卷,第 1 分册(Berlin, 1934),页 64 – 66,第 2 分册(Berlin, 1936),页 122 以下。亦参氏著"现象学与科学"(Phenomenology and Science),收于 *Philosophical Essays in Memory of Edmund Husserl*,Harvard University Press,1940,页 143 – 163。

一步修正,这些概念成了我们时代的政治哲学或政治科学的基础。就现代政治哲学的出现而言,它并不仅仅源于"自然意识",而是通过修正甚至反对早期的政治哲学(一种政治哲学传统),直至我们理解早期政治哲学的形式,我们才能完全理解现代政治哲学的基本概念,这些概念取自早期的政治哲学且与之对立,通过对其特殊修正而获得。

不仅是现代哲学相对于古典哲学的"独立性",[76]而且是这种"独立性"的特殊性质,解释了下述事实:现代哲学必须辅之以一种本质为哲学的哲学史。中世纪哲学也"独立"于古典哲学,但它并不需要哲学史作为其哲学研究的组成部分。例如,一名中世纪哲人研究亚里士多德的《政治学》时,并不是在从事一种历史研究。对他而言,《政治学》是一个权威文本。亚里士多德就是哲人,因此,《政治学》的教诲原则上就是真正的哲学教诲。无论在细节上,还是在将这种真实的教诲运用于亚氏不可能预见的环境时,中世纪哲人如何偏离了亚里士多德,他的思想根基依然是亚里士多德的教诲。那一根基永远向他敞开着,与他同处一个时代。中世纪哲人的哲学研究当同于对亚里士多德教诲的充分理解。正是出于这一原因,他不需要为了理解自己思想的根基而进行历史研究。在现代哲学中,哲学思想与其根基的同时代性已不复存在,正是这一欠缺可以说明,现代哲学何以最终在本质上转变为一种历史哲学。现代思想的一切形式,直接或间接地受进步观念决定。这种观念意味着,最基本的问题可以一劳永逸地解决,这样,后人就无需再做进一步探讨,他们只需在已经打好的地基上添砖加瓦。就这样,基础被覆盖了。确保其稳固的唯一必要的证据,似乎就是那个矗立于上的不断上升的建筑物。然而,鉴于哲学不仅要求如是理解的稳固,而且要求明晰与真理,一种特殊的探究就变得有必要,其目的在于保持回忆并追问进步所掩盖的基础。这样的哲学探究属于哲学史或科学史。

我们必须区分传承的知识与独立获得的知识。通过传承的知识，我们了解到，一个人的哲学或科学知识来自前人，或更宽泛地说，来自他人；通过独立获得的知识，我们了解到，[77]一个成熟学者获得哲学或科学知识的方式是，尽可能对这些知识的视域和预设完全敞开，不偏不倚地与他的主题交流。根据进步的信念来看，这种区分逐渐丧失了至关重要的意义。例如，当谈到"知识体"或"研究结果"时，我们会默默地把传承的知识与独立获得的知识归在相同的认知地位上。为了抵消这一倾向，需要采取一种特别的做法，以便通过复苏传承知识的原初发现，将其转变成真实的知识，并区分出所谓的传承知识的真实要素与虚假要素。通过哲学史或科学史，这种真正的哲学功能才能得到实现。

倘若我们将历史主义运用于它本身——我们必须这样做——那么，我们就必须根据现代思想（或更准确地说，现代哲学）的特殊性质来解释历史主义。在这样做时，我们注意到，现代政治哲学或政治科学与前现代的政治哲学或政治科学不同，它需要政治哲学史或政治科学史作为自身研究的组成部分，因为，正如现代政治哲学或政治科学承认乃至强调的那样，在相当大的程度上，它由传承的知识构成，而这些知识的根基不再是同时代的，或者说，不再唾手可得。对这一必要性的认识不能被误作为历史主义。因为历史主义声称，哲学问题与历史问题的融合，本质上标志着一种超越"幼稚的（naive）"非历史哲学的进步，但我们仅限于主张：在已表明的限度内，基于既区别于前现代哲学也区别于"未来哲学"的现代哲学，这种融合不可避免。。

三 论古典政治哲学

洪 涛 刘春荣 译 李世祥 校

[78]本文目的在于讨论古典政治哲学的典型特征,这些特征已经深处一种危险中,即当代最有影响的学派对它视而不见或者强调不足。我不想为一种对古典政治哲学的充分阐释勾勒轮廓。我想,只要能够指出我们最终通往这一阐释的唯一道路,本文的任务就算告成。

古典政治哲学的特征在于如下事实:与政治生活的直接关联。只有当古典哲人完成了他们的工作,政治哲学才确确实实地"确立",从而获得某种对政治生活的疏离。从此,政治哲人之于政治生活的关系及对这种关系的把握,都取决于传承至今的政治哲学的存在:政治哲学从此便以政治哲学传统为中介而与政治生活相关联。政治哲学传统作为一种传统把政治哲学的必要性与可能性视为理所当然。[79]这一起源于古典希腊的传统在16、17世纪受到拒斥,后者青睐一种新的政治哲学。但是,这场"革命"并没有恢复最初曾存在过的与政治生活的直接关联:新政治哲学是以流传至今的政治哲学或政治科学的一般观念为中介,以一种新的科学概念为中介与政治生活发生关联。现代政治哲人试图以他们所认为的真正的教诲和正确的方法取代传统政治哲学的教诲与方法,他们理所当然地认为,这样的政治哲学才是必要的与可能的。当今政治科学以为,通过拒斥或者摆脱政治哲学,就可以获得与政治生活最直接的关联。其实,不管如何隐藏或否认,这种直接关联是以现代自然科学或者说以对自然科学的回应、以哲学传统中承继的基本概念为中介的。

正是其与政治生活的直接关联才决定了古典政治哲学的取向与范围。因此,以该哲学为基础并保留其取向与范围的传统也在一定程度上保留了与政治生活的直接关联。这方面的根本改变滥觞于现代早期的新政治哲学,在当今政治科学中臻于极致。古典政治哲学与当今政治科学最显著的差别是,后者全然不再关注对前者来说导引性的问题:何谓最好的政治秩序。另一方面,现代政治科学醉心于古典政治哲学并不看重的某一类问题:方法论问题。这两个差别必然追溯到同一原因:一方是古典政治哲学,另一方是当今政治科学,双方关联政治生活的直接程度不同。

古典政治哲学试图实现自身目的的方式是:严格按照政治生活中形成的那些基本区分的意义与取向接受政治生活所形成的基本区分,对这些基本区分作透彻的思考,尽可能通透地去理解它们。[80]古典政治哲学并非始于下述这类基本区分:诸如"自然状态"与"公民状态"、"事实"与"价值"、"现实"与"各种意识形态"、"这个世界(the world)"与不同社会的"诸多世界"或"我、我自身(Me)、你(Thou)与我们"之间的区分,政治生活本身对这些区分非常陌生甚至根本不知道,它们只是源于哲学的或科学的反思。古典政治哲学也并不试图理清混乱的各种政治"事实",只有对那些从外在于政治生活的角度,也就是说,从科学(这种科学在本质上并不是政治生活的一个要素)的角度来接近政治生活的人来说,各种政治"事实"的混乱才存在。相反,古典政治哲学谨慎乃至一丝不苟地遵循对政治生活及其对象而言自然且固有的清晰阐述(articulation)。

古典政治哲学的首要问题及其表述这些问题的措辞并不是特别哲学或科学的,这些都是在集会、议事会、社团、内阁中提出的问题,其表述方式至少对正常的成年人来说通俗易懂,内容所涉无非为百姓的日用常行。这些问题有一种自然等级,它将其基本取向赋予政治生活及后来的政治哲学。人们不得不区分,哪些问题大,哪些问题小,哪些同等重要,哪些问题是临时性的,哪些问题在政治共同体中会始终存在,聪明人能够聪明地对此加以区分。

同样,古典政治哲学的方法可以说也是通过政治生活本身来呈现。主张不同,就会有冲突,冲突是政治生活的特征。人们持有某种主张,通常认为这一主张对他们有好处。在许多情况下,他们相信,在多数情况下,他们声称,他们相信或声称他们的主张对整个共同体有好处。在实践中,一切主张均出自正义之名,尽管有时真诚,有时虚伪。而对立之主张也是建立在对什么是好或正义的意见之上的。对立各方均可提出理由以论证自己的主张。冲突双方需要仲裁,需要一个明智的裁决,使各方得其所应得。做裁决所需的有些材料由冲突双方本身提供,但这些偏颇的材料有极大不足(一个[81]显然要归因于其派系出身的不足),这就表明仲裁者应当自己补足材料。最优秀的仲裁者就是政治哲人。① 他试图解决那些既极为重要又恒久不变的政治争论。

对政治哲人职责的这种看法也有着政治上的起源,政治哲人绝不应是那种宁可在内战中获胜也不愿诉诸裁决的"激进"派:好公民的责任在于平息内争,通过劝说在公民中创造共识。② 政治哲人首先被看作一个好公民,他能够以最好的方式在最高的层面上履行好公民的责任。为此,政治哲人必须提出那些在政治舞台上从未被

---

① 注意亚里士多德《政治学》(*Politics*)中的程序(1280a7 - 1284b34, 1297a6 - 7);另参见柏拉图,《书简八》(*Eighth Letter*)354a1 - 5,352c8 以下,《法义》(*Laws*)627d11 - 628a4。

② 参见色诺芬,《回忆苏格拉底》(*Memorabilia*),IV6,14 - 15 及上下文;另参见亚里士多德,《雅典政制》(*Athenian Constitution*),28,5;又可参见休谟在"论原始契约"一文中的评论:"但是,那些投靠某一党派的哲学家(就算这不是一种自相矛盾的说法)……"麦考利(Macaulay)评价坦普尔爵士(Sir William Temple)时,阐明了古典政治哲学家与当今政治学家之间的差别:"坦普尔不是一个中介者,而只是一个中立者。"也可比较托克维《论美国的民主》(*De la démocratie en Amérique*)的说法:"我之所以能够有所见,不是别的什么原因,而是离得比较远的缘故。"

提及的隐秘问题。但在这样做时,他并没有抛弃其基本取向,即政治生活固有的取向。只有抛弃了这种取向,只有把政治生活所形成的基本区分视为"主观的"或"不科学的"并因此置之不理时,如何进入政治事物以理解政治事物这一问题即方法问题才成为一个基本问题,实际上,成为特定的基本问题。

的确,政治生活首先关心的是人们生来便从属的某个共同体,甚至往往关心的是个体的处境,而政治哲学关心的主要是对一切政治共同体都至关重要的东西。不过,从前哲学方式到哲学方式之间存在着一条笔直的几乎未曾中断过的道路。政治生活需要多种技艺,尤其是使人能管理整个政治共同体事物的技艺,显然,这是最高技艺。那一技艺(优秀政治家或政客所拥有的技艺、审慎、实践智慧和特定的理解力)[82]并不是与政治事物有关的"真命题之集合",这种集合可以由教师传授给学生,是"政治科学"原本所意味的东西。掌握"政治科学"的人不仅能够妥当处理其共同体内部纷繁复杂的事态。原则上,他也能管好任何其他政治共同体的事物,不管是"希腊人的"还是"野蛮人的"。一切政治生活,从根本上说,就是这一个或那一个政治共同体的生活,"政治科学"从根本上属于政治生活,从根本上说可以从一个共同体"通行"于其他的共同体。像地米斯托克利这样的人,不仅在雅典做事受尊崇说话有人听,而且在被迫出走雅典后,同样受到野蛮人的礼遇。这样的人受人敬重是因为无论去哪儿,他都能够提出稳妥的政治建议。①

"政治科学"最初指一种技艺,人凭借这种技艺能够通过他的言与行来管理政治共同体的事物。说话的技艺优先于做事的技艺,

---

① 色诺芬,《回忆苏格拉底》III 6,2;修昔底德,I 138。也可参见柏拉图,《吕西斯》(*Lysis*),209d5 - 210b2,《王制》(*Republic*),494c7 - d1。《墨涅克塞诺斯》(*Menexenus*)的目的之一是要说明政治科学的"通行性":一个有足够天赋的蛮女,其才智至少不弱于伯利克勒斯,撰写了代表雅典城邦的庄严的演讲稿。

因为一切明智的行动均源于深思熟虑,而言辞乃深思熟虑之本。因此,最早成为教育对象的那部分政治技艺是公共演讲。更确切地说,"政治科学"作为一种本质上可以传授的技艺,首先以修辞术或其一部分的面目出现。修辞术的教师并不必然是政客或政治家,却是政客或政治家的教师。因其学生属于极为不同的政治共同体,故其所授之内容就不太可能拘泥于任何一个政治共同体独有之特性。作为修辞学家活动之成果的"政治科学",比作为优秀政治家或政客之技艺的"政治科学",更具"普遍性",其"通行"度更高:异邦人充任政治家或政治顾问实属罕见,而做修辞术教师却是通例。①

[83]古典政治哲学反对把政治科学等同于修辞术。古典政治哲学认为,修辞术至多只是政治科学的一种工具。然而,古典政治哲学并没有从修辞术已达到的普遍性的高度降下来。相反,在政治技艺的一部分(即说话的技艺)被提升为一门独立学科之后,古典哲人只有尽其可能或必要将整个"政治科学"提升到独立学科的地位,方能应对这一挑战。正是通过这一努力,古典政治哲人成为严格意义上的和最终意义上的政治科学的奠基人。他们所采用的方法取决于对政治领域显得自然的清晰阐述。

作为优秀政客或政治家的技艺,"政治科学"在于对个别处境的正确应对,其直接"产物"乃是有效表达的旨在应对个别事例的命令、法令或建议。然而,政治生活知道还有一种更高类型的政治理解力,后者关注的不是个别事例而是所有事例(因为它关注每个相关的题材),其直接的"成果"——法律与制度——乃是永恒的。真正的立法者,现代人所谓的"宪政之父",确立了仿佛是恒久的架构,优秀的政客或政治家在这个框架里可以正确应对变动不居的各

---

① 柏拉图,《普罗塔戈拉》(*Protagoras*),319a1 - 2,《蒂迈欧》(*Timaeus*),19e;又,亚里士多德,《尼各马可伦理学》(*Nicomachean Ethics*),1181a12 及以下,《政治学》,1264b33 - 34,1299a1 - 2;伊索克拉底(Isocrates),《尼科克勒斯》(*Nicocles*),9;西塞罗,《论演说》(*De oratore*) III,57。

种处境。尽管在极为不同的法律与制度框架中,优秀的政治家仍能应付自如。但对其成就的价值完全取决于他所服务的事业的价值,而那一事业并非他的事,而是奠定共同体的法律与制度的那个或那些人的工作。因此,立法技艺是已知的政治生活诸技艺中最具"构建性的(architectonic)"政治技艺了。①

立法者首先关心的是他为之立法的那一个共同体,但是,他又必须提出事关一切立法的某些问题。这些最基本[84]最普遍的问题自然适合成为最具"构建性的"且真正具有"构建性的"政治知识的主题:这一政治科学的主题正是政治哲人的目标。这种政治科学是能使一个人对立法者进行教育的知识。实现其目标的政治哲人便是立法者之师。② 政治哲人的知识是最高层次上的"可通行的"知识。在柏拉图有关立法的对话中,作为立法者之师的哲人常装扮成异邦人出现,由此证实了这一 ad oculos[眼见]。③ 柏拉图在书中常常将政治科学与医学进行对比,通过这种对比不那么含糊地表明了这一点。

正因为是立法者之师,政治哲人才是最优秀的仲裁者。共同体

---

① 亚里士多德,《尼各马可伦理学》,1141b24 – 29(可与 1137b13 比较)。也可参见柏拉图,《高尔吉亚》(*Gorgias*),464b7 – 8;《米诺斯》(*Minos*),320c1 – 5;西塞罗,《论义务》(*Offices*)I,75 – 76。卢梭如是表述这一古典思想(他依然保有,更确切地说,他重建了这一思想):"如果说一个伟大的国君真是一个罕见的人物,那么一个伟大的立法者该怎样呢?前者只不过是遵循着后者所规划的模型而已。"(《社会契约论》[*Contrat social*]II,7,译文据何兆武译本)

② 参见柏拉图,《法义》,630b8 – c4,631d – 632d,亚里士多德,《尼各马可伦理学》,1180a33 及以下和 1109b34 及以下以及《政治学》,1297b37 – 38;可与伊索克拉底的"致尼科克莱斯"(To Nicocles,6)及孟德斯鸠,《论法的精神》(*Esprit des Lois*)第 29 章的开头部分比较。关于严格意义上的政治科学与政治技艺的区别,参见托马斯·阿奎那对亚里士多德《伦理学》的评注,VI,第 7 部分,法拉比,《各科举隅》(*Enumeration of the Sciences*),第五章。

③ 不用说,撰写《政治学》与《居鲁士之教育》(*Cyropaedia*)时的作者,都是"异邦人"。可比照《政治学》,1273b27 – 32。

内部的冲突,即便不是源于最基本的政治争论,起码也与之有关:关于何种类型的人应成为共同体统治者的争论。这一争论的妥善解决,看来是优秀立法的基础。

政治哲学与政治生活直接相关,因为政治哲学的指导主题是前哲学的政治生活中实际政治争论的一个主题。鉴于一切政治争论均以政治共同体的存在为其先决条件,古典作家主要关注的并不是政治共同体是否及为何存在、是否及为何应当存在。职是之故,政治共同体之性质(nature)与目的便不是古典政治哲学的导引性问题。同样,质疑某人所属之政治共同体之生存与独立是否可欲或必要,通常便意味着犯下叛国之罪。换言之,对外政策之最终目的根本毋庸置疑。因而,指导古典政治哲学的并不是有关政治共同体对外关系的问题。它主要关注的是[85]政治共同体之内部结构,因为内部结构从根本上说是政治争论的主题,而这种争论又从根本上牵涉内战的危险。①

在共同体内部为争夺政治权力而实际进行的集团冲突自然会引发如下问题:哪个集团应当统治,或何种妥协才是最好的解决方案,亦即,什么样的政治秩序才是最好的秩序。对立的集团要么仅仅是由同一类型人组成的派系(如贵族党,相互对立的两个王朝的支持者),要么每一敌对集团都代表了一种特殊类型。只有在后一种情况下,政治斗争才会深入政治生活的根基,于是,平常人在日常政治生活中都会明白,哪一种人应握有决断权的问题是最基本的政治冲突的主题。

虽然争论所直接关注的是有关既定政治共同体的最佳政治秩序这一问题,但这一当下问题的每一个答案同样暗示着对"最佳政治秩序"这一普遍问题本身的回答。无需哲人费神点破这一暗示,因为运用普遍性措辞来表达是政治争论的自然倾向。一个反对以色列王权统治的人禁不住使用反对君主制的论证;一个捍卫雅典民

---

① 亚里士多德,《政治学》,1300b36-39;卢梭,《社会契约论》ii,9。

主制的人,同样也会禁不住使用支持民主制的论证。在巴比伦人看来,君主制是最好的政治秩序,遭遇到这样的事实时,上面两人自然会以为,这样的事实并不意味着何谓最好的政治秩序这一问题缺乏意义,而是表明了巴比伦人的低劣。

古典政治哲人认为,对统治权提出要求的集团或类型有:"好人"(有功绩的人)、富人、贵族、大众或贫穷的公民;在希腊城邦及其他地方,富人与穷人的斗争是政治舞台上最显眼的一幕。基于功绩、人的卓越、"德性"而要求统治权,最少有争议:骁勇善战的统帅、廉洁公正的法官、智慧无私的官员,为人们所普遍推崇。因此,"贵族制(aristocracy)"(最优秀者的统治)[86]乃是所有好人对何谓最好的政治秩序这一自然问题的自然回答。正如杰斐逊所言:"那种能够最有效地将自然 aristoi[贵族]选入政府的政体乃是最好的政体。"①

如何理解"好人",答案同样源于政治生活:好人就是愿意且能够使自己的私利、激情之对象服从于共同利益,能够在具体情景中洞悉何谓高贵或正当,并完全据此而行动,没有任何外因。人们普遍认识到,这一回答进一步提出的问题具有几乎是压倒性的政治意义:那些品性可疑或手段不地道的人也能够达到普遍认为可欲的那些结果;"正义"与"有用"并不绝对等同;德性也可能招致覆灭。②

指引着古典政治哲学的问题,古典政治哲学对此所给出的典型性回答,以及对这一问题强有力反驳的取向的洞见,都属于前哲学的政治生活,或者说,都先于政治哲学。通过透彻把握这些前哲学之洞见的深意,尤其是通过为那些典型性回答作辩护驳斥那些坏人或糊涂虫的多少有些"强词夺理的(sophisticated)"攻击,政治哲学超越了前哲学的政治知识。

---

① 1813 年 10 月 28 日致约翰·亚当斯(John Adams)的信。
② 参见亚里士多德,《尼各马可伦理学》,1094b18 及以下;色诺芬,《回忆苏格拉底》IV 2,32 及以下。

接受了前哲学的答案,接下来最迫切的就是最有助于"最优秀者的统治"的"质料"与制度问题。通过对这一问题的回答,通过对最佳政制的"蓝图"的精心绘制,政治哲人便成为立法者之师。立法者对制度与法律的选择极为有限,严格受制于他所为之立法的民众的品性、传统、风土、经济状况诸因素。立法者对法律的选择通常是在主观意愿与环境所允许的限度之间寻找折衷之点。要巧妙地找到这一点,立法者必须首先知道他想要什么,更确切地说,什么是[87]就其自身而言最可欲的。政治哲人能够回答这一个问题,原因是他思考并不局限于任何具体情景,能自由选择最有利的条件——人种的、风土的、经济的及其他,并据此判断在这些条件下,何种法律与制度更为可取。① 然后,政治哲人讨论在不同类型或多少不尽如人意的情况下,何种政体与法律是最好的,甚至讨论对哪怕是有缺陷的政体而言,何种法律与措施有利于其维持。通过这样的讨论,他试图在就其本身而言可欲的与在既定环境下可能的这二者之间搭建桥梁。由此,政治哲人在政治科学之"规范"基础上建立了一种"现实"结构,更确切地说,用政治病理学与政治诊疗学来弥补政治生理学,这样,政治哲人毋宁是确认(而不是放弃或限定)其观点,即最佳政制的问题必然是一个导引性问题。②

古典政治哲人所理解的最好的政治秩序,无论何时何地,总归是最好的。③ 这并不意味着他认为,这一秩序作为"无论何时何地都是最好的解决方案"对任何共同体必定都是好的:一个既定的共同体可能如此残暴和邪恶以至于只有一种极其低劣的秩序类型才能"使其维持"。不过,这的确意味着,无论何时何地,一种政治秩

---

① 参见亚里士多德,《政治学》,1265a17 及以下,1325b33 - 40;柏拉图:《法义》,857e8 - 858c3;西塞罗,《论共和国》(Republic)I,33。

② 参见柏拉图,《法义》,739b8 及以下,亚里士多德,《政治学》第四卷的开头。

③ 亚里士多德,《尼各马可伦理学》,1135a4 - 5。

序是否属于好的,只能根据这个绝对最好的政治秩序来衡量。因此,"最好的政治秩序"未必只属于希腊:正如健康并不只属于希腊人一样,政治科学与医学也表明了这一点。不过,正如某个国家的公民可能比其他国家的公民更强健,某个国家也可能比其他国家天生更适合具备政治卓越。

亚里士多德声称希腊比北方国家和亚洲国家天生更适合具备政治卓越时,当然他没有声称政治卓越[88]是希腊人的特质或源于希腊人的特质,否则,他不可能像赞美最著名的希腊城邦那样,赞美迦太基制度。《王制》中,苏格拉底问格劳孔,他所建立的城邦是不是一座希腊城邦,格劳孔毫不犹豫地作了肯定的回答,他们都没有再说什么,只是指出希腊人建立的城邦必然就是希腊城邦。这一些老生常谈的目的,更确切地说,苏格拉底问题的提出,目的在于使尚武的格劳孔对战争保持某种节制:既然全面禁止战争不可行,那么,希腊人之间的战争至少应保持在某种限度内。格劳孔建立的完美城邦将是一座希腊城邦,这一事实并不意味着完美城邦一定是希腊的:苏格拉底认为,完美的城邦在当时希腊无疑是不存在的,不过倒可能存在于当时的"某些蛮夷之地"。① 色诺芬甚至把波斯人居鲁士称为完美的统治者,而且暗示居鲁士在波斯受到的教育甚至比斯巴达人的教育要好;他还认为苏格拉底这样级别的人,产生于亚美尼亚人(Armenians)中间并非不可能。②

由于与政治生活之间存在着直接的关联,古典政治哲学在根本上是"实践的"。另一方面,现代政治哲学常常自称为政治"理论"

---

① 柏拉图,《王制》,427c2－3,470e4 及以下,499c7－9;也可参见《法义》,739c3(试与《王制》,373e,《斐多》[Phaedo],66c5－7 比较);《泰阿泰德》(Theaetetus),175a1－5,《政治家》(Politicus),262c8－263a1,《克拉底鲁》(Cratylus),390a,《斐多》,78a3－5,《法义》,656d－657b,799a 及以下;另见《米诺斯》,316d。

② 《居鲁士的教育》,I,1 与 2,III,1,38－40;比照 II 2,26。

也并非偶然。① 前者主要关注的不是对政治生活的描述或理解,而是对它的正确引导。黑格尔要求政治哲学应克制对国家应该如何这一问题的解释,或应克制教导国家应该如何去做,而应力图将当下现存的国家理解为一种本质上合理的存在物,这一要求等于拒绝了古典政治哲学的存在理由。与当今政治科学或对当今政治科学众所周知的阐释形成鲜明对照的是,古典政治[89]哲学追求实践目的,由"价值判断"所引导并在"价值判断"中达到顶点。把对最好政治秩序的追问替换为祛除"价值判断"的纯粹描述性或分析性的政治科学,在古典作家看来,这一企图的荒谬程度不啻像用一个展示学徒所制鞋子的博物馆来取代制鞋术(也就是美观、合用的鞋子),或者像是某种拒绝区别健康与疾病的医学观念。

既然政治争论关注的是"好的事物"与"正义的事物",古典政治哲学自然就以对"好"与"正义"的思考为导引。古典政治哲学从日常的道德区分入手,尽管比当代独断的怀疑论者更清楚,这些道德区分会受到强有力的理论批评。诸如勇敢与怯懦、正义与不义、善良与自私、温和与残暴、文雅与野蛮,对所有实践目的而言,这些区分都是可以理解的、不含糊的。换言之,在大多数情况下,这些区分对于引导我们生活具有决定性意义:这就是为什么要从日常道德区分的角度去思考基本政治问题的一个充分理由。

这些道德区分与政治相关,在此意义上,它们是不能被"论证的",它们远非明白易懂,会受到严厉的理论质疑。因而,古典政治哲学只限于针对这样一些人,他们因其天性与教养将上述道德区分视为理所当然。古典政治哲学知道,一个人或许能够使那些对道德区分及其意义缺乏"品味"的人保持沉默,却不能使他们心服:对于

---

① 黑格尔,《哲学史讲演录》(*Vorlesungen ueber die Grechichte der Philosophie*),Michelet Glockner 编,I,291:"直到最近,我们才看到实践哲学开始变得思辨起来了。"可比较谢林,《普通研究》(*Studium Generale*),Glocker 编,94 - 95。

像迈雷托士(Meletus)和卡利克勒斯(Callicles)之流,甚至苏格拉底本人也不能说服他们,尽管他可以令他们哑口无言,苏格拉底通过求助于"神话"实际上承认论证在这一领域的有限性。

古典哲人的政治教诲,不同于其理论教诲,其主要对象不是所有的聪明人(intelligent men),而仅仅是所有的正派人(decent men)。① 在他们看来,那种将正人君子与卑鄙小人一视同仁的政治教诲,从一开始就是非政治的,也就是说,在政治上或对社会而言是不负责任的。因为,如果[90]政治共同体的幸福果真需要其成员由对合礼得体(decency)或道德的思考来引导,那么,政治共同体将无法容忍强调道德"中立"并倾向于放松那些会对人的头脑产生影响的道德原则的政治科学。换种说法,即便谈到正确(right)时,人们心里想的确确实实是个人的利益,但同样确确实实的是,这种保留对政治人而言至关紧要,如果解除这种保留的束缚,人就不再是一个政治人或者不再说他自己的语言了。

因此,古典政治哲学对政治事物的态度,往往类似于开明的政治家;它不是以一种超然的旁观者的态度来观察政治事物,就好像动物学家坐观大鱼吃小鱼一样;也不是那种社会"工程师"的态度,后者从操作与调节而非教育或自由的角度来思考;也不是那种自信能预知未来的先知的态度。

简言之,古典政治哲学的根本就在于:共同体内部的不同集团为权力而拼搏,这种不同集团间的论争就是政治生活的特征。古典政治哲学的宗旨就是要解决政治论争(从好公民而不是派系的角度来看,这些政治论争具有根本性和典型性)且旨在使这样的秩序最符合与人的卓越品质相称的秩序。古典政治哲学的导引性主题就是最基本的在政治上有争议的主题,这一主题在古典政治哲学中被理解的方式与措辞,就是它在前哲学的政治生活当中被理解的方式

---

① 参见亚里士多德,《尼各马可伦理学》,1095b4 – 6,1140b3 – 18;西塞罗,《论法律》(*Laws*)I,37 – 39。

与措辞。

哲人为了能够履行其职责,不得不提出一个在政治舞台上从未被提出的隐秘问题。这一问题如此简单、基本和低调以致一开始它甚至得不到理解,这种情况在柏拉图对话中频频出现。这个明显具有哲学性的问题就是:"什么是德性?"什么是人一旦拥有便具有最高的统治正当性的德性——什么是人人心悦诚服,或因无可辩驳的理据而默认的德性? 从这一问题出发,关于德性的共同意见(common opinion)从一开始就显得像是无意识地试图回答一个无意识的问题。对这些意见作进一步考察[91]可以发现,同样都是共同意见,其中一些与另一些彼此矛盾,这一事实更为明确地揭示了这些意见的根本缺陷。为了一以贯之,哲人被迫坚持共同意见中的一部分,放弃与之龃龉的另一部分。这样,哲人被迫采纳的观点便不再是人们普遍持有的,[而是成了]一个真正悖谬的观点,这样的观点通常被认为是"荒唐的"或"可笑的"。

这还没完。哲人最终被迫不仅超越常识的维度、政治意见的维度,而且超越了政治生活本身的维度。因为他们意识到,达到政治生活的终极目的不可能通过政治生活,而只能通过一种献身于沉思和哲学的生活。这一发现对政治哲学至关重要,因为它为政治生活,为一切政治行动及政治规划设定了限度。而且,它暗示哲学生活乃是政治哲学的最高主题:哲学不是一种教诲或一种知识体系而是一种生活方式,哲学提供了解决使政治生活变动不居的问题的方案。政治哲学最终转变为这样的一门学科,它不再关心通常意义上的政治事物:苏格拉底称其探寻为对"真正的政治技艺"的追问,亚里士多德称其对德性及相关主题的讨论为"一种(a kind of)政治科学"。①

没有其他的古典政治哲学与现代政治哲学的区别会比这更能

---

① 柏拉图,《高尔吉亚》,521d7;亚里士多德,《尼各马可伦理学》,1094b11,1130b26-29(《修辞术》[*Rhetoric*],1356b25 以下)。

说明问题：曾经是古典政治哲学的最高主题的哲学生活，或者说，"智者(the wise)"的生活，在现代几乎完全不再成为政治哲学的主题。然而，甚至古典政治哲学这最终的一步，不管在流俗的眼中是多么荒谬，前哲学的政治生活依然视其为"神圣"：投身于政治生活的人，有时常常被视为"多管闲事者"，他们习惯忙个不停，"只管一己之事"者的隐居生活更自由更有尊严，两者形成了鲜明的对照。①

[92]古典政治哲学与前哲学的政治生活之间的这种直接的关联，并非古典哲学或科学欠发达所致，相反，倒是深思熟虑的缘故。亚里士多德谈到政治哲学时，将这种思考概括为"关注人类事物的哲学"。这使我们注意到，要想对政治事物、人类事物作严肃的思考，哲人就必须克服那些他几乎难以克服的困难。"人类事物"区别于"神的事物"或"自然事物"，后者被认为其尊严绝对高于前者。② 哲学因此首先专注于自然事物。于是，开始时，哲学就仅仅是被动地、偶尔地涉猎政治事物。政治哲学的奠基者苏格拉底本人在转向政治哲学之前以哲人而知名。倘若让哲人自己选择，他们不会再度下降到政治生活的"洞穴"中去，而是留在他们的"福佑岛(the island of the blessed)"沉思真理。③

但是，哲学力图将意见提升为科学，必然与意见领域发生联系

---

① 亚里士多德，《尼各马可伦理学》，1142a1－2（试与1177a25及以下比较），《形而上学》(Metaphysics)，982b25－28；柏拉图，《王制》，620c4－7，549c2及以下，《泰阿泰德》，172c8及以下，173c8及以下。亦参见色诺芬，《回忆苏格拉底》，I2,47及以下，II9,1。

② 亚里士多德，《尼各马可伦理学》，1181b15,1141a20－b9,1155b2及以下，1177b30及以下。试比较柏拉图，《法义》，804b5－c1,《美诺》(Meno),94e3－4，及《苏格拉底的申辩》(Apologia Socratis)中对哲学家与立法者之间的代表性的争议的论述。（又可参见《王制》，517d4－5,《泰阿泰德》，175c5,与《政治家》,267e9及以下）。亦可比较色诺芬《回忆苏格拉底》，II,2－16，塞涅卡《自然问题》(Naturales Questiones),I的开头。

③ 柏拉图，《王制》,519b7－d7；试与《王制》的521b7－10比较。

并以之为其基本的出发点,因而与政治领域发生联系。所以,一旦哲学开始反思属于自己的所作所为,政治领域注定会升至哲学关注的焦点。要充分理解自身的目的与自然,哲学不得不从其基本的起点开始,即从政治事物的自然开始。

哲人,以及那些已经意识到哲学可能性的人,迟早都不得不对下述问题感到惊异:"为什么是哲学?"人类生活为何需要哲学,哲学为什么是好的,哲学为什么是正当的,为什么关于整全之自然的意见应该为关于整全之自然的真正知识所取代?既然人类生活是生活在一起,更确切地说[93]是政治生活,那么,"为什么是哲学"这一问题也就意味着"为什么政治生活需要哲学"。这一问题把哲学召到政治共同体的法庭前:它使哲学负有政治责任。就像柏拉图的完美城邦本身,一经建立,便不再容许哲人仅仅专注于沉思,此一问题一经提出,便不再允许哲人完全忽略政治生活。柏拉图的整部《王制》、古典哲人的其他政治著作,恰恰可以被理解为一种努力:通过表明政治共同体的幸福取决于哲学研究,从而替哲学在政治上进行辩护。鉴于哲学的意义决不会得到普遍的理解,因而善意的公民对哲学会不信任或厌恶,这种辩护就越发迫切。① 苏格拉底本人就成为民众对哲学的偏见的牺牲品。

在政治共同体的法庭面前为哲学进行辩护,意味着从政治共同体的角度为哲学辩护,换言之,它依靠的不是诉诸哲人而是诉诸公民的论辩。为向公民证明哲学是容许的、可欲的甚至是必需的,哲人不得不以奥德修斯(Odysseus)为榜样,从普遍接受的前提或意见出发;②他必须采用诉诸感情或个人偏好的(ad hominem)或者说"辩证的"方式进行论辩。从这一角度来看,"政治哲学"这一措辞

---

① 柏拉图,《王制》,520b2 - 3,494a4 - 10,《斐多》,64b,《苏格拉底的申辩》,23d1 - 7。试比较西塞罗,《图斯库鲁姆谈话录》(*Tusculanae disputationes*) II1,4,《论义务》,II1,2,普鲁塔克,《尼西阿斯》,23。

② 色诺芬,《回忆苏格拉底》IV6,15。

中,"政治的"这个形容词与其说指明一种主题,不如说指明一种处理的方式。① 从这一观点出发,我以为,"政治哲学"的首要涵义不是指以哲学的方式来处理政治,而是指以政治的或大众的方式来处理哲学,或者说是指对哲学的政治导引——尝试[94]将有资格的公民,或更准确地说,将他们有资格的后代从政治生活引入哲学生活。"政治哲学"的这种更深层次的涵义与其平常的涵义是一致的,因为在两种情况下,"政治哲学"均以对哲学生活的赞颂而臻于顶峰。无论如何,由于想要在政治共同体的法庭面前乃至在政治论辩的层面上为哲学辩护,哲人最终就必须像在政治生活中一样去理解政治事物。

因此,在政治哲学中,哲人是从对政治事物的那种理解出发的,这种政治事物对前哲学的政治生活而言是自然的。某种习惯性的态度或行为方式得到人们的普遍赞许,这一事实一开始就为把这种态度或方式视为德性提供了充分的理由。然而,通过提出"什么是德性"这一至关重要的问题,哲人很快便被迫或能够超越前哲学理解的维度。试图回答这一提问,就要批判性地区分受到普遍赞许的意见正当与否,也导致对不同德性的某种等级的承认,而这种等级在前哲学的生活中是闻所未闻的。这一种对广为接受的观点的哲学批判既是亚里士多德在其德性表中略掉虔敬与羞耻感的根本原因,②也是其从勇敢和节制(最少理智的德性)开始,经由慷慨(liberality)、大度(magnanimity)、各种私人关系的德性到正义,并在各

---

① 亚里士多德,《政治学》,1275b25(试比较 J. F. Gronovius 关于格劳秀斯[Grotius]《战争与和平法》[*De jure belli*]前言,§44 的评注),《尼各马可伦理学》,1171a15–20;珀律比乌斯(Polybius),V33.5;也可参见洛克,《人类理解论》(*Essay Concerning Human Understanding*),III,9,§§3 与 §§22。尤需注意,在"政治的德性"一词中"政治的"具有贬义:柏拉图《斐多》82a10 及以下,《王制》430c3–5,亚里士多德《尼各马可伦理学》1116a17 及以下。

② 《欧台谟伦理学》(*Eudemian Ethics*),1221a1。

种理智德性(dianoetic virtues)中达到顶点的根本原因。① 而且,只有通过回答政治事物之自然的问题才能充分详尽地阐明对整个道德—政治领域的局限性的洞见。这一问题标示着政治哲学作为一门实践学科的限度:尽管就其自身而言在本质上是实践性的,这一问题对那些目的不再是指导行动而仅仅是理解事物之所是的人来说,其作用乃是提供一个楔入点。②

---

① 《尼各马可伦理学》,1117b23 及以下《修辞术》,I5,6。亦参见柏拉图,《法义》,630c 及以下,963e,《斐德若》(Phaedrus),247d5 - 7;色诺芬:《回忆苏格拉底》IV 8,11(可与其《苏格拉底的申辩》,14 - 16,相比较);托马斯·阿奎那,《神学大全》(Summa theologica)2,2,问题 129 第 2 篇,问题 58 第 12 篇。

② 如亚里士多德,《政治学》,1258b8 及以下,1279b11,1299a28 及以下。

四 重述色诺芬的《希耶罗》

李世祥 译 彭磊 校

[95]如果一种社会科学谈到僭政不能像医学谈到癌症那么有信心,它就无法理解社会现象的真实面目。这种社会科学因而就不是科学的。今天的社会科学面对的正是这种处境。如果今天的社会科学确实是现代社会科学和现代哲学的必然结果,我们就不得不考虑恢复古典的社会科学。一旦从古典作家(the classics)那里再次学到何为僭政,我们将有能力且不得不把许多伪装成独裁的当代政制诊断为僭政。这一诊断只能是对当今僭政进行准确分析的第一步,因为今天的僭政根本上不同于古典作家分析的僭政。

但这不是等于承认古典作家完全不熟悉当代形式的僭政吗?有人不是肯定由此得出结论说,僭政的古典概念太过狭隘,因此古典的参考框架必须要彻底修正,也就是废弃?换句话说,难道[96]恢复古典社会科学的尝试不是空想(utopian)吗?因为这一尝试暗示,古典取向并没有因圣经取向的胜利而遭废止。

这似乎是我对色诺芬《希耶罗》(Hiero)的研究面对的主要反驳。无论如何,在对我的研究的批评中,只有这些批评还能让人学到些东西。这些批评的写作彼此完全独立,其作者沃格林(Eric Voegelin)教授和科耶夫(M. Alexandre Kojève)先生可以说毫无共同之处。在讨论他们的论证前,我必须先重述我的主张。

古典僭政与当今僭政有着根本的差异,或者说古典作家甚至做梦都没有想到当今的僭政,这一事实并不是废弃古典参考框架的好理由或充分理由。因为,这一事实与这样一种可能性完全相容:即,当今的僭政有可能在古典框架中找到自己的位置,也就是说,除非放到古典框架中,否则就无法充分理解当今的僭政。当今僭政与古典僭政间的差异,根源于哲学或科学的现代观念与古典观念之间的差异。与古典僭政截然相反的是,当今僭政既基于有赖现代科学而得以可能的"征服自然"过程中无限制的进步,也基于哲学知识或科学知识的大众化或散播。有种科学可能导致对自然的征服,哲学或科学有可能大众化,古典作家对这两种可能性了然于心(对比色诺芬《回忆苏格拉底》[*Memorabilia*] I. 1. 15 与恩培多克勒[Empedocles]残篇 111;柏拉图,《泰阿泰德》[*Theaetetus*],180c7 – d5)。但古典作家将其视为"不自然"加以拒斥,也就是说,将其视为对人性的毁灭加以拒斥。古典作家做梦都没有想过当今的僭政,因为他们认为当今僭政的基本前提如此荒谬,所以把自己的想象力转向了完全不同的方向。

当代杰出的政治思想史家之一沃格林似乎主张(《政治评论》[*The Review of Politics*],1949,页 241 – 244),古典的僭政概念太狭隘,因为它没有包含名为凯撒主义(Caesarism)的现象:当称呼一个既定的政制为僭政时,我们暗示,"宪政的"政府是其切实可行的替代方案,但凯撒主义只在"共和宪政秩序最终崩溃"后才出现。[97]因此,按僭政的古典含义,就无法把凯撒主义或"后宪政的"统治理解为僭政的一个分支。没有理由与认为真正的凯撒主义不是僭政的观点争辩,但并不能由此得出结论说,依照古典政治哲学便无法理解凯撒主义:凯撒主义仍是古典作家所理解的绝对君主制(absolute monarchy)的一个分支。如果在特定的境况下,"共和宪政秩序"已经完全崩溃,而且在可预见的未来没有任何恢复的合理前景,那就不能公正地谴责永久的绝对统治的建立;因此,建立永久的绝对统治从根本上不同于建立僭政。当永久的绝对统治确实必要时,能公正谴责的只是建立和施行这一统治的方式。正如沃格林强调的那样,既有僭主式凯撒也有君王式凯撒(royal Caesars)。只需读读萨卢塔蒂(Coluccio Salutati)①针对凯撒是僭主的指控为凯撒做的辩护——这一辩护的各项要点都脱胎于古典精神——人们便能看清楚,凯撒主义与僭政的区别完全适合置于古典框架中。

不过,凯撒主义现象是一回事,当前流行的凯撒主义概念是另一回事。当前流行的凯撒主义概念当然与古典原则不相容。问题由此产生:是当前流行的概念还是古典的概念更近乎恰切。更具体地说,这一问题关乎当前流行的概念暗含的两层含义是否正当。这两层含义源于19世纪的历史主义,沃格林似乎认为它们必不可少。首先,沃格林似乎相信,"宪政的状况"与"后宪政的状况"之别要比好国王或好凯撒与坏国王或坏凯撒之别更根本。但好坏之别不是所有实践的或政治的区分中最根本的吗?其次,沃格林似乎相信,"后宪政的"统治本身并不逊于"宪政的"统治。但"后宪政的"统治不是借由必然性或沃格林所说的"历史必然性"才正当的吗?必然之物不是从根本上低于高贵之物或本身值得选择的事物吗?必然性是个借口:借由必然性而正当的事物需要借口。按照沃格林的理解,凯撒是[98]"报复一群堕落民众的累累恶行的复仇者"。由此,凯撒主义从根本上与一群堕落的民众、一种低等的政治生活和社会的一种衰败关联起来。凯撒主义预设了公民德性或公共精神的衰退——倘若不是灭绝——而且必然把这一条件永久化。凯撒主义属于一个堕落的社会,并因社会的堕落而繁盛。凯撒主义是正义的,而僭政是不义的。但说凯撒主义是正义的,就像说应得的惩罚是正义的一样。凯撒主义本身并不值得选择,正如应得的惩罚本身并不值得选择一样。卡图(Cato)拒绝去看时代的要求,因为他太过清楚地看到时代所要求的东西堕落的且愈益堕落的品性。认识到

---

① [译按]萨卢塔蒂(1331-1406),意大利文学家、政治家,文艺复兴时期的领军人物之一,诗人彼得拉克的学生,1375担任佛罗伦萨首辅,1400年出版了著名论文《论僭政》(*De Tyranno*)。萨卢塔蒂虽然属共和派,但在《论僭政》中仍支持但丁最先提出的普遍专制。

凯撒主义的低等(重复言之,因为凯撒主义无法同应承受凯撒主义的社会分开),要比认识到凯撒主义在某些条件下是必要的因而是正当的重要得多。

虽然古典作家完全能够公正对待凯撒主义的功过,但他们没有特别想要阐述一种关于凯撒主义的学说。他们关心的主要是最佳政制问题,所以更为关注"前宪政的"统治或早期王权(early kingship),而不是"后宪政的"统治或晚期王权(late kingship):与精致的腐化相比,粗拙的简朴是好生活更佳的土壤。但还有一个原因使古典作家几乎对"后宪政的"统治保持沉默。如果共同福祉要求绝对统治取代宪政统治,这一变革就是正当的,但强调这一事实意味着质疑现有宪政秩序的绝对神圣性,意味着鼓励一些危险的人通过促成一种事态把问题搞乱:在这种事态中,共同福祉会要求他们建立绝对统治。有关凯撒主义的正当性的真正学说是一种危险的学说。凯撒主义与僭政的真正区别过于细微,无法在日常政治中使用。人们最好永远不了解这一区别,最好把潜在的凯撒看作潜在的僭主。如果人们有勇气依此行事,这一理论上的错误就成为实践上的正确,不会造成什么危害。在政治上将凯撒主义等同于僭政,这不会造成什么危害:凯撒们能够照顾好自己。

如果古典作家愿意,他们本能轻松地阐述一种凯撒主义的或晚期王权的学说,但他们并不想这样做。[99]然而,沃格林主张,古典作家为历史状况所迫摸索过凯撒主义学说,不过未能发现这一学说。沃格林试图援引色诺芬和柏拉图来证明自己的主张。对于柏拉图,沃格林出于篇幅的考虑只扼要提到了《治邦者》(Statesman)中的君王统治者。对于色诺芬,沃格林正确地断定,把"作为完美国王之镜的《居鲁士的教育》(Cyropaedia)与作为僭主之镜的《希耶罗》"对立起来是不够的,因为完美的国王居鲁士(Cyrus)和西蒙尼德(Simonides)描述的改进后的僭主"实际远没有它们看上去那么对立"。沃格林对此做了解释,他提出,"两部作品根本上面临相同的历史问题,也就是新的[即后宪政的]统治权的问题",而且,除非首先抹除国王与僭主的区别,否则无法解决这个问题。为了证明这一解释,沃格林声称,"《居鲁士的教育》的动机恰恰是寻求一个稳定的统治,以结束希腊城邦中民主制与僭政之间令人沮丧的往复"。色诺芬就《居鲁士的教育》的意图所说或所暗示的内容并不支持这一主张。《居鲁士的教育》的明确意图是使人们理解居鲁士在解决统治人类这个问题上取得的惊人成功。色诺芬把统治人类的问题看作与人共存的一个问题。就像柏拉图在《治邦者》中那样,色诺芬丝毫没有提在"后宪政的状况"中建立稳定的统治这一特殊的"历史的"问题。尤其是,色诺芬没有提到"希腊城邦中民主制与僭政之间令人沮丧的往复":他提到民主制、君主制和寡头制经常被颠覆,也提到所有僭政根本上的不稳定性。至于《居鲁士的教育》隐含的意图,靠近全书结尾的一句话有所提示:"居鲁士死后,他的儿子们立即争吵不休,各城邦、各部族随即造反,一切都变得更糟了。"如果色诺芬不是傻子,那他就不会有意把居鲁士的政制树立成典范。色诺芬深知,好的社会秩序需要稳定和连续性(比较《居鲁士的教育》的开头与《阿格西劳斯王》[*Agesilaus*]相对应的部分,I.4)。不如说,色诺芬把居鲁士辉煌而短暂的成功及其成功的方式作为一个例子,用以使人们理解政治事物的本性。这部作品描述了居鲁士的一生,却题名[100]《居鲁士的教育》(*The Education of Cyrus*):居鲁士的教育是理解居鲁士的一生及其惊人成功以及色诺芬意图的线索。在此只需非常粗略的勾勒就能说明问题。色诺芬笔下的居鲁士是波斯国王之子,直到大约十二岁之前,他一直依照波斯人的法律受教育。不过,色诺芬笔下波斯人的法律和政体是斯巴达人的法律和政体的改良版。生养居鲁士的波斯是一个优于斯巴达的贵族制[国家]。居鲁士的政治活动——其非凡的成功——在于,把一个稳定、健康的贵族制转变成不稳定的"东方专制统治",居鲁士一死,这种东方专制立即开始腐朽。这一转变的第一步是居鲁士对波斯贵族们发表的一次讲话,在这次讲话中,居鲁士让波斯贵族相信,他们应该摆脱先人的习俗,不再为德性本身而是为德性的回报践行德性。我们会预料到,贵族制的毁灭开始于其原则的败坏(《居鲁士的教育》,I. 5. 5 – 14;比较亚里士多德,《欧台谟伦理学》[*Eudemian Ethics*],1248b38 以下,该处称色诺芬笔下的居鲁士灌输给众波斯贤人[gentlemen]的德性观为斯巴达人的观点)。居鲁士的第一项举措迅速成功,这迫使读者怀疑,波斯的贵族制是否是真正的贵族制,或更确切地说,政治意义或社会意义上的贤人是否是真正的贤人。这一问题等同于柏拉图在厄尔(Er)故事中明确做出否定回答的那个问题。苏格拉底明言,即使一个人前世生活在一个秩序良好的政制中,依靠习惯而非哲学践行德性,他也会为自己的来生选择"最大的僭政",因为"人很可能根据他们前世生活的习惯做出选择"(《王制》[*Republic*],619b6 – 620a3)。在政治的或社会的层面上无法完满地解决德性或幸福的问题。不过,尽管贵族制总是处于滑向寡头制或某种更糟的政制的边缘,它仍是解决人的问题最好的可行政治方案。这里只需要提到,居鲁士的第二步行动是军队的民主化,这一过程的最终结果是一个似乎与最可容忍的僭政没有什么区别的政制。但人们一定不会忽略居鲁士的统治与僭政之间的根本差别,一个从未被抹除的差异。居鲁士是[101]而且始终是合法的统治者。他生来就是在位国王的合法继承人、古老王族的子嗣。他成为其他民族的王,是通过继承或婚姻,还通过正当的征服,因为他以罗马的方式扩大了波斯的疆域:通过保卫波斯的盟友。居鲁士与一位受教于西蒙尼德的希耶罗之间的差别,可比之于威廉三世(William III)与克伦威尔(Oliver Cromwell)之间的差异。粗略比较英格兰的历史与欧洲其他几个国家的历史,就足以表明,这一差异对人民的福祉并非无足轻重。色诺芬甚至没试图消除最好的僭主与国王之间的差异,因为他太欣赏合法性的魅力——不! 是合法性的福佑。正义的等同于合法的:色诺芬通过赞同这一箴言(它必须要得到合理的理解和应用)表达了这种欣赏。

沃格林可能答复说,起决定作用的不是色诺芬(阐明的或暗示的)自觉的意图,而是其作品的历史意义,一部作品的历史意义由历史境况决定,而历史境况有别于作者自觉的意图。不过,将色诺芬作品的历史意义与其自觉的意图对立起来,这暗示,我们能比色诺芬本人更好地评判色诺芬思考时所处的境况。但是,历史境况是依据某些原则才揭示出自身的意义,如果我们没有比色诺芬更清楚地掌握这些原则,我们就不可能更好地评判那一境况。有了我们这一代人的经历后,举证的责任似乎落到了那些断定——而不是否认——我们已经比古典作家进步的人头上。即便我们真的能比古典作家理解自己更好地理解古典作家,也只有先像古典作家理解自己那样准确地理解古典作家,我们才能确定自己的优越性。否则,我们可能错把我们对自己所理解的古典作家的优越性当作我们对古典作家的优越性。

在沃格林看来,正是与古典作家截然不同的马基雅维利"在理论上创造出一个后宪政境况下的统治权概念",而这一成就归功于圣经传统对马基雅维利的影响。沃格林特别提到马基雅维利有关"武装的先知"的论述(《君主论》[*Prince*]卷六)。[102]以下两个事实表明了沃格林提出的主张所面临的困难:他一方面谈到"《君主论》中'武装的先知'的启示录式的(apocalyptic)[因而完全非古典的]方面",另一方面又说马基雅维利宣称,"武装的先知"的"[唯一]来源","除了罗慕路斯(Romulus)、摩西和忒修斯(Theseus),恰恰就是色诺芬笔下的居鲁士"。这等于承认,马基雅维利本人必定没有意识到其"武装的先知"概念中任何非古典的含义。罗慕路斯、忒修斯和色诺芬笔下的居鲁士没有任何非古典的东西。马基雅维利的确增加了摩西,但在正式引入圣经对摩西的解释后,马基雅维利谈到摩西的方式与每一位古典政治哲人会采取的方式完全相同。摩西是有史以来最伟大的立法者或奠基者(《论李维》[*Discorsi*],I.9)之一。读到沃格林有关这一主题的论述,读者得到的印象是:谈到武装的先知,马基雅维利强调的是"先知",以便与像居鲁士这样非先知的统治者区分开来。但马基雅维利强调的不是"先知",而是"武装的"。马基雅维利将武装的先知(他列举了居鲁士、罗慕路斯、忒修斯以及摩西)与萨伏那罗拉(Savonarola)这样未武装的先知对立起来。马基雅维利以不同寻常的坦率说出他有意传达的教训:"所有武装的先知都成功了,所有未武装的先知都毁灭了。"很难相信,马基雅维利写这句话时完全没有想到所有未武装的先知中最著名的那位。理解马基雅维利有关"未武装的先知"的论述,当然不能不考虑他有关"无武装的天国"以及"世界的柔弱"的说法,在马基雅维利看来,世界的柔弱归咎于基督教(《论李维》II.2和III.1)。马基雅维利承续并做了根本修正的传统,并非像沃格林所说的那样是由比如说约阿希姆(Joachim of Floris)①代表的传统,而是我们出于可以原谅的无知依然称作阿威罗伊传统(the Averroistic tradition)的传统。马基雅维利声称,那位未武装的先知萨伏那罗拉正确地指出,意大利的毁灭是由于"我们的罪","但我们的罪并不是他所相信的那样",即宗教之罪,而是"我描述的那些罪",即政治或军事之罪(《君主论》卷十二)。迈蒙尼德(Maimonides)以相同的理路宣称,犹太王国的毁灭是由于"我们先人的罪",即他们的[103]偶像崇拜。但偶像崇拜以一种完全自然的方式产生影响:它导致占星术,进而使得犹太人致力于占星术,而不是操练兵法和开疆扩土。但除了所有这些,沃格林丝毫未表明武装的先知与"后宪政的境况"有何关系。罗慕路斯、忒修斯和摩西当然是"前宪政的"统治者。沃格林还提到"马基雅维利在《卡斯特鲁乔传》(Vita di Castruccio Castracani)中对救世君主的全面描绘",他说,"若无《帖木儿传》(Life of Timur)作为标准化的典范,[这一描绘]几乎就无法想象"。沃格林未能表明《卡斯特鲁乔传》与《帖木儿传》的关联以及《帖木儿传》与圣经传统的关联,

---

① [译按]约阿希姆(1135 – 1202),基督教灵知派学者,曾著有《新旧约合参》(Liber Concordiae Novi ac Veteris Testamenti)、《启示录诠解》(Expositio in Apocalipsim)和《十弦琴诗篇》(Psalterium Decem Cordarum),其思想在文艺复兴后开始传播。约阿希姆把历史分为圣父时代、圣子时代和圣灵时代,沃格林认为是约阿希姆最早提出了历史的开端和终结这一问题。

撇开这一点不谈,《卡斯特鲁乔传》可能令人印象最深刻地表达了马基雅维利对与圣经的正直(Biblical righteousness)截然不同且相互对立的古典德性(virtù)的渴望。卡斯特鲁乔是理想化的雇佣兵,他一心偏爱士兵的生活,而不是祭司的生活,马基雅维利将其比作马其顿的菲利普(Philip of Macedon)和罗马的斯基皮奥(Scipio of Rome)。

马基雅维利渴望古典德性,但这只是他拒斥古典政治哲学的反面。他拒斥古典政治哲学是由于古典政治哲学以人的本性的完善为取向。抛弃沉思的理想导致智慧品性的彻底改变:马基雅维利式的智慧与节制(moderation)没有必然的联系。马基雅维利将智慧与节制分离开来。《希耶罗》之所以如此接近《君主论》,最终原因在于,色诺芬在《希耶罗》中试验的智慧类型相对接近一种与节制分道扬镳的智慧:西蒙尼德似乎对宴饮之享乐有一种超乎寻常的欲望。在充分理解由马基雅维利造成的划时代变革本身之前,不可能说这一变革多大程度上归因于圣经传统的间接影响。

草率地阅读并不能发现《希耶罗》独有的特点。如果阅读时不改变取向,即便再努力,读十遍也不会发现这一独有的特点。18世纪的读者要比我们这个世纪的读者更容易实现这一改变,因为,我们这个世纪的读者是被最近五代人粗野、情绪化的文学作品哺育[104]长大的。我们需要一种再教育,以使我们的眼睛适应古典作家高贵的含蓄和静穆的伟大。色诺芬仿佛把自己限定于专门培育古典写作的品性,而现代读者对这一品性完全陌生。无怪乎色诺芬今天受到鄙视或忽视。一位不知名的古代论者称色诺芬最害羞,这位论者肯定是位具有非凡洞察力的人。那些天性上更喜欢简·奥斯丁(Jane Austen)而不是陀思妥耶夫斯基(Dostoievski)的现代读者够幸运,他们尤其要比别人更容易接近色诺芬。要理解色诺芬,他们只需把对哲学的爱与自己的天性喜好结合到一起。用色诺芬的话说,"记住好的事物而不是记住坏的事物,这既高贵又公正,既是虔敬的也更令人快乐"。在《希耶罗》中,色诺芬试验了源自记住坏事物的快乐,一种在道德和虔敬上公认很可疑的快乐。

对一个试图通过研究色诺芬来形成品味或头脑的人来说,突然遭遇比马基雅维利更过分的坦率几乎令人震惊:科耶夫就以这种坦率谈论诸如无神论和僭政这样恐怖的事情,并视它们为理所当然。至少在一处,科耶夫如此出格,以致把僭主希耶罗都称为犯罪的某些措施说成是"不受欢迎的"。科耶夫毫不犹豫地宣称今天的独裁者都是僭主,却丝毫没把这看成是对他们统治的反对。至于对合法性的尊重,科耶夫一点儿也没有。但是,只要认识到——毋宁说,是经过长期的了解——科耶夫属于极少数知道如何思考且热爱思考的人,最初的震惊就会烟消云散。科耶夫不属于多数人:这些人如今是不知羞耻的无神论者,他们比僭主们周围的拜占庭马屁精还要多,个中原因与如果他们生活在较早的年代就一定会沉溺于最粗俗的迷信(宗教迷信和法律迷信)的原因一样。一句话,科耶夫是位哲人而非知识分子。

由于科耶夫是哲人,他知道哲人原则上比其他人更有能力统治,因而会被像希耶罗这样的僭主视为僭政统治最危险的竞争者。科耶夫从不会想到将希耶罗与西蒙尼德的关系与格奥尔格(Stefan George)①或托马斯·曼(Thomas Mann)②[105]与希特勒的关系做比较。因为

---

① [译按]格奥尔格(1868-1933),德国诗人和翻译家,主要作品有《颂歌》(1890)、《朝圣》(1891)、《阿尔加巴尔》(1892)、《心灵之年》(1897)、《第七枚戒指》(1907)、《新的帝国》(1928)。格奥尔格的诗具有唯美主义和反理性主义倾向,在德国文学史形成一个"格奥尔格派",该派的宗旨是通过创造严格的诗的美来振兴德国的文明,包括作家沃尔夫斯凯尔、海泽勒和文学评论家贡多尔夫、沃尔特斯。格奥尔格在政治上不与法西斯同流合污,1933年离开德国赴瑞士客死他乡。

② [译按]托马斯·曼(1875-1955),德国作家,主要作品有《布登勃洛克家族——一个家族的衰落》(1901)、《魔山》(1924)、《马里奥与魔术师》(1930)、《浮士德博士》(1947)。希特勒1933年上台后,托马斯·曼谴责法西斯对德国文化的歪曲和破坏,其作品被查禁,被迫流亡国外。

科耶夫不能忽视一个显而易见的事实（更不用说那些太过明显而无需提及的考虑），即《希耶罗》的假设前提（hypothesis）要求一位至少在设想中能够被教育的僭主。特别是，科耶夫用不着[《书简七》(*The Seventh Letter*)]提醒就知道，就僭主对哲人的恐惧而言，一个作为僭主臣民的哲人与一个只是拜访僭主的哲人之间的差异无关紧要。科耶夫的理解力不允许他满足于理论与实践的粗俗分离。科耶夫深知，对稳妥的实践（sound practice）而言，过去从没有、将来也绝不会有合理的保障（reasonable security），除非理论克服了稳妥的实践所面对的、源自某类理论的错误观念（theoretical misconceptions）的强大障碍。最后，科耶夫以极度的蔑视把当下流行的（即当道的或欠考虑的）思想暗含的主张撇到一边，这种主张认为已经解决了古典作家提出的种种问题——这种主张只是暗含其中，因为当下流行的思想没有意识到那些问题的存在。

不过，尽管承认甚至强调古典思想对当前流行的思想的绝对优越性，科耶夫还是拒绝古典作家对基本问题的解决方案。科耶夫把无限制的技术进步和普遍启蒙视为真正满足人之人性（what is human in man）的根本。他否认今天的社会科学是现代哲学的必然结果。在他看来，现代哲学拒绝向黑格尔学习重大的教诲，今天的社会科学仅仅是现代哲学之必然衰败的必然产物。科耶夫把黑格尔的教诲看作苏格拉底的政治学与马基雅维利式（或霍布斯式）的政治学的真正综合，他认为黑格尔的教诲本身优于其各个组成要素。实际上，科耶夫原则上把黑格尔的教诲看作最终的教诲。

科耶夫的批评首先针对古典的僭政概念。色诺芬让希耶罗以沉默来回答西蒙尼德对好僭主的描述，从而揭示出这一概念的一个重要部分。正如科耶夫所做的正确判断，希耶罗的沉默标示着他并不想实行西蒙尼德的建议。科耶夫提出，至少临时提出，这是西蒙尼德的错误，西蒙尼德没有告诉希耶罗，要把坏僭政变成好僭政，僭主必须采取的第一步是什么。但如果希耶罗严肃地渴望变成好僭主,[106]他就会询问西蒙尼德第一步怎么做——这难道不就取决于希耶罗么?科耶夫如何知道西蒙尼德并非在空等希耶罗的这个问题?或者说,也许西蒙尼德可能已经含蓄地回答了这个问题。不过,这样为西蒙尼德辩护并不充分。问题并未解决,因为——正如科耶夫再次正确观察到的——试图实现西蒙尼德对好僭主的构象(vision)面对着一个几乎无法克服的困难。西蒙尼德讨论对僭政的改进时,希耶罗提出的唯一一个问题涉及雇佣兵。希耶罗不完美的僭政依赖其雇佣兵的支持。僭政的改进要求将雇佣兵的一部分权力移交给公民。进行这样的权力转移,僭主将激起雇佣兵的敌意,而且不确保通过这一让步或任何让步就能重新得到公民的信任。僭主最终可能是两头不落好。西蒙尼德似乎忽视了这一事态,这表明他不怎么理解希耶罗的处境或说他缺乏智慧。为挽救西蒙尼德的声誉,我们似乎不得不提出,诗人本人并不相信其改进的僭政是可行的,他把好僭政看作乌托邦(a utopia),或者把僭政斥为一个没有希望的坏政制。但是,科耶夫继续提出,这一看法不就暗示西蒙尼德教育希耶罗的努力纯属徒劳吗?一个智慧的人不会试图做徒劳之事。

人们可能说这一批评基于没有充分领会乌托邦的价值。严格意义上的乌托邦描述完全好的社会秩序。正因为此,乌托邦只是揭示所有改进社会的努力中暗含的东西。我们可以谈论最好的僭政的乌托邦,以这种方式扩展乌托邦的严格意义并无困难。正如科耶夫强调的那样,在某些条件下,废除僭政可以说毫无可能。我们所能希望的最好情况是僭政得到改进,亦即尽可能不那么非人道或非理性地施行僭政统治。在僭政的最大改进的完整图景中,一个明智的人能够想到的每个具体改革或改进(如果归结到它的原则)就构成其中一部分,倘若认为最大的改进在最有利条件下才有可能,则僭政的最大改进依然与僭政的继续存在并行不悖。僭政的最大改进首先要求[107]将雇佣兵的部分权力移交给公民。这种权力移交不是绝对不可能,但只有在人无法创造或明智的人不会创造的形势中(例如,某种同等威胁着雇佣兵和公民的极度危险,就像叙拉古[Syracuse]被蛮族征服、叙拉古的所有居民受蛮族屠戮这样的危险),实行这种移交才是安全的。像西蒙尼德这样明智的人会认为,如果能引导僭主在一个小范围甚或一个场合中人道地或理性地行事,他就很对得起自己的同胞,因为,若没有他的建议,僭主在这个小范围或场合中会继续做不人道或非理性的事。色诺芬举了一个例子:希耶罗参加奥林匹亚竞技会和皮托(Pythian)竞技会。如果希耶罗听从西蒙尼德的劝告放弃这种做法,他在臣民间乃至世间的名声会改善,而且他会间接使臣民受益。色诺芬让读者运用自己的理智,把这个特定的例子替换为读者基于个人特定的经验认为更切题的其他例子。总体的教诲大意是,如果智者(the wise man)碰巧有机会影响一个僭主,他应利用自己的影响裨益于同胞。有人可能说,这一教诲太平常了。更确切的说法应该是,这个教诲在过去很平常,但到了今天,由于已经习惯期望太多,我们便不再严肃对待像西蒙尼德这样的小动作。并不平常的是我们从色诺芬那里学到,智者如何不得不在困难重重甚至危险四伏中推进自己的事业。

科耶夫否认我们认为好的僭政是个乌托邦的主张。为了支撑自己的观点,科耶夫指名道姓地提到一个例子:萨拉查(Salazar)①的统治。我从未到过葡萄牙,但就我关于这个国家听说的东西来看,除了拿不准萨拉查的统治是否应当称作僭政的而非"后宪政的"统治,我倾向于相信科耶夫是正确的。不过,一燕不成夏,我们绝不否认好僭政在非常有利的条件下是可能的。但科耶夫主张,萨拉查不是例外。他认为有利于好僭政的条件在今天很容易获得。科耶夫主张,当今所有的僭主都是色诺芬意义上的好僭主。他在暗

---

① [译按]萨拉查(1889 – 1970),葡萄牙总理(1932 – 1968)、独裁者,曾两度出任财政部长,就任总理后,对内实行独裁统治,对外镇压葡属非洲殖民地的民族独立运动。

指斯大林。科耶夫特别注意到,[108]依据西蒙尼德的建议改进的僭政,特征在于斯达汉诺夫①竞赛(Stakhanovistic emulation)。但是,只有在引入斯达汉诺夫竞赛的同时大量减少使用内务部(NKVD)或"劳改"营,斯大林的统治才符合西蒙尼德的标准。难道科耶夫竟然会说,斯大林能够走出铁幕,到他想去的任何地方旅行观光而心无恐惧(《希耶罗》11.10 和 1.12)?难道科耶夫竟然会说,生活在铁幕之后的所有人都是斯大林的盟友?或者说,斯大林把苏俄及其他"人民民主政制"的所有公民都看作同志(《希耶罗》11.11 和 11.14)?

无论怎样,科耶夫主张,按照色诺芬的原则无法理解当今的僭政,或许甚至也无法理解古典的僭政,必须通过引入一个源自《圣经》的因素来彻底修正古典的参照框架。科耶夫论证如下。西蒙尼德认为,荣誉是僭主——泛言之,也是最高类型的人(主人[the Master])——的最高目标或唯一目标。这表明,这位诗人只看到了真理的一半。另一半真理来自圣经的奴隶道德或劳动者道德(morality of Slaves or Workers)。人的行动因而包括僭主的行动,会受而且经常受对快乐的欲望的推动,这种快乐源自成功实施他们的工作、规划或理想。献身于自己的工作或一项事业、献身于"本着良心的"(conscientious)工作,却丝毫不惦记荣誉或荣耀,这种情况确实有。但是,这个事实不该诱使我们虚伪地极力降低追逐荣誉或名声的欲望对人的完善做出的重要贡献。对名声、承认或权威的欲望是所有政治斗争尤其是将一个人引向僭主式权力的斗争的首要动机。一个有抱负的政治家或一个潜在的僭主仅仅为了自己的晋升而废黜在位的统治者或统治者们完全无可厚非,尽管他知道自己绝不比他们更胜任这项职务。没有理由对这一做法吹毛求疵,因为,无论在什么情况下,无论会产生什么样的后果,对承认的欲望必然将自

---

① [译按]斯达汉诺夫(1906 - 1977),苏联煤矿工人,著名劳动模范,1935 年创一班采煤超定额 14 倍的纪录。

身转化为献身于要完成的工作或一项事业。主人道德与奴隶道德的综合要优于其组成要素。

[109]西蒙尼德远没有接受主人道德或认为荣誉是最高类型的人的最高目标。在翻译一个关键段落时(《希耶罗》7.4的最后一句),科耶夫省略了限定词dokei[似乎]("似乎没有任何人类的快乐比涉及荣誉的喜悦更接近神圣的东西")。科耶夫没有注意到下面这一事实的隐含意味:西蒙尼德宣称对荣誉的欲望是与anthropoi[普通人们](科耶夫称之为奴隶)截然不同的andres[男子汉们](科耶夫称之为主人)的主导性激情。因为,在色诺芬看来,因而也在其西蒙尼德看来,anēr[男子汉]绝不是最高类型的人。最高类型的人是智者(the wise man)。一位黑格尔主义者承认这一点不会有什么困难,既然智者不同于主人,那么他将与奴隶有某些重要的共同之处。这当然就是色诺芬的观点。色诺芬在借西蒙尼德之口阐述主人原则时,诗人不禁暗自承认各类人(human species)的一致性,尽管他的陈述明确否认这一点。各类人的一致性被认为更容易由奴隶而非主人看到。有人称苏格拉底为主人,这样的人没有充分描述出苏格拉底的特点。色诺芬将苏格拉底与伊斯科马库斯(Ischomachus)进行对比,后者是kalos te kagathos anēr[美且善的男子汉]的原型。① 由于最适合伊斯科马库斯所代表的那类人的工作和知识是农业,而苏格拉底不是农学家,所以他也就不是一个美且善的男子汉。正如吕孔(Lycon)直白的说法,苏格拉底是个kalos te kagathos anthropos[美且善的人](《会饮》[Symposium]9.1;《齐家》[Oeconomicus]6.8,12)。在这一语境下,我们可以注意到,在《希耶罗》分析生活在僭主统治下的贤人们的一段(10.3)中,西蒙尼德以特有的方式略去了andres[男子汉]一词;kalos te kagathos anēr[美且善的男子汉]在僭主统治下无法快乐地生活,无论这僭主有多么好(比较《希耶罗》9.6与5.1-2)。色诺芬两次列举苏格拉底的德

---

① [译按]kalos te kagathos即贤人,常常对应于英语中的gentleman。

性均未提到男子气概,从而最简洁明了地表明了他的观点。从苏格拉底的军事活动中,色诺芬看到的不是苏格拉底的男子气概的一个征兆,而是其正义的一个征兆(《回忆苏格拉底》,IV.4.1)。

既然色诺芬或其西蒙尼德不相信荣誉是最高的善,或者说,由于他们不接受主人道德,那也就没有明显的必要从奴隶道德或劳动者道德中吸取某种因素来补充他们的教诲。在古典作家看来,最高的善是献身于[110]智慧或德性的生活,荣誉不过是一种令人非常愉悦但次要且可有可无的回报。科耶夫说快乐源于干好自己的工作或实现自己的规划或理想,而古典作家说快乐源于有德性的或高贵的行为。古典的解释更贴近事实。科耶夫举例说,一个独处的孩子或独处的画家可以从履行好自己的计划得到快乐。但我们很容易就会想到,独来独往的撬保险箱的盗贼也能从履行好自己的计划中得到快乐,同时丝毫不去想他收获的外部回报(钱财或对他能力的赞叹)。各个行当都有技艺高超的人。至于什么样的"工作(job)"能带来非功利性的快乐——这项工作是犯罪还是清白,是纯粹闹着玩还是严肃的等等——这当然有差别。认真思索这一观察后,人们会得出这样的观点:最高类型的工作,或唯一真正属人(truly human)的工作,是高贵的或有德性的活动,或者说是高贵的或有德性的劳作。如果有人喜欢这种看待事物的方式,他就可以说,高贵的劳作(noble work)是由古典作家实现的在不劳作的(workless)贵族道德与不高贵的劳作者道德之间的综合(参柏拉图,《美诺》81d3以下)。

西蒙尼德因此有理由说,追求荣誉的欲望是那些有志于僭主式权力的人的最高动机。科耶夫似乎认为,一个人有志于僭主式权力,可能主要是因为受最高级别的"客观"任务吸引,履行这些任务需要有僭主式权力,这一动机将彻底改变此人追求荣誉或承认的欲望。古典作家不认为这是可能的。有人撬保险箱是由于这么做很刺激而不是为了回报,科耶夫的僭主与这种人相似:古典作家会对此大为震惊。一个人不自甘堕落做卑鄙的事,他就无法变成僭主并保住僭主的地位，因此，一个自尊的人不会有志于获取僭主式权力。但科耶夫可能反对说，这仍不能证明僭主的主要动机或唯一动机是追求荣誉或名声的欲望。比方说，僭主的动机可能出于一种想要使同胞受益的受误导的欲望。如果在此等问题上犯错在所难免，这一辩护还算有力。但我们很容易知道僭政是卑鄙的。我们全都从孩提时就知道，绝不能给他人树立坏的榜样，也绝不能为了卑鄙行为可能带来的好处而做卑鄙的事。[111]潜在或实际的僭主并不知道每一个合理地受过良好教养的孩子都知道的事理，因为激情遮蔽了他的眼睛。什么激情？最宽厚的回答是，追求荣誉或名声的欲望遮蔽了他的眼睛。

综合带来奇迹。科耶夫或黑格尔综合古典道德与圣经道德，由此带来的奇迹是：从两种对自制有非常严格要求的道德中，制造出一种松弛得令人吃惊的道德。圣经道德或古典道德都不鼓励我们单纯为了自己的晋升或荣誉而试图把那些能同我们一样干好指定工作的人从其职位上赶下去（考虑一下亚里士多德，《政治学》1271a10 – 19）。圣经道德或古典道德都不鼓励任何政治家为了实现普遍的承认而试图把他们的权威扩展到所有人。科耶夫用自己的言辞鼓励他人采取他绝不会屈尊践行的行动，这似乎并不合理。如果科耶夫不曾压制他更好的知识，他本会看到，理解黑格尔的道德教诲和政治教诲不必非要求助于一个奇迹。黑格尔延续了解放激情，因而也解放了"竞争"的现代传统，并在某个方面使之更为激进。现代传统发端于马基雅维利，由像霍布斯和亚当·斯密（Adam Smith）这样的人加以完善。通过有意识地摒弃《圣经》和古典哲学两者严格的道德要求，现代传统得以形成，那些道德要求因太过严格而被明确拒斥。黑格尔的道德教诲或政治教诲实际是一个综合：它综合了苏格拉底与马基雅维利式或霍布斯式的政治学。科耶夫同所有在世的人一样清楚，黑格尔关于主人和奴隶的根本教诲基于霍布斯的自然状态学说。如果有意地（en pleine connaissance de cause）抛弃霍布斯的自然状态学说（它确实应该被抛弃），黑格尔的根本教海将丧失科耶夫认为它显然还拥有的论据。黑格尔的教海要比霍布斯的精深得多,但同后者一样是一个建构。这两个学说都从不真实的假设出发来建构人类社会,该假设即是:人之为人可被设想成一种缺乏对神圣约束的意识的存在者,或一种只是受追求承认的欲望指引的存在者。

但是,我有点担心,在科耶夫可能称为我们的维多利亚式或前维多利亚式愚傻(pre-Victorian niaiseries)的问题上,很可能他会变得不耐烦。[112]科耶夫很可能会认为,前面的整个讨论毫不相干,因为它基于一个独断的假设。我们确实假定,僭政的古典概念源于对这一根本社会现象的充分分析。古典作家把僭政理解为最佳政制的反面,他们认为最佳政制是由最好的人进行统治或者说是贵族制。但科耶夫争辩说,贵族制是在一个特定地域内、公民或成年居民中的少数对多数的统治,而且这种统治最终依赖武力或恐怖。既然如此,承认贵族制是僭政的一种形式岂不更合适?不过,科耶夫显然认为,武力或恐怖在所有政制中都必不可少,尽管他并不认为,所有的政制都同等地好或坏、从而也同等地是僭政。如果我对他的理解正确的话,科耶夫满足于"普世同质的国家(the universal and homogeneous state)"纯然就是最好的社会秩序。为避免我们只是纠缠于语词上的困难,我把他的观点表述如下:普世同质国家是唯一从根本上正义的国家。特别为古典作家所说的贵族制在根本上是不义的。

为了以恰当的眼光看待古典作家的观点,让我们假设智者不渴望统治。不智者(the unwise)几乎不可能强迫智者统治他们。因为,如果智者没有绝对的权力,或者说,如果他们要在任何情况下都对不智者负责,他们就无法作为智者进行统治。不智者可能陷入的炙烤不会严重到促使他们把绝对控制权拱手交给智者,毕竟智者的第一项举措很可能是驱逐城邦中所有年过十岁的人(柏拉图,《王制》540d-541a)。因此,表面上是智者的绝对统治,实际上却将是不智者的绝对统治。但如果是这种情况,普世国家似乎就是不可能的。因为普世国家要求就根本问题达成普遍的一致,而只有基于真正的知识或智慧才可能达成这种一致。基于意见的一致永远不会成为普遍的一致。任何自称具有普遍性即自称得到普遍接受的信仰,必然会招致一个提出相同宣称的、与之反对的信仰(a counter-faith)。在不智者中散播智者获得的真正知识,这毫无帮助,因为通过散播或稀释,知识必然会转变成意见、偏见或仅仅是信念。[113]因此,人们能够期望普遍性达到的极限,是一些不智者对半个地球的绝对统治,另半个地球由另一些不智者统治。除了两个国家以外,其他所有独立的国家都消亡将是一种福佑,这一点并不显而易见。但不智者的绝对统治不如其有限的统治更可欲:不智者应该依照法律进行统治,这一点却是显而易见的。此外,尽管公民主体不太可能服从智者们一脉相承的永久的绝对统治,但在一种有利于彻底变革的形势下,他们倒很可能有一次采纳一位智者或国父的建议,接受他制订的法典。不过,法律必须得到应用或需要解释。因此,法律之下的全部权威应给予那些因良好的教养而有能力"完成"法律(《回忆苏格拉底》,IV. 6. 12)或公正解释法律的人。"宪政的"权威应交给那些公正的人们(epieikeis),即贤人们——更好的是由耕耘自己的田产获取收入的城市贵族阶层。的确,一个人是否属于贤人阶层并因此有机会享有恰当的教养教育,这至少有几分偶然——出身的偶然。但是,如果一方面没有智者的绝对统治,另一方面也没有一定程度的富裕——只有基于携着各种可怕危险的无限的技术进步,这种富裕才有可能,那么,能够正义地替代公开或伪装的贵族制的显然将是永久的革命,也就是永久的混乱,在这场混乱中,生命不仅穷困和短暂,而且粗野。不难指明:古典论证并不像现在普遍认为的那样容易勾销,自由民主制或宪政民主制比我们的时代可行的其他备选方案更接近古典作家的要求。但归根结底,古典论证的力量来自假设智者不渴望统治。

在讨论涉及智慧与统治或与僭政间的关系的根本问题时,科耶夫从这一观察开始:至少到现在为止,从没有智慧的人,顶多有追求智慧的人,即哲人们。既然哲人就是把整个生命都用来追求智慧的人,那他就没时间参加任何类型的政治活动:哲人不可能[114]渴望统治。哲人对政治人物唯一的要求是让哲人自己一个人待着。为了证明自己的要求正当,哲人诚恳地宣称自己的追求纯粹是理论性的,丝毫不干涉政治人物的事务。乍一看,这一简单的解决方案完全推导自哲人的定义。不过,稍作反思就会发现,这一解决方案有致命的弱点。哲人不可能过一种完全独处的生活,因为正当的"主观确定性(subjective certainty)"无法与精神病人的"主观确定性"区分开来。真正的确定性必须是"主体间的(inter-subjective)"。古典作家充分意识到单个人心灵的根本弱点。因此,古典作家有关哲学生活的教诲是一种关于友谊的教诲:哲人作为哲人需要朋友。朋友要在哲人从事哲学时提供帮助,所以他们必须是有才能的人:他们必须自己也是实际的或潜在的哲人,即自然的"精英"的成员。友谊预设了一个有意识的一致同意的尺度。哲学上的朋友必定一致同意的东西,不可能是已知的或明显的真理。因为哲学不是智慧而是追求智慧。所以,哲学上的朋友一致同意的将是意见或偏见。但必定有各式各样的意见或偏见。因此就会有各式各样的哲学上的朋友群体:哲学与智慧不同,它必然以哲学学派或宗派的形式出现。古典作家所理解的友谊因而并没有提供解决"主观确定性"的方法。友谊注定会导致一个志气相投、紧密团结的群体培育并永续共同的偏见,或者说,这就是友谊之所在。因此,友谊与哲学的理念并不相容。如果哲人仍有意当哲人,他必须离开那个封闭的、迷人的"入会者(initiated)"的小圈子。他必须走出来,到市场上去。与政治人物的冲突不可避免。而且,这种冲突本身就是一个政治行为,更不要说其缘由或影响了。

整部哲学史都证明,科耶夫所雄辩地描述的危险不可避免。科耶夫同样正确地说,抛弃宗派(the sect)、转向文坛(the Republic of

Letters）①也不能避免这一危险，在他看来，文坛是宗派在现代的替代物。文坛的确没有宗派的狭隘性：[115]它接纳各个哲学流派（persuasions）的人。但正因为此，文坛宪法的第一条规定：不得过分认真对待任何哲学流派，或说必须对每个哲学流派一视同仁。文坛奉行相对主义。或者说，如果文坛试图避免这一陷阱，它就会改行折中主义。一条模糊的中间路线被确立为唯一真理或唯一共识，各流派中最随和的成员，即便在情绪最昏沉时也几乎不会容忍这条中间路线。实质性的、无法压制的冲突被当作纯粹"语义的"冲突而不予考虑。宗派之所以狭隘，因为它强烈地关怀真正的问题；文坛之所以包容，因为它对真正的问题无所谓：它更偏爱一致意见，而非真理或追求真理。如果不得不在宗派与文坛之间选择，我们必须选择宗派。我们也不能放弃宗派以转向党派（the party）——更确切地说，是群众性的党派，因为一个并非群众性的党派仍像是一个宗派。因为群众性的党派不过是拖着一条不成比例的长尾巴的宗派。如果有几百万应声虫而不是几十个人重复一个宗派的信条，宗派成员尤其较弱的兄弟们（brethen）的"主观确定性"可能会增加，但这显然不会影响这些信条对"客观真理"的诉求。我们非常厌恶宗派势利的沉默或窃窃私语，但我们甚至更厌恶群众性党派的扩音喇叭那粗野刺耳的噪音。摒弃那些能够且愿意思考者与那些不能够也不愿意思考者的区别，并不能解决科耶夫提出的问题。如果必须要在宗派和党派之间选择，我们必须选择宗派。

但我们必须选择宗派吗？科耶夫的论证的重要前提是，哲学"必然暗含着'各种主观确定性'，它们不是'客观真理'，换句话说，

---

① ［译按］the Republic of Letters（直译［文字共和国］）一词常用来定义17世纪晚期和18世纪的欧美知识分子团体，其出处尚无定论。该团体主要由学者和文学人士组成，他们居住在不同的国家，语言文化各异，用信件相互交流，认为自己已经超越国家疆界建立了一个形而上的共和国。直至今天，史学家对于"文字共和国"对于启蒙的影响和地位仍争论不休。

它们是偏见"。但哲学一词的原初意义不过是关于某人的无知的知识。人们不知道的"主观确定性"碰巧与关于这一确定性的"客观真理"相一致。但是,若某人不知道自己不知道的东西,他就无法知道自己不知道。帕斯卡尔曾出于反哲学的意图说到教条主义和怀疑主义的无力,[116]他之所言是对哲学唯一可能的辩护:哲学既不是教条主义的也不是怀疑主义的(sceptic),更加不是"决定论的(decisionist)",而是探寻的(zetetic)(或者说即 skeptic 一词的原初意义①)。这种意义上的哲学不过就是真正意识到某些问题,也就是某些根本和全面的问题。思考这些问题,不可能不变得倾向于一个解决方案,即为数极少的典型解决方案中的一个或另一个。不过,只要没有智慧,只有对智慧的追求,所有解决方案的证据必然小于这些问题的证据。因此,当某一解决方案的"主观确定性"强过哲人对这一方案的成问题的特征(problematic character)的意识时,哲人就不再是一位哲人。这时,宗派分子就产生了。屈服于解决方案的诱惑,这一危险对哲学来说是固有的(essential),若不经受这种危险,哲学会衰降成对那些问题的戏耍。但哲人并不必然屈服于这种危险,正如苏格拉底表现的那样,他从不属于某个宗派,也从未创建一个宗派。即便哲学上的朋友们被迫成为某个宗派的成员或创建一个宗派,他们也不必然是同一宗派的成员:Amicus Plato[柏拉图是吾友]。②

至此,我们似乎陷入了自相矛盾。因为,如果苏格拉底是哲学生活最卓越的(par excellence)代表,哲人就不可能满足于哲学上的朋友的小圈子,他不得不走到市场上去,人们都知道,苏格拉底在市

---

① [译按]据《牛津英语词典》(*Oxford English Dictionary*)网络版,英语 skeptic 一词来自拉丁语 scepticus[字面意思:探究、反思],后者本身来自希腊语 σκπτεσθαι[留心观看]。

② [译按]施特劳斯省略了引文的后半句:sed magis amica veritas[但真理是更好的朋友]。

场上消磨了许多或大部分时光。不过,同一位苏格拉底提出城邦与家庭没有本质区别,而门茨(Friedrich Mentz)的论文《苏格拉底既非称职的丈夫,亦非可称道的父亲》(*Socrates nec officiosus maritus nec laudandus pater familias*,莱比锡,1716)很有道理:色诺芬做得更出格,他根本没把克姗蒂佩(Xanthippe)的丈夫算作已婚男人(《会饮》结尾)。

要在这里讨论这个难题,只有把它放在一个有限的解经学问题的语境中才有可能。色诺芬在《希耶罗》中指出,哲学生活的动机在于受到极少数人推崇或崇拜的欲望,并最终在于"自我崇拜"的欲望,而政治生活的动机在于对爱的欲望,也就是被各种人爱,不管这些人品质如何。科耶夫全然反对这一观点。他的意见是,哲人与统治者或僭主的动机同样都是[117]对满足(satisfaction)的欲望,即对承认(荣誉)并最终是对普遍承认的欲望,两者的动机都不在于对爱的欲望。一个人受到爱戴是因其所是,而非因其所做。因此,爱存在于家庭之中,而不是在政治和哲学的公共领域之中。色诺芬努力在"僭主的"欲望与性欲之间建立一种联系,科耶夫认为这尤其不幸。科耶夫同样反对这样的看法,即:僭主受得到他人承认的欲望指引,而哲人只关心"自我崇拜"。在此意义上,自我满足的哲人与自我满足的精神病人没什么区别。因此,哲人必然关心他人的赞成或崇拜,而且,一旦得到他人的赞成或崇拜,他会情不自禁地喜悦。实际上,不可能区分哲人的首要动机究竟是对崇拜的欲望,还是对源自理解的快乐的欲望。这一区分本身也没有实际意义,除非我们毫无理由地假定,有一位全知的神要求人有颗纯净的心灵。

应该承认,关于两种生活方式的动机,色诺芬在《希耶罗》中的解说确实不完整。任何头脑清醒的人怎能忽视抱负(ambition)在政治生活中的作用?一位苏格拉底的朋友又怎能忽视爱在哲学生活中的作用?且不说色诺芬的其他作品,单是西蒙尼德有关荣誉的话就充分证明,色诺芬在《希耶罗》中就两种生活方式的动机所解说的内容有意不完整。之所以不完整,是因为《希耶罗》一开始就完全忽略掉其余一切,直接从人们可以称作哲人与统治者最根本的差异出发。要理解这一差异,我们必须从哲人与统治者彼此相同乃至与所有人相同的欲望入手。所有人都渴望"满足"。但不能将满足等同于承认甚至普遍承认。古典作家将满足等同于幸福。哲人与政治人的差异因而也将是幸福方面的差异。哲人的主导激情是对真理的欲求,即欲求关于永恒秩序、永恒原因或有关整全的原因的知识。在寻求永恒秩序时,哲人向上仰望,[118]他无比清楚地看到,所有属人事物和人的所有关切都无足轻重且短暂易逝——没人能从自己认为无足轻重且短暂易逝的东西中找到稳固的幸福。因此,哲人对所有属人事物——不,是人本身——的体验,就好像抱负远大的人对庸众们低级、狭隘的目标或廉价的幸福的体验。作为目光最远大的人,哲人是唯一能恰如其分地被描述为拥有 megaloprepreia("博大心胸",通常译作 magnificence)的人(柏拉图,《王制》486a)。或按色诺芬的说法,哲人是唯一真正有抱负的人。哲人主要关注种种永恒的存在者或者说"种种理式(ideas)",从而也关注人的"理式",他尽可能地不关心单个且有死的人,从而也不关心他自己的"个体性"或身体,也尽可能地不关心所有单个人的总和及其"历史"进程。哲人尽可能少地知道到市场的路,更不要说市场本身,他几乎闹不清他的邻居是人还是别的动物(柏拉图,《泰阿泰德》173c8–d1,174b1–6)。政治人必须全盘反对这种生活方式。政治人不能容忍这种对人、对所有属人事物的极端贬低(柏拉图,《法义》804b5–c1)。如果政治人不赋予人和属人事物以绝对重要性,他就无法全心全意或毫无保留地投身于自己的工作。他必须"照料"如此这般的人类。他从根本上依系于人类。这种依系是他想统治人类的欲望或其抱负的根基。但统治人类意味着为人类服务。当然,一个人依系于某些东西,这些东西促使他为它们服务,这种依系就可以称为对它们的爱。并不是只有统治者才依系于人类,所有人作为区区之人都有这个特征。政治人与平头百姓(private man)的差别在于,在政治人那里,这种依系削弱了所有私人性的思虑。政治人被爱欲(erotic desire)吞噬,不是为了此人或彼人,或为了一少部分人,而是为了大多数人,为了人民(demos)(柏拉图,《高尔吉亚》481d1 – 5,513d7 – 8;《王制》573e6 – 7,574e2,575a1 – 2),而且原则上是为了所有人。但爱欲渴望互惠:政治人渴望得到所有臣民的爱。政治人的特征在于,他关心的是得到所有人的爱,无论他们的品质如何。

[119]科耶夫会毫无困难地承认,家人的特征是"爱",统治者的特征是"荣誉"。但是,正如我们所见,如果哲人与统治者的关系类似于统治者与家人的关系,那就可以毫无困难地把"爱"作为与哲人截然不同的统治者的特征,把"荣誉"作为哲人的特征。进一步说,在普世国家来临以前,统治者会关心和爱护自己的臣民,而不是其他统治者的臣民,正如母亲会关心和爱护自己的孩子,而不是其他母亲的孩子。关心或爱护自己的东西,就是"爱"通常的含义。与此相反,哲人关心的是绝不会变成私人财产或专有财产的东西。由此我们就不能接受科耶夫关于爱的学说。在科耶夫看来,我们爱某个人"是由于他之所是,而不是他之所为"。他举例说,母亲会爱自己的儿子,不管儿子犯了多少错。但是,重复一遍,母亲爱自己的儿子,不是因为他之所是,而是因为他属于她,或说因为他有她身上的品质(比较柏拉图,《王制》330c3 – 6)。

但是,如果哲人彻底脱离了作为人的人,他为什么还与他人交流自己的知识或探问?苏格拉底说哲人甚至不知道去市场的路,可为什么同一位苏格拉底却几乎总是呆在市场中?苏格拉底说哲人几乎不知道他的邻居是不是个人,可为什么同一位苏格拉底却对自己邻居的诸多细枝末节了如指掌?因此,哲人与人类的彻底脱离定然与一种对人类的依系相容。哲人要努力超越人性(因为智慧是神圣的),或努力让赴死和对所有属人事物无动于衷成为自己唯一要做的事,但他同时不得不作为一个人生活,而作为一个人就不能对人的思虑无动于衷,尽管他的灵魂不会驻留于这些思虑中。如果其他人不照顾哲人身体的需要,哲人就无法投身于自己的工作。只有在一个有"劳动分工"的社会中,哲学才有可能。哲人需要他人的服务,倘若他不想被人骂作盗贼或骗子,他不得不还要用自己的服务作为酬报。[120]但人之所以需要他人的服务,是基于这一事实:人天性上是社会动物,或者说个体的人并非自足的。因此,人对人有一种自然的依系,这种依系优先于任何对相互利益的算计。在哲人身上,这种对人的自然依系受到削弱,因为哲人依系于种种永恒存在者。另一方面,人渴望比自己已有的拥有更多,尤其要比其他人拥有的更多,这会溶解人对人自然的依系,但这一最常见、最强大的溶剂对哲人完全不起作用,因为哲人拥有人可能拥有的最大的自足性。因此,哲人将不会伤害任何人。尽管哲人不得不比依系于异邦人更多依系于自己的家庭和城邦,但他摆脱了集体利己主义培育起来的幻觉。他的仁爱和宽厚延及他接触过的所有人(《回忆苏格拉底》,I. 2. 60 – 61;6. 10;IV. 8. 11)。哲人充分认识到加于所有人的行为和所有人的规划的局限性(因为有生必有灭),所以他并不期望从建立绝对好的社会秩序中得到的拯救或满足。因此,他将不会参与革命性或颠覆性活动。但哲人会通过竭尽全力减轻与人的处境相伴相随的恶,来努力帮助自己的同胞(柏拉图,《泰阿泰德》176a5 – b1;《书简七》331c7 – d5;亚里士多德,《政治学》1301a39 – b2)。尤其是,哲人将向自己的城邦或其他统治者提供建议。由于此类建议全都以整全性反思为前提,而这种整全性反思是哲人的本职,所以哲人必须先成为一位政治哲人。做好这一准备后,哲人就会蹈循西蒙尼德在与希耶罗交谈时的表现,或苏格拉底在与阿尔喀比亚德(Alcibiades)、克里提亚(Critias)、卡尔米德(Charmides)、克利托布洛(Critobulus)、小伯里克勒斯(the younger Pericles)等人交谈时的表现。

依系于作为人的人,这并非哲人独有的特征。作为哲人,他依系于某一特定类型的人,即实际的或潜在的哲人,或者说他的朋友们。他对朋友们的依系比对其他人的依系更深,甚至比对他最亲最近的人的依系还深,柏拉图在《斐多》中以几近令人震惊的清晰表达了这一点。哲人依系于自己的朋友,首先是基于"主观确定性"的缺陷所产生的需要。可我们看到,苏格拉底经常参加[121]一些他不会以任何方式从中受益的谈话。我们应尝试用一种通俗的因而非正统的方式来解释这意味着什么。哲人把握永恒秩序的努力,必然是一种从反映永恒秩序的易逝事物的上升。在我们已知的所有易逝事物中,最能反映或最接近永恒秩序的是人们的灵魂。但人们的灵魂反映永恒秩序的程度各不相同。良序的或健康的灵魂要比混乱的或病态的灵魂更高程度地反映了永恒秩序。因此,对永恒秩序有过惊鸿一瞥的哲人对人的灵魂的差异尤其敏感。首先,只有他知道什么是健康的或良序的灵魂。其次,恰恰因为对永恒秩序有过惊鸿一瞥,一个健康的或良序的灵魂会让他禁不住大喜,一个病态或混乱的灵魂会让他禁不住大悲,而这与他自己的需要和利益无关。因此,他禁不住依系于灵魂良序的人:他渴望与这样的人始终"在一起"。他倾慕这样的人,不是因为他们可以为他提供什么服务,而仅仅因为他们是其所是。另一方面,他禁不住厌恶无序的灵魂。他尽可能地回避灵魂无序的人,当然也不会试图冒犯他们。最后但并非最不重要的是,对于年轻人的灵魂未来会变得良序还是无序,或幸福还是不幸,哲人具有高度的敏感。因此,哲人禁不住渴望——尽管这与他自己的需要和利益无关——那些灵魂天生适宜获得良序的年轻人能获得灵魂的良序。但灵魂的良序就是搞哲学。因此,哲人迫切想要教育潜在的哲人,这仅仅因为他禁不住爱良序的灵魂。

但我们是不是暗中用智者替换了哲人?我们谈到过的哲人难道不是拥有关于许多最重要事物的知识吗?若没有某种关于最重要事物的知识,哲学作为关于我们对最重要事物的无知的知识就是不可能的。通过认识到我们对最重要事物的无知,我们同时认识到,[122]对我们来说,最重要或必要的一件事就是探求关于最重要事物的知识,或者说就是哲学。换句话说,我们认识到,只有通过从事哲学,人的灵魂才能变得良序。我们知道自夸者的灵魂何其丑陋或畸形,但每个自认为有知而实际无知的人都是自夸者。尽管如此,这类观察并不能证明这样的假设,比如:良序的灵魂比混乱的灵魂更类似于永恒秩序,或更类似于永恒的原因或关于整全的原因。而且,要成为哲人,我们不是非得做这一假设,正如德谟克利特和其他前苏格拉底哲人的例子,更不要说现代人的例子了。如果不做上述假设,我们似乎将被迫如此解释哲人交流其思想的欲望:因为哲人需要弥补"主观确定性"的缺陷,或因为哲人渴望承认,或因为哲人的人情味(human kindness)。至于哲人见到一个良序的灵魂时立即体验到的快乐,或我们观察到人之高贵的标志时立即体验到的快乐,我们能否不用做特别的(ad hoc)假设就做出解释?我们必须对此存而不论。

我们可能已经解释过,哲人为何迫切想要教育某一类人(不是因为他对人类的彻底脱离未能取消这种冲动,而反倒是因为他彻底脱离了这样的人类)。但同样的说法能否完全用于僭主或统治者?一个统治者会不会同样强烈感觉到,人的所有事业最终都是徒劳?不可否认,对人类的脱离——或按流行的说法,对所有受机运的力量左右的事物的哲学态度——并非哲人的专有。但是,如果没有不断得到对永恒事物的真正依系即哲学活动的滋养,一种对人的思虑的脱离注定会萎缩,或蜕变为无生命的狭隘。统治者也试图教育人,也为某种爱所促动。色诺芬在《居鲁士的教育》中表达了他对统治者的爱的看法——无论如何,此书乍看上去都是他对最伟大的统治者的描绘。色诺芬笔下的居鲁士天性冷淡或无爱欲。那就是说,统治者的动机不是真正的或苏格拉底式的爱欲(eros),因为他不知道什么是良序的灵魂。统治者知道政治德性,没什么能阻止他受到政治德性的吸引;但政治德性或者说[123]非哲人的德性是一个残缺不全的东西;因此,它引出的只能是真正的爱的影子或模仿。实际上,支配统治者的是基于通常意义上的基于"需要"的爱,或说唯利是图的爱;因为,"所有人天生都相信,自己喜爱那些他们相信能够给自己带来好处的东西"(《齐家》20.29)。用科耶夫的语言说,统治者关心人类是因为他关心得到人类的承认。这顺便解释了,《希耶罗》中关于爱的表述为何如此明显地不完整;作品的意图要求不理会非唯利是图的爱,正如它要求把智慧保持在通常的含混之中。

于是,我们便无法赞成科耶夫的主张,即统治者与哲人的教育倾向有着相同的特点或范围。统治者从根本上说是其所有臣民的统治者;因此,他的教育努力必然指向所有臣民。如果说每种教育努力都是一种对话,统治者就因为自己的职位而被迫与每位臣民交谈。但苏格拉底并没有被迫与任何人交谈,除了那些他想与之交谈的人。如果统治者关心获得普遍承认,他必然关心如何将有能力评判其功绩的阶层普遍扩大开来。但科耶夫似乎并不相信,所有人都能够成为有能力评判政治事务的行家。科耶夫仅限于认为,具有哲学能力的人不少于具有政治能力的人。然而,与科耶夫在正文中似乎想要说的(不同于该文第五个注释)相反,相比于能够恰当评判一位哲人是否伟大的人,能够恰当评判一位统治者是否伟大的人要多得多。之所以如此,不仅仅是因为,恰当评判一份哲学成就需要付出比恰当评判一份政治成就大得多的智识努力。这一事实毋宁是因为,哲学要求从最强大的自然咒语(natural charm)中解放出来,这种咒语永不消减的力量绝不会妨害统治者所理解的那种政治能力:这种咒语就在于无条件地依系于属人事物本身。因此,如果哲人对极少数人讲话,他的行为并不是基于一个先验的判断。他是在遵循所有时代、所有国家恒久不变的经验,无疑还有科耶夫自己的经验。[124]无论人如何拼命用干草叉子驱赶自然,自然总是会回来。① 哲人当然不会被迫努力争取普遍承认,无论是出于弥补"主

---

① [译注]此句典出贺拉斯书信 I.10:Naturam furcā expelles, tamen usque recurret[用一个干草叉子驱赶自然,但自然总会回来]。施特劳斯曾多次用过这一典故,另见《自然权利与历史》(彭刚译本,北京:三联书店,2003,页 206),"注意尼采《善恶的彼岸》的谋篇"(收于 *Studies in Platonic Political Philosophy*, Chicago,1983,页 183)。

观确定性"缺陷的需要,还是出于抱负。仅哲人的朋友们就足以弥补那一缺陷,而且,求助于完全没有能力的人并不能弥补哲人的朋友们的不足。至于抱负,作为哲人,他摆脱了抱负。

在科耶夫看来,说这样的哲人摆脱了抱负或对承认的欲望,那就做了一个没有根据的假设。不过,这样的哲人只关心追求智慧,以及点燃或滋养那些天性能够爱智慧的人对智慧的爱。不必非要窥探某个哲人的内心,我们就能知道:一旦哲人由于肉身的弱点变得关心他人的承认,他就不再是哲人。依照古典作家严格的观点,这样的哲人就变为智术师。关心得到他人的承认,这与统治者的根本关注完全一致,实际也是其所要求的,因为统治者统治的是他人。但关心得到他人的承认与追求永恒秩序之间没有必然的联系。因此,对承认的关注必然会减损哲人特有的目标的单一性。它会模糊哲人的视线。这一事实并不与另一事实相违,即抱负远大往往是辨识潜在的哲人的一个标志。但是,倘使远大的抱负没有转变为完全投身于追求智慧以及伴随着这种追求的诸多快乐,潜在的哲人就不会变成实际的哲人。伴随着对真理的追求的诸多快乐之一,来自意识到在这种追求中取得的进步。色诺芬甚至谈到了哲人的自我崇拜。这种自我崇拜或自我满足要变得合理,并不必然需要他人的崇拜来确认。如果哲人为了努力弥补"主观确定性"的缺陷与他人进行交谈,并一再观察到对话者陷入自相矛盾,或无法对他们成问题的主张做任何解释,而且对话者自己也被迫承认这一点,哲人对自己的评价就将得到合理的确认,[125]无需一定要找到某个崇拜他的灵魂(《苏格拉底的申辩》21d1 - 3)。就此而言,哲人的自我崇拜类似于同样不需他人确认的"良知(the good conscience)"。

对智慧的追求离不开某些特别的快乐,正如对这些快乐的追求离不开对智慧的追求。因此,似乎有可能从对快乐的追求理解对智慧的追求。所有享乐论者都断定,这事实上是可能的。在《希耶罗》中,色诺芬(或其西蒙尼德)被迫以享乐论者的论题为基础进行论证。因此,《希耶罗》的论证暗含着能否从享乐论者的立场理解哲学生活的问题。《希耶罗》暗示的答案是：不能这样理解哲学生活，因为各种快乐的等级最终取决于与这些快乐相关的各种活动的等级。快乐的量和纯粹性都不能最终决定人类活动的等级。快乐本质上是第二位的，不参照各种活动就无法理解快乐。首要的是活动本身还是快乐本身，这一问题与另一问题毫无关系，即一个人之所以从事某种活动，首要的动因是这一活动的内在价值，还是他期望享受作为活动结果的快乐。科耶夫说，后一问题不允许有一个负责任的答案，而且从哲学的视角看也不重要。他的这一说法或许完全正确，但与色诺芬的论证并不相关，因为色诺芬的论证只关注前一个问题。

尽管我肯定不赞同科耶夫的相当一部分推理，但我同意他的结论：哲人不得不到市场上去，换句话说，哲人与城邦的冲突不可避免。哲人必须到市场上去，是为了在那里钓到潜在的哲人。哲人试图让年轻人皈依哲学生活，这必然会被城邦看作是试图败坏青年。哲人因而被迫捍卫哲学的事业。他因而必须影响城邦或统治者。至此为止，科耶夫与古典作家完全一致。[126]但是，最后的结果是否如科耶夫认为的那样，即哲人必定渴望决定或共同决定城邦的或统治者的政治？哲人是否必定渴望"以这样或那样的方式参与到公共事务的总体方向之中，以便国家以一种使哲人的哲学教育成为可能并发挥影响的方式得到组织和管理"？或者，我们是否必须从完全不同的角度来设想哲学的政治（philosophic politics），亦即哲人为了哲学采取的行动？

与科耶夫的明显暗示相反，在我们看来，哲人必须采取的哲学的政治与建立最佳政制的努力并无必然联系，哲人可能做、也可能不做这一努力。因为，在种种或多或少不完美的政制中，哲学和哲学教育都是可能的。我们可以通过柏拉图《王制》卷八中的一个例子来阐明这一点。柏拉图在卷八中主张，斯巴达政制优于雅典政制，尽管他知道，雅典政制比斯巴达政制更有利于哲学教育的可能性和存续（思考 557c6 和 d4）。苏格拉底的确是在雅典被迫喝下了毒芹酒。但雅典允许苏格拉底活到七十岁并一直从事哲学教育:在斯巴达,苏格拉底幼年时就会被遗弃掉。如果哲人对一种好政治秩序的关注与指导其"哲学的政治"的关注绝对不可分,柏拉图就不会决定支持斯巴达政制,无论是多么权宜的支持。那么,哲学的政治在于什么? 在于使城邦满意地相信,哲人不是无神论者,他们不会亵渎对城邦来说是神圣的任何事物,他们敬城邦之所敬,他们不是颠覆者,简言之,他们不是不负责任的冒险家,而是好公民,甚至是最好的公民。无论何时何地,无论在什么样的政制中,这就是对哲学的辩护。因为,正如哲人孟德斯鸠所说,"在世界上的每一个国家,人们都需要道德",①"人类中固然有几个骗子,但绝大多数是极诚实的;他们热爱道德"。② 柏拉图在城邦的法庭面前为哲学所做的这一辩护取得了极大成功(普鲁塔克,《尼西阿斯传》[Nicias]章23)。这一辩护的影响历经各个时代(那最黑暗的时代除外)延续至今。柏拉图在希腊城邦并为希腊城邦做的事情,[127]就是西塞罗在罗马并为罗马做的事情,(西塞罗代表哲学采取的政治行动与其反对喀提林支持庞培的行动毫无共同之处)。这也是法拉比在伊斯兰世界中为伊斯兰世界做的事情,迈蒙尼德在犹太教中为犹太教做的事情。与科耶夫似乎要表明的看法相反,哲人们为了哲学采取的政治行动取得了全面的成功。我们有时惊奇,这一行动是不是太过成功了。

我说过,科耶夫未能区分哲学的政治与哲人为建立最佳政制或改进现实秩序可能采取的政治行动。科耶夫从而得出结论说,哲人一方面并不渴望统治,但另一方面又必须渴望统治,这一矛盾涉及一个悲剧性的冲突。古典作家并不把哲人与城邦的冲突看作是悲剧性的。色诺芬至少似乎从苏格拉底与克珊蒂佩的关系来看待这

---

① [译按]语出孟德斯鸠《论法的精神》中"著者的几点说明",张雁深译,上卷,页32,北京:商务印书馆,2004。

② [译按]同上,前揭,二十五章第二节,中译下卷,页175。

一冲突。至少就此而言,色诺芬与帕斯卡尔有某种一致之处。对古典作家来说,哲学与城邦的冲突同苏格拉底之死一样,没有什么悲剧性。

科耶夫的论证继续如下:既然哲人因为没有时间统治而不渴望统治,但另一方面又被迫进行统治,因此,哲人就满足于一个折衷的解决方案,也就是拿出一点儿时间向僭主或统治者提建议。读编年史时,我们得到的印象是,哲人们的这一行动完全没有效果——就像西蒙尼德与希耶罗的谈话这一行动一样没有效果。可我们并不能从这一结论推论说哲人应避免搀和政治,因为搀和政治的强大理由依然有效。因此,哲人应当对城邦做什么,这仍是一个开放的问题,一场未完成的讨论的主题。但是,这一不可能由讨论的辩证法解决的问题,可由历史的、更高的辩证法得以解决。对我们过去的哲学研究表明,哲学绝非没有政治效果,它已经彻底变革了政治生活的品质。人们甚至有权利说,单是哲学观念就产生了重大的政治影响。[128]世界的整部政治史除了是一场朝向普世同质国家的运动,还能是什么?这场运动中决定性的阶段是僭主们或统治者们(比如亚历山大大帝和拿破仑)的行动。但这些僭主或统治者过去是、现在还是哲人们的学生。古典哲学创造了普世国家的观念。现代哲学作为基督教的世俗化形式,创造了普世同质国家的观念。另一方面,哲学的进步以及最终锤炼为智慧,要求对以前的政治国家的"积极否定",也即要求僭主的行动:只有当"所有可能的积极的(政治)否定"产生效力并从而到达政治进程的最后阶段,对智慧的追求才能够并将让位于智慧。

我不必分析科耶夫对西方世界历史的勾勒。这一勾勒似乎预设,其本要证明的论题是真理。无疑,科耶夫从这一勾勒得出的结论的价值完全取决于这一假设是否是真理:即普世同质国家是绝对最好的社会秩序。按科耶夫的构想,绝对最好的社会秩序是每个人在其中得到完全满足的国家。如果一个人作为人的尊严得到普遍承认,如果他享有"机会的平等",亦即受到国家或全体礼遇的、对应于其能力的机会,他就会得到完全满足。但是,即便在普世同质国家中,确实没人有什么充分的理由对它不满或否定它,那也不能由此推论说,每个人事实上都对它感到满足,也从没想过积极否定它,因为人们并不总是理性地行动。科耶夫难道不是低估了激情的力量?他难道不是没有根据地相信,由激情引发的运动最终会产生理性的效果?此外,人们也有非常充分的理由对普世同质国家感到不满。为了证明这一点,我必须引用科耶夫在《黑格尔哲学导论》(*Introduction à la lecture de Hegel*)中更为广博的阐述。满足感分为不同的程度。即便卑微的公民作为人的尊严得到普遍承认,享有与其卑微的能力和成就相应的各种机会,他的满足也不能与国家首脑的满足相提并论。[129]只有国家首脑"真正得到了满足"。只有国家首脑"真正自由"(页146)。黑格尔难道不是大致说过,在其中只有一个人自由的国家是东方专制国家?因此,普世同质国家难道不就仅仅是一个全球性的东方专制主义?不管怎样,没什么能保证现任的国家首脑比其他人更胜任这个职位。其他人因此就有非常充分的理由表示不满:一个国家不平等地对待平等的人,那它就是不义的国家。从普世同质的君主制转变为普世同质的贵族制似乎就合情合理。但我们不能就此打住。普世同质国家作为主人和奴隶的综合,是从事劳动的战士或从事战争的劳动者的国家。实际上,其所有成员都是战士兼劳动者(页114,116)。但如果国家是普世同质的,"战争与革命也就成为不可能"(页145,561)。另外,严格意义上的劳动即对自然的征服或驯化已经完成,否则,普世同质国家便不能成为智慧的基础(页301)。当然,有一种劳动仍会继续,但最后的国家的公民将尽可能少劳动,科耶夫明确援引马克思并指出了这一点(页435)。借用某人近期在上议院(House of Lords)类似场合下的说法,最后的国家公民只是所谓的劳动者,出于礼貌的劳动者。"不再有战斗或劳动。历史已经走到了终点。已没有什么可做的"(页385,114)。若不存在下面的事实,这一历史的终结将会最令人振奋:在科耶夫看来,人之所以能提升到野兽之上，正是因为参加血腥的政治斗争，参加真正的劳动或宽泛地说否定性的行动（页 490 - 492, 560，页 378 注）。因此，那个据说让人得到了合理的满足的国家，就是人之人性的根基在其中凋零的国家，或说是人在其中丧失其人性的国家。这是尼采所谓"末人"的状态。科耶夫实际上肯定了古典的观点：无限制的技术进步及其附属物是普世同质国家必不可少的条件，但它们会毁灭人性。也许有可能说，普世同质国家注定要来临。但当然不可能说，人能合理地满足于普世同质国家。如果普世同质国家[130]是历史的目标，历史便是绝对"悲剧性的"。历史的完成将显明，人的问题因而特别是哲学与政治的关系问题是无法解决的。千百年来，人们只是无意识地朝着普世同质国家前行，为之付出不尽的汗水、斗争和苦痛，却总是一再抱着希望。一旦抵达旅程的终点，人们就认识到，借由抵达终点，他们业已毁灭了自己的人性，并由此重返历史的前人类开端，就像经历了一个轮回。Vanitas vanitatum[虚荣的虚荣]。① Recognitio recognitionum[承认的承认]。不过，只要人的天性未被完全征服，也就是说，只要太阳和人仍旧生养人，我们就没有理由绝望。总会有一些人（andres）起身反抗这个毁灭人性的国家，或者说这个在其中不再可能有高贵的行动和伟大的功绩的国家。这些人可能被迫落入一种对普世同质国家的单纯否定、一种不受任何积极目标指引的否定、一种虚无主义的否定。一旦普世同质国家变得不可避免，这一虚无主义的革命或许就是唯一为了人之人性而采取的行动，唯一可能的伟大而高贵的功绩，虽然它可能注定要失败。但没

---

① [译按]原文语出《旧约·传道书》拉丁译本：vanitas vanitatum dixit Ecclesiastes vanitas vanitatum omnia vanitas[传道者说：虚空的虚空，虚空的虚空，凡事都是虚空]。vanitas 一词既表示"虚空"，也含有"虚荣"的意思。施特劳斯在这里（以及下句）显然化用了科耶夫倡导普世同质国家所依凭的黑格尔哲学中的"承认"概念及其背后的"虚荣"激情。《传道书》中译据和合本，感谢徐卫翔教授提供对两句拉丁文的诠解。

人能知道其将成功还是失败。我们对普世同质国家的运作知道得太少,所以还说不出它会在何时何地开始衰败。我们知道的只是它迟早会消亡(见恩格斯,《路德维希·费尔巴哈》[Ludwig Feuerbach],Hans Hajek 编,页6)。有人可能反驳说,成功反抗普世同质国家所造成的结果,只会是开始重复从原始游牧部落到最后的国家的同一历史进程。但是,这一进程的重复——人之人性的一个新的生命周期——难道不比非人的终点的无限持续更为可取?尽管知道四季交替,尽管知道冬天会再次来临,难道我们就不享受每个春天了吗?的确,科耶夫似乎为普世同质国家中的行动留了一条出路。在这个国家中,争夺政治领导权的斗争仍不能摆脱死于非命的危险(页146)。但这种行动机会只为极少数人保留。另外,这一前景是不是有些骇人听闻:在这个国家中,人之人性最后的避难所[131]是以宫廷政变的特别卑污的形式进行的政治暗杀?所有国家的战士和劳动者团结起来,趁着还有时间,去阻止"自由王国"的到来。竭尽全力保卫"必然王国",如果它需要保卫的话。

但是,构成人之人性的,也许既不是战争也不是劳动,而是思考。也许人的目的不是承认(许多人可能沉湎于承认的力量中,承认的力量使人满足于它在普遍性中获取的东西),而是智慧。普世同质国家的来临是智慧来临的必要条件和充分条件,也许正因为这一事实,普世同质国家才获得正当性:在这最后的国家中,所有人都会合理地得到满足,他们将会获得真正的幸福,因为所有人已经获得或将要获得智慧。"不再有战斗或劳动;历史业已完成;已没有什么可做的":人最终摆脱了所有的劳苦,可以从事最高最神圣的活动,可以思索不变的真理(科耶夫,前揭,页385)。但是,如果最后的国家是要满足人灵魂最深的渴望,每个人必定要有能力变得智慧。人与人之间最重大的差异必定事实上消失了。我们现在理解科耶夫为何如此迫切地反驳古典的观点了,因为这种观点认为,只有少数人有能力追求智慧。如果古典作家是对的,在普世同质国家中只有少数人会真正幸福,因此也只有少数人在普世同质国家且通过普世同质国家得到满足。科耶夫本人注意到,在最后的国家中,普通公民只得到"潜在的满足"(页146)。所有人的实际满足是不可能的,虽然它被说成是历史的目标。我推测,正是由于这个原因,科耶夫所构想的最后的社会秩序是一个国家(a State),而非一个无国家的社会:国家或强制性政府不能消亡,因为所有人得到实际满足是不可能的。

　　古典作家认为,由于人的天性的弱点或依赖性,普遍的幸福是不可能的,所以古典作家并未梦想过历史的完成,因此也没梦想过历史的意义。他们用自己的心灵之眼看到一个社会,在这个社会中,人的天性能够达到的那种幸福在最高程度上将是有可能的:这个社会就是最佳[132]政制。但正因为看到人的力量如此有限,古典作家便认为最佳政制的实现取决于机运。现代人不满足于种种乌托邦并鄙弃它们,他们试图找到一个能够担保最佳社会秩序实现的东西。为了确保成功,或说为了能够相信自己会成功,现代人不得不降低人的目标。降低人的目标的一个形式是,用普遍承认取代道德德性,或用源自普遍承认的满足取代幸福。说古典解决方案是乌托邦的,是指它的实现不大可能。说现代解决方案是乌托邦的,是指它的实现绝不可能。古典解决方案提供了一个用以评判任何现实秩序的稳固标准。有一个标准独立于现实状况,现代解决方案最终摧毁的正是这一观念。

　　似乎有理由假定,在普世同质国家中,只有少数公民(如果有的话)是智慧的。但是,智者和哲人都不渴望统治。且不说其他,单凭这个原因,普世同质国家的首脑,或者说普世的和最后的僭主,将会是一个没有智慧的人,正如科耶夫似乎认为理所当然的那样。为保住自己的权力,这位僭主会被迫压制一切可能导致人民怀疑普遍同质国家的本质健全性的活动:他必须压制哲学,把哲学看作是企图败坏青年。尤其是,为他的普世国家的同质性着想,他必须禁止所有这样的教诲、所有这样的暗示:人与人之间存在着自然差异,这些差异在政治上相当重要,不断进步的科学技术无法消除这一差异或使之失效。他必须命令他的生物学家们证明,每个人都具备、或会获得成为哲人或僭主的能力。反过来,哲人们将被迫为他们自己或哲学的事业辩护。因此,哲人们将不得不努力影响僭主。一切似乎是旧戏重演。但这一次,哲学的事业从一开始就失败了。因为,这最后的僭主把自己装扮成一位哲人、最高的哲学权威、唯一正确的哲学的最高解释者、由唯一正确的哲学授权的执行者和刽子手。因而他宣称,他迫害的不是哲学,而是错误的哲学。对哲人来说,这并不是全新的经历。[133]在以前的年代,如果哲人面对着这类宣称,哲学会转入地下。哲学会在表面的或显白的教诲中顺应统治者们毫无依据的命令,这些统治者相信他们知道自己实际并不知道的东西。不过,即便哲学非常显白的教诲也会引导潜在的哲人走向永恒的、未解决的问题,从而破坏统治者们的命令或教条。由于以前不存在普世国家,如果无法忍受僭主治下的生活,哲人们可以逃到其他国家。但在普世的僭主治下,无处可逃。由于对自然的征服,由于毫无羞耻地用怀疑和恐怖取代了法律,普世的和最后的僭主实际上有无数的手段来侦察和消灭朝向思考的最温和的努力。科耶夫这样说似乎是对的,尽管基于错误的理由:普世同质国家的来临将是哲学在世上的终结。①

---

① [译按]按照《论僭政》收录的"重述色诺芬的《希耶罗》"的版本,此段并非结尾,之后还有一段文字。施特劳斯在这里省略掉了最后一段。

五 法拉比如何解读柏拉图的《法义》

程志敏 译　张 缨 校

[134] 法拉比（Fārābī）对柏拉图《法义》（Laws）的简短概要，包含一篇前言和九个章节（或九篇"讲辞"）。① 每一章都针对《法义》的一卷。法拉比说他只见到过《法义》的前九卷，而没有见到过后面几卷。法拉比断言，据某些人说，《法义》有 10 卷，而据另外一些人说，《法义》有 14 卷（43.5 – 13）。法拉比没有提到的那个正确的数字，恰好是 10 和 14 的中间数。无论这件事情应该如何理解，法拉比肯定没有概述过《法义》的第 10 卷，也就是柏拉图最绝妙的（par excellence）神学论述。

法拉比的前言由三部分组成：一个一般性说法，一个故事，以及把这个一般性说法和那个故事所传递出的经验教训运用到如何解读柏拉图《法义》的问题上。我们可以把这个一般性说法概述[135]如下。让我们姑且把那种已形成辨识并获得有用事物的习惯的人，叫做"见识卓越的人"（men of judgment）。他们在观察和对观察的恰当评价中形成那种习惯。对观察的恰当评价即在于以一些特定事例的观察为基础，形成真正普遍的判断。在特定事例的观察

---

① 圆括号和注释中的数字指法拉比 *Compendium Legum Platonis* 的 Gabrieli 本的页码和行数（Alfarabius, *Compendium Legum Platonis*, edidit et latine vertit Franciscus Gabrieli, London, 1952）。阿拉伯文本（包括评注性的附录）共有 41 页。马迪博士（Dr. Muhsin Mahdi）审读了我对阿拉伯文的翻译，对此嘉意，表示感谢。

之基础上形成普遍的判断,这是所有人的天性。譬如说,假设某人说了一两次真话或经常说实话,那人们自然就会断定他是一个笃诚君子,断定他总是说真话。但这一类判断,不管多么自然而然,都不必然为真。见识卓越的人已见识到人们习于做出毫无保证的概括这一天性,他们,也就是那些见识卓越的人,对这种观察做出恰当的评价。在这种评价的基础上,他们的立身行事就会总是瞄着那些有益的东西:他们有时以某种特定的方式行事,就导致公众错误地断定他们会总以那种方式行事,久而久之,如果他们偶尔不同地行事,也会逃过公众的眼睛。背离会被看成[常规的]重复(3.1-17)。

法拉比在阐明这个一般性说法的时候,讲了一个故事。从前有一个虔诚的修道者,也就是一个为了禁欲和谦卑而放弃和戒除了(尘世生活)的人,或者说一个习惯于有意识地愿苦不愿乐的人(另参27,9-10)。此人以正直笃实、得体合宜、苦行修持和虔心敬神而名称于世。尽管如此,或正因为如此,他还是招致了城邦暴虐统治者的敌视。出于对统治者的惧怕,他渴望逃逸。统治者下令拘捕他,而且为防止他逃跑,还命令所有城门严加盘查。这位虔诚的修道者搞到一套也许适合其目的的衣服,穿在身上;而他是怎样搞到那套衣服的,故事里没交待。然后他手里拿着铙钹,装出醉醺醺的样子,和着铙钹的节奏,一路走一路唱,夜幕初上时分来到城门前。当守门人问他"你是谁"时,他以嘲弄的语调回答说,"我就是你们要找的那个虔诚的修道者"。守门人认为是在拿他开玩笑,就让他过去了。于是这个虔诚的修道者言语上并没有撒谎,也安然逃出来了(4.1-9)。

我们且在那个一般性说法背景下来思考这个故事,并在故事的背景下思考那个一般性说法。故事的主人公是一个见识卓越的人,但却是特殊的见识卓越的人:[136]这个见识卓越的人碰巧还是个虔诚修道者。于是他就树立起了自己作为一个德性高洁、信仰坚定的人的品质特征。他就渴望在行动中救自己一命:他就会恰当地按照有益于自己的方式行事。他要救自己一命,要逃出去,就必须让人认不出自己来:他不会像一个虔诚修道者那样打扮和行事;在这个独特的场合,他要以不同于人们所知的方式行事。而且他背离惯常的举动,还会被人认为与他惯常的举动完全一致:公众会认为如此这般行事的人绝不可能是那个虔诚的修道者。而且,对得体(decency)有着严格观念的公众迟早会发现,那个靠不适合虔诚修道者的方式而逃逸的人,正是那个虔诚的修道者,在此之后,公众仍然还可以说,他在至关重要的方面并没有背离他的惯常举止:他的言语并没有撒谎。于是乎,绝对的诚实对于一个虔诚的修道者来说,似乎就是很必要的了。无论这种情况会是什么样子,公众在至关重要的方面却搞错了:那个虔诚的修道者在行动上撒了谎。他在言语上没撒谎,是他行动上撒谎的组成部分。正因为他在行动上撒了谎,他才能够免于在言语上撒谎。在那个虔诚修道者表面上不适当的行为举止为什么不是不合适的问题上,公众也搞错了:那个行为因强迫和迫害而成为正当的(另参14.17 - 15,3)。与其他事情比较起来,这个故事不管怎样都表明了,我们可以安然无恙地说出一个非常危险的真理,如果是在恰当的环境说出来的话,因为公众会依据该环境的习俗的和想当然的意义,来诠释绝对意想不到的话语,而不是依据言语的危险特性来诠释环境。

那个一般性说法和故事的明确目的,就是要让一个特殊的见识卓越的人即柏拉图的行为变得可以理解。柏拉图这样做是对的,即他本人并没有允许自己以貌似的慷慨向所有人揭示科学,而是用暗示的、模棱两可的、误导性的和晦涩的言辞来呈现科学,以免科学失去自己的特性或被误用。柏拉图以上述方式说话和写作而著称,这已成为了一个常识性的甚至普遍的看法。因此,当柏拉图没有做任何隐藏地表达一个想法时,就像他有时所做的那样,他的读者或听众就假定,在这些情况下柏拉图的言辞也是暗示性的,表达了某种[137]与明确而不含糊地(explicitly and unambiguously)说出的东西相异或者相反的东西。"这就是他的著作的秘密之一"(4.10 - 16)。

作为一个见识卓越的人，柏拉图恰当地行动，为的是有益的东西，尽管他很少想到对自己有益的东西，更多地想到对科学或者科学在城邦和国家中的存在有益的东西。他给自己确立了一个这样的特征，即他是一个从不明确而清楚地说出他对最高问题之所想的人。这样一来，他就能够让自己有时也明确而清楚地说出他对最高问题之所想：人们不会把他明确而清楚的说法当一回事。

我们必须在虔诚修道者的故事中来理解这一点。柏拉图不是一个虔诚的修道者。尽管虔诚的修道者几乎总是明确而不含糊地说出自己的想法，但柏拉图却几乎从来不明确而清楚地说出他自己的想法。但柏拉图与那个虔诚的修道者却有着某些共同的地方。有时两人都被迫说一些对自己和对别人都很危险的真理。因为他们都是见识卓越的人，他们在这样的情形下都以同样的方式行事；他们恰当地绕着弯子来说那个危险的真理，结果人们就不会相信他们所说的。柏拉图正是用这种方式写下了《法义》(4.18 - 19)。

法拉比决心揭示或挖掘柏拉图在其《法义》中所暗示的某些思想，或者如法拉比还说过的，决心揭示或挖掘出柏拉图在《法义》中有意要解释的某些思想(4.19 - 20;43.6 - 9)。因为"暗示某个想法"就意味着，并不真正地解释那个想法，而只不过有意解释它而已。这个意图是否能够实现，主要不是取决于作者，而是取决于读者。必须从法拉比无条件同意柏拉图的隐秘原则(principle of secretiveness)的角度，来理解法拉比的决心。正如在他之前的柏拉图一样，法拉比也没有允许自己以表面的慷慨，而试图帮助所有人获得知识，而是利用了某种隐秘的方法(secretiveness)，这种方法可由出乎意料的和不可思议的坦诚而得到缓和或加强。法拉比的决心相应地就有了两重性：他对《法义》的概要就意味着"为欲知《法义》诸君之一助，并足飨那些不能胼胝于研究和沉思之辛劳的人"(4.20 - 21)。那些渴望知悉《法义》的人，形成了一个阶层，这个阶层不同于那些不能[138]胼胝于研究和沉思之辛劳的人。那些人有微弱的意愿(velleity)渴望知悉《法义》，可又不能承受胼胝于研究和沉思之辛劳,这种渴望必然会变成一种厌恶,因为没有研究和沉思的辛劳,就不可能获得《法义》的知识。相应地,法拉比的《概要》(Summary)就是故意具有两重意思。人们在表述这一类著作的两重性时,可以把那些著作同马背上的人相比较:表面上看起来是整体的东西,由一个有洞察力却又较慢的支配者(ruler),和一个较快却又不那么有洞察力的接受者(subject)所构成,而且那个表面上的整体既极适于出乎预料的攻击,又极适合于逃命。

　　法拉比的《概要》由那些思想的暗示(allusions)所组成,正如他所认为的,柏拉图在《法义》中已经暗示过那些思想了。对于那些在柏拉图的暗示中得不到同样助益的人来说,法拉比的暗示就意味着有助益了:对柏拉图同时代人可理解的那些暗示,对法拉比的同类同时代人来说,并不同样是可理解的。除非人们承受了仔细研究法拉比明确说出的内容的辛劳,否则就无法领会他的暗示。但既然法拉比是隐秘的,对他明确说出的内容的研究,就必须把他没有说出的东西考虑在内。人们在着手研究他的《概要》时,应该首先考虑他在那部著作中没有提到的东西里面,哪一个是最重要的问题。由于法拉比已写下了一部与《概要》相伴的著作:《柏拉图的哲学,从头至尾的各个部分及其地位》(The Philosophy of Plato, its parts and the ranks of its parts, from its beginning to its end),他就使得我们能够回答那个问题。据《柏拉图的哲学》,幸福的充分必要条件,或者人的终极完满性,就是哲学(§§1.16-18)。《概要》只字未提哲学,"哲学"与"哲人"的字眼,或者由之推导而来的词,都没有出现在那部书中。① 据《柏拉图的哲学》,哲学是关于所有存在物的本体的科学(§2),但《概要》,这部以对哲学只字未提为特征的著作,全然避开了"存在物(beings)"一词,"实体(substance)"一词也只用过一次(32.22;另参15.11以下)。"哲人"必然被理解成 jamhūr

---

① 提到柏拉图时,用的是 al-hakīm[智者](4.10;29.7;43.7)。另外亦见于3.9和7.4。

[庸众]的对立面,但以对哲学只字未提为特征的《概要》,避开了[139]jamhūr 一词(另参20.5)。要理解《概要》对哲学的只字未提,人们得考虑《柏拉图的哲学》对其他问题的相应缄默。《柏拉图的哲学》教导说,哲学是幸福的充分必要条件。据《概要》来看,情况似乎更应该是:幸福来自对神法(divine law)或诸神的遵从(对勘12.17 – 18 和16.14 – 15 与6.17 – 19)。不管怎样,《概要》频频说道真主(God)、诸神(gods)、另世的生活、启示律法(shari'a)和神法,而《柏拉图的哲学》对这些问题全然不置一词。《柏拉图的哲学》和《概要》的关系,反映了哲学和神法的关系,也就是两个全然不同的世界的关系。

在《概要》最后一章的开头处,法拉比说,到那为止,也就是到《法义》第八卷的末尾为止,柏拉图已经讨论了法律的"根基(the roots)",以及立法者需要大大关注的问题,也就是"法律本身(the laws proper)及其根基"(40.21 – 22)。与立法者有所区别的是,柏拉图的根本问题,似乎是法的根基,而不是法律本身。法拉比在描述柏拉图处理根基的方式时,用了 takallama[讲述;to speak]这个说法。在另一个场合,法拉比明确比较了立法者所采用的讲话方式(the way of speaking)——毫不含糊的命令式,与穆台凯里木(mutakallim[教法学家])所采用的讲话方式——一种讨论的方式,而这种讨论方式并不必然能摆脱自我矛盾(24.3 – 7;另参34.22 – 35.3)。从词根 klm 而来的派生词极其频繁地出现在《概要》中(我认为有26次)。另一方面,这些派生词却全然不见于《柏拉图的哲学》。正如法拉比在其他地方所解释的,凯拉姆(kalām),或曰律法或宗教根基的讨论,就是界定律法或宗教的技艺。我们将冒昧地把《概要》和《柏拉图的哲学》的关系描述如下:《柏拉图的哲学》呈现了柏拉图的哲学,而《概要》则呈现了柏拉图的凯拉姆艺术(his art of kalām)。这个结论显然不与该事实相矛盾,即在法拉比看来,柏拉图从《法义》第九卷起,就开始解释那些属于法律根基的东西(40.22 – 41.2)。我们的结论为如下事实进一步确定,[140]即只有在《概要》的第九卷,也就是要再现《法义》第九卷内容的那一卷,法拉比才提到了另世的惩罚(42.20;43.2)。从这里,我们不难看到法拉比会如何阐释《法义》的第十卷,如果他曾阐释过那一卷的话。①

还有另一个问题,法拉比没有在《柏拉图的哲学》中提到,尽管他在《概要》中相当频繁地提到了。在《柏拉图的哲学》中,法拉比从未提到过自己。在那部著作中,法拉比说了三次"我们",但他那里的意思是"我们人类"(§§8-9)。然而,如果我没弄错的话,法拉比在《概要》中五次以单数形式、二十一次以复数形式说到了他自己。正是主要出于这个原因,可以说《概要》比《柏拉图的哲学》更具"私人性"(personal)。

初次阅读,以及在任何肤浅的解读中,《概要》看起来都像一本卖弄学问、平淡无奇和木头木脑的作品,到处充斥着琐碎或乏味的评论,对柏拉图哲学表现出令人吃惊的缺乏理解。法拉比不仅对柏拉图的许多思想几乎只字未提,反而把很多在《法义》中找不到的东西归诸柏拉图。初看上去,人们会得到这样的印象,法拉比是在尽其所能对《法义》的内容进行单纯的叙述,对《法义》讨论的问题进行简单的列举:"他([译按]指柏拉图)解释了 A;他然后解释了 B;然后他解释了 C……"。《概要》的这种表面特征着实让人惊讶,因为法拉比假定——正如他逐渐揭示出的——《法义》对《概要》的读者来说,是容易搞得到的,虽说不上是手边现成的。有一次法拉比走得更远,甚至解释起柏拉图的一个表达法,而法拉比在概述相关段落时却没有用那个表达法(12.1-2)。《概要》开篇就相应地暗示说,本书与其说是概要,不如说是解释(explanations),是简明的和直截了当的解释——例如,解释《法义》首句中"原因(cause)"的含义或"宙斯"的含义(5.2-4)。然而,这一类解释却极少出现。法拉比主要关切的毋宁是要列出柏拉图的目的,而柏拉图本人却没

---

① 另参《法义》887b5-c2,890d4-6,e6-7,891a5-7。

有列出,例如,柏拉图在讨论一个特定论题时的目的。① 此外,[141]再瞥一眼《概要》时,就会发现这部著作比初看上去时,似乎远不那么单调。法拉比在相当多的例子中,都吐露出对柏拉图观点的赞成,或表现出对《法义》其他特征的嘉许,而且法拉比以大量不同的方式如是表达。如下几组说法显然不是一回事,即说柏拉图在持有或提出某种观点时是正确的(4.13;7.20;9.8;16.7-9),与说柏拉图证明了某个观点(19.5);说柏拉图提到了一个有益的问题(11.5;21.5;27.18;32.3,32.22)甚或是一个极其有益的问题(42.20-21),与说他提到了一个问题,而关于这个问题的知识是有益的(42.10);说柏拉图滔滔不绝地讨论了一个问题(26.7-8;27.7-8;31.2),与说柏拉图极为简练地讨论了一个问题(27.22-23;35.6;42.21-22)。那些能够胼胝于研究和沉思之辛劳的读者,并因此注意到了表达方式的变化,就会被迫提出这样的问题:法拉比是否同意他没有明确表示赞成的柏拉图的那些说法?法拉比对于自己未曾说柏拉图已经证明了的那些说法究竟会怎么看?有些东西从主题上看是有用的,而关于它们的知识也许没有用,我们该如何理解那些东西?对有些柏拉图的论题(Platonic subjects),法拉比并没有说它们是有用的或美好的(19.12),也没有说它们是精妙的(31.23;36.21),他对这些论题根本就没有予以描述,不然也只把它们限定为"其他论题"(16.22;22.3,5),对这些论题,法拉比究竟是怎么看的?

  法拉比由此暗示说,柏拉图绝没有"解释(explained)"他自己在《法义》中触及的所有论题。据说柏拉图在很多情况下都只是"说(said)"了某事,或者"提到(mentioned)"了一个论题,或者"提示(intimated)"了一个想法,或者只是"暗示(alluded)"了那个想法,或者"着手解释(undertaken to explain)"它,或者"开始解释"它,或

---

① 尤其另参40.17-19,以及前面的相关部分,也就是12.1-2;17.15-16和28.10-11;亦可参看5.4-5与5.2-4。

者"渴望解释它"(比如,可参29.19;30.5;31.11,22;尤其对勘26.2
-3与25.20和26.7-8)这样一来,《概要》的主要作用可以说成是
要阐明柏拉图各种说法的性质和重要性(character and weight)的区
别,而在那些没有识别能力的人眼中,柏拉图的所有说法似乎都具
有同样的性质和重要性。就在全书开头处,法拉比说柏拉图曾提示
对法律的审查是正确的,他说柏拉图曾解释:法律"比所有智慧都更
高明",还说柏拉图曾审查过闻名于他的时代的那种法律的具体条
款。在第四章中,法拉比陈述了柏拉图[142]在"着手解释僭政问
题"时所说的话,而在第五章中,法拉比陈述了柏拉图在"提到另一
个有用的论题"时,也就是他极其简洁地讨论该论题时所说的话。
在第一个陈述中([译按]即第四章),法拉比宣称,僭政在用来统治
奴隶和邪恶的人时,就是好的,而如果用来统治自由民和有德性的
人,那就是坏的;在第二个陈述中,他又说僭政是神法不可分割的序
曲,理由有二:一是为净化某类邪恶之人的城邦所需,二是希望这些
邪恶之人会成为好人的做尤和警示,使好人轻松愉快地接受那些把
自己比附为(assimilate)神(God)或神们(gods)①的人所制定的法律
(22.16-23,3;27.18-23)。② 在第八章的开头,"提到"一词出现
了5次,并且与本书开头处柏拉图对同一问题另一方面的"暗示"作
了对比。③ 既然法拉比老是说他是在概述柏拉图仅仅暗示或提示
或开始解释的东西,那么人们指望着仅仅盯住《法义》的相关段落,
以便在那里找到法拉比从中挖掘出来的思想,那就不近情理了:柏
拉图在《法义》中明确地说出的东西,与法拉比在《概要》中明确地
说出的东西之间,必定有着巨大的差异。

我们还进一步注意到,"然后(then)"一词出现在《概要》中时,

---

① [译按]God和gods在柏拉图和法拉比那里都有着明确区别。
② 另对勘18.3-5与12.18-13.1和18.10-14;20.18-22;21.11-13。
③ 36.27-37.2;参8.7-10和12.3-15。另参第七章中"提到"一词的
用法。

其规律性并不是愈来愈弱。这些"然后"分布得不规则。有些部分每个句子都以"然后他……"为开头,但也还有比较而言相当多的章节,那个公式化的表达法一次都没有出现于其间。① 这个观察结果很容易让我们过渡到一个更有启发性的观察结果上,即,有时不可能说出何处是对柏拉图的所作所为进行所谓的叙述终止的地方和法拉比的独立阐述[143]开始的地方,也就是不再声言仅仅是再现柏拉图思想的地方。在第四章末尾,法拉比再现了柏拉图的思想,说法律需要序曲或者说 prooemia[前奏]。但当他添加评议说,有三种这样的 prooemia,也就是偶然的、强加的和自然的 prooemia,从而附带也就排除了理性的 prooemia 时,法拉比并没有说这种区分是得自于柏拉图。②《概要》的正文出现了几个法拉比以第一人称形式(或单数或复数)说话的地方,由此就引我们注意他的话与柏拉图的话之间的区别。法拉比在说"我们已描述过的"一个怀疑时,就在引我们注意他对那个怀疑的描述与柏拉图的描述之间的区别。法拉比在说"我们已列举过的那些"时——已列举过的那类东西之一就是"穆台凯里木",他是要表明:柏拉图并没有说过 Mutakallim[教法学家],尽管事实上法拉比刚刚才说了柏拉图的确曾提到过 Mutakallim(24.3-7);就在那一段中,法拉比解释说自我矛盾与"凯拉姆"的特性并非不相容。在第八章末尾,法拉比似乎把"他所提到过的所有这些东西"与"我们已说过的他的意图"作了一番比较(另亦见于 30.19-20)。如果我没搞错的话,法拉比绝少使用的表达法"他[柏拉图]说"所指涉的说法,在柏拉图的文本中只

---

① 比如,可参看 5-6;比如还可见 28.11-15 与 28.15-29,17。"然后他……"这个表达法平均每六行出现一次;在第二章中出现得最少(每 12 行才出现一次),而在第七章则出现得最频繁(每四行就出现一次)。唯在第二和第七章中,未曾出现"他提到了一个有用(或美好,或精妙)的问题(或思想)"之类的表达法。这并不是要否认法拉比曾在第二章中说歌唱的艺术真的很有用。

② 另亦见于,如 7.4-7;12.16-13.13;16.13-19;37.9-14。

能找到三分之一。

概而言之:在法拉比明确说过的东西与柏拉图明确说出的东西之间,存在着巨大的差异;经常都不可能判断,哪里是法拉比对柏拉图观点所谓的叙述终止的地方,哪里是他自己的阐述开始的地方;而且法拉比并不是经常表露对柏拉图观点的赞同。当我们考虑到法拉比的叙述中那个最让人吃惊的完全背离其模式的例子时,我们才开始懂得《概要》的这些特征。这个例子就是第七章,它的本意是要再现《法义》第七章的内容,也就是人们在所谓的原材料中几乎不能找到一条线索的内容。编纂者①就第七章的一个部分说道:

> 用这样一种写作方式(即完全不关心柏拉图的希腊背景),法拉比似乎让我们看到了穆罕默德本人曾论及的那种古老的先知律法[In hoc praecepto conscribendo, quod apud graecum Platonem omnino deest, videtur Alfarabius Mahometi ipsius rationem de priorum prophetarum legibus ante oculos habuisse]。

这位编纂者还注意到,尽管是在不同的语境中,法拉比[144]对伊斯兰的律法和柏拉图的法律之间的根本区别丝毫都没有看走眼。② 我们开始想知道:如果考虑到法拉比对伊斯兰教与柏拉图的哲学政治学(philosophic politics)之间的根本区别是有清醒意识的,那么《概要》的那些让人困惑的特征是否还不能得到哪怕部分理解。法拉比可能已重写(rewrite)了《法义》,仿佛他着眼的是伊斯兰教或一般而言启示宗教的崛兴所造成的形势。通过使柏拉图原意(purpose)的表达适应新的载体,法拉比可能已尽力保留了柏拉图

---

① [译按]指法拉比《概要》一书的编纂者 F. Gabrieli,这位编纂者还把该书译成了拉丁文。

② 拉丁文译本第 27 页的注释;前言(Praefatio),第 X - XI 页。

的原意。法拉比因着眼于有用的东西而渴望举止合宜,他可能也渴望把柏拉图学说的修正版归在故去了的柏拉图名下,以便保护那种修正版,或者保护一般而言的科学,这一点从如下做法中尤其可见:在是否同意自己笔下的柏拉图所教导的每一件事情这个问题上,法拉比悬而不决,他也没有在[对柏拉图文本的]单纯转述与自己独立的阐述之间划一条明确的界线。

《法义》并非是一本人们对其内容可以单纯地予以认识而不走样的书,或者说,它并非一本人们只能用于激起自身的高贵情感的书。《法义》包含了一种断言为真的教诲,也就是对任何时间都有效的教诲。每一个严肃阅读《法义》的人都得面对这个断言。中世纪每一个穆斯林读者都曾面对过此断言。他至少能够以三种方式来面对。他可以力证柏拉图完全缺乏启示所提供的引导,从而拒斥柏拉图的断言。他可以用柏拉图的准则来判断或批评特定的伊斯兰制度,即便不是用其来彻底拒斥伊斯兰教。他可以力证,伊斯兰教,也只有伊斯兰教,才达到了柏拉图所设定的真正准则,在此基础上他才能对伊斯兰教的内容和起源这两方面进行纯粹理性的(purely rational)辩护。

法拉比相当清楚,希腊的各种法律和伊斯兰律法之间有着至关重要的区别。他在第二章接近尾声时说道:

> 歌唱的艺术对希腊人来说有着非凡的重要性;立法者对之予以无上的关切;那种艺术的确很有助益……

紧接着的下一部分,法拉比提到了这样的事实,同样的制度为一种法典所用,而又为另一种所弃,法拉比还解释了在哪种条件下,这种变化才不会招致反对。在第六章末尾,法拉比说任何时候都有必要照管好音乐家的头儿,但这种关照"在那些时候"却尤为强烈。[145]但法拉比也同样非常清楚,在另一些并非不那么重要的方面,希腊法律和伊斯兰律法之间没有任何区别。比如说,法拉比在最后一章的末尾就注意到,柏拉图已经讨论了那个问题,即一个人除法律而外一无所知而且除了法律所要求的以外什么也不做,这个人算不算得是有德性的(virtuous)人,而且人们对这样的问题"仍然是见仁见智"。法拉比在第三章末尾写道:

> 他开始解释说,法律的制定、破坏和恢复,不是这个时代才有的新鲜事,而是过去曾有,将来还会发生的事情。

法拉比似乎用"这个时代"来指他自己那个时代,尽管不仅仅是他的生平所在的时代。紧接着法拉比就概述了柏拉图对"神法"(the divine law)的产生以及消亡所做的自然解释(另参 18.14)。法拉比对自己时代所做的一个评论可以被认为是柏拉图对自己的时代做过的评论,单是这个可能性就迫使人们去猜想,法拉比是否思量过要把柏拉图就每一种制度都会自然开始并必然消亡所说的话,用在伊斯兰教身上。说法拉比并不明确地赞同柏拉图的论点,或者说法拉比没把柏拉图的论点描述成有益的和美好的,这样的回答并不充分;同样,援引法拉比对一个新的政治社会在制定法律中运用谋略或曰计谋的独立讨论(30.5 – 20),或者暗示柏拉图的论点与"恒有抑或创生(eternity or creation)"问题上明显的联系(17.2 以下),也都不是充分的回答。[①] 最后,我们还注意到,在第七章中,与"城邦(the city)"一词同样频繁出现的说法:"那个城邦""那些城邦"和"他们的城邦",都是模棱两可的,如第六章的一段话清晰所示(30.3)。

在如下范围内,法拉比当然同意柏拉图的看法,即法拉比也用模棱两可的、暗示的、误导性的和晦涩的言辞,来表达他所认为的真

[①] 第三章在《概要》中是唯一没有出现"在这一章中"或"在这一部分中"字样的章节。有六章的开头都出现了"在这一章中"这个说法。关于第三章的其他特别之处,参见 17.9 和 12 以及 20.5。

理。《概要》中到处都是晦涩的段落。

> 立法者有义务教导统治者和权威们应如何指导每一个人，好让他们走自己的路，也走在正道上，以免他们糟糕的[146]指导会引起反感。他提到了这个论题，并以自由民和奴隶、蜂窝里的蜜蜂和[养蜂的]人们对待它们的方式为例来解释它；他以此来指邪恶的人和懒人。(39.3-7)

编纂者相当肯定地认为"以此"意思是"以蜜蜂"。但我们看不出他对这种诠释为何如此确信。我们观察到，除了涉及邪恶的人与懒人这个对子之外，法拉比还提到了三个对子：蜜蜂与养蜂人，自由民与奴隶，立法者之道与正道。在这个观察结果的基础上，我们可提出几个问题，就从这些问题开始吧：养蜂人是否要单独照管好每一只蜜蜂？养蜂人对待蜜蜂，是不是用那种应该用以对待自由民的方法，抑或是用那种应该用以对待奴隶的方法？养蜂人的方法与立法者的方法之间有什么关系？是否有这样一种观点，由之就可把自由民看成是邪恶的人？没有人会说，仅仅研究上引那段话就能得出这些问题的答案，尽管注意到以下情况并非就毫无关联，即法拉比随后立即就约略谈及(adumbrate)任何普遍法(universal law)的内在问题，或更具体地说，对世间每一个地方都有效的法典(code)的内在问题。① 我们乐于转到另外两个段落上去讨论，我们就引用编纂者的翻译，同时把那些并没有出现在[阿拉伯原文]文本中的词强调标出。

> 狂妄的人只关心他自己和他的福祉，故为*神们*所厌恶；凡为神们所厌恶的人都不会得到他们的助佑；而没有得到*神*的助

---

① 就后一个问题，亦见于5.4-5;12.17-13.7(另参21.11-13);13.14-19r;14.11-12;16.12-15;18.16-17。

佑的人,不会留下任何丰功伟绩。然后他开始描绘他(即最好的君王或立法者)和讲述他所应该关心的事情。他说他们应该以这样的次序来行事,即首先关注肉体,然后关注灵魂,最后关注外面的那些事物。鉴于这种次序的巨大益处,他举了例子,并给予了详细的论述(23.16－21)。①

我们看不出法拉比笔下的柏拉图在这里毫不含糊地描述了一个关心外物(things)甚于关心自己幸福的人。

然后他解释说,快乐因人而异,因人的身份、自然性情和伦理习惯而各不相同。为了解释这一点,他举了勇士(英雄)和工匠的例子;因为让一种匠人高兴的事情并不一定让另外的匠人也高兴;就正当、美善和适度而言也是这样。然后他详细论述了这一主题,以便解释所有美善、丑陋的东西都是相对于他物而言的,并不是其自身就是美善或[147]丑陋。他说,如果一个人就此问那些工匠们,它们无疑会承认这一点(15.4－10)。

要阐释这一段话,就得好好想一想这样的事实,即在法拉比看来,尽管工匠们会承认正义的东西和高贵的东西之间有关联,但英雄们却似乎不会承认。这在《概要》中还不是法拉比唯一提到如下事实的地方,这个事实就是,高贵的东西属于意见的领域。或者换言之,这还不是他唯一提到勇敢、战争以及类似东西与技艺之间的根本区别的地方。② 法拉比以一种罕见的方式理解到了柏拉图的

---

① [译按]整段原文为拉丁文,感谢熊林博士帮忙译出。下一段引文亦同。
② 另参11.1－4和13－14;17.16－18,4;22.3－10;26.7－13;31.9－10;37.5－21。另参《柏拉图的哲学》,§§12(10.8－10)和14(13,2)。

如下想法,即任何普遍或绝对有效的统治行为内在包含的问题,这样的统治与好战的英雄主义之间的联系,以及下述反差带来的启发:人们一方面赞同受人鄙视的和低下的技艺,另一方面却狂热地不赞同崇高的和神圣的技艺。

这些例子表明,过于狭隘地解释法拉比的隐秘性有多么容易。他的隐秘性不仅在于对某些问题闭口不谈,而且还在于对另一些问题只在某些地方才相似地闭口不谈。我们已注意到,他在《柏拉图的哲学》中全然不谈神和神们,而在《概要》中却频频地,或者准确地说有十四次,谈到了神和神们。我们现在必须考虑法拉比在《概要》各部分中,是如何分配"神(God)"和"神们(gods)"的。在前言和整个第一章中,或者一定程度上更准确点,在前面六页中,提到"神"是提到"神们"的三倍,即,"神"提到了三次,"神们"提到了一次。往下,就只提到了"神"一次,而且提到的这一次,也是出现在对柏拉图的引用中(19.8)。法拉比本人则专说"神们"一词。我清楚地记得法拉比有一次在概述柏拉图谈到"神"的段落时,居然用"神们"来代替"神"(另参27.3-7与《法义》732c7)。甚至还有些部分,即第六、七、九章,不仅对"神"只字未提,而且对"神们"也闭口不谈。这种缄默以一系列步骤为准备,下面我们可以看看其中的一些步骤。我们从第四章开始。在概述《法义》709b-c[148](柏拉图在那里谈到"神"和"机运"[Chance]对人类事务的统治)时,法拉比仅仅保留了"机运"。① 在概述《法义》716a时,法拉比甚至没有提到柏拉图开头的说法,根据这个说法"神掌管着所有存在物的开始、结束和中间",也没有提到柏拉图紧接着的说法,即"神是万物的尺度"(23.14-16)。这在《概要》中,也许是最可惹人注目地与他对《法义》第十卷的缄默相互比勘的地方。紧接着,法拉比在概述《法义》716d-717a时,虽也像柏拉图那样提到了神们,但就像我们在上段引述编纂者对那段话的翻译所注意到的那样,法拉比的

---

① 22.11-15。另参32.5-6与《法义》757e4。

提法简略得很让人奇怪。在概述《法义》第四卷结尾处时,法拉比遗漏了柏拉图对神们翻来覆去的说法(723e – 724a)。我们在快速浏览中,已然到达《概要》最中心之处。在第五章,也就是真正中间一章的开头处,法拉比又干了与第四章结尾处完全相同的事情:遗漏了柏拉图对神们翻来覆去的而且毫不含糊的说法(726a1,3;727a1)。《概要》第五章如此开头:

> 他在这一卷中解释说,最应该关心的是灵魂,因为灵魂是最高贵的东西,从神圣者(the divine)这个级别排下来属第三级别。在各种关切中,关乎灵魂的最有价值的东西就是荣誉,因为对灵魂的轻视是很卑贱的。他解释说,荣誉属于神圣事物一类,而实际上也是神圣事物中最高贵的,灵魂就是高贵的;因此灵魂应该得到尊荣。

法拉比并没有再现柏拉图的说法,即人应该尊敬自己的灵魂,将其排在"诸神之后"(726a6 – 727a2)。法拉比似乎说的是灵魂比神圣者更低级。但他肯定说过灵魂是最高贵的东西。法拉比的意思可能是说灵魂在高贵性和尊贵性(dignity)方面高于神圣者吗?他的意思不会是说神圣者不高贵,因为他说荣誉是神圣事物中最高贵的。他的意思也不可能是说,神圣者不属于"物"(things,*ashyā* 或 *umūr*)的范围,因为他在《柏拉图的哲学》和《概要》两本书里都谈到了神圣的"事物"。《概要》中提到了下述神圣事物:神圣的德性,神圣的快乐,神圣的音乐,神圣的律法,神圣的统治,神圣的统治者,人的某类行当(occupations)。① [149]在这些说法的大多数情况中,"神圣"一词明显指称人类某种品质或人的成就或人的追求——即

---

① 7.1,2,2.3,6.7;12.8,9,15;18.14;20.11;21.21;22.19;23.5,7;25.12,16;27.5,19,22;29.15。"神圣"有七次是作为一种品质而出现在第五章中。25.10中提到"神圣"一词时,本身就是一个种类。

人的卓越性。如果考虑到神法是一位人间立法者的作品这个事实(8.18－20;22.19;29.15－17),那么就断乎不会有这样一个例子,在这个例子中"神圣"一词的意思会与我们所指的意思相异。灵魂当然不是一种品质,而是有着不同的尊贵性。我们在插入语中注意到,《概要》中的用法并不与《柏拉图的哲学》中的用法完全相异。"神圣"一词在《柏拉图的哲学》中共出现八次。该词在一个段落(§22)中就提到了七次,那个段落的部分内容叙述了柏拉图以外的人的意见。当把这个词的用法归于柏拉图时,是与"人"或"兽"作对照性使用的。法拉比在重复那一段时,用"人—兽"二分法代替了"神—人"二分法(§24)。第八次提到"神圣"一词时,本身就指一个种类:法拉比在《柏拉图的哲学》中提到一次"神圣的存在者(divine beings)"。他是在§26中提到的。而他在《概要》中却从未提到过"神圣的存在者"。在《概要》第五章后面的一个单独部分中,法拉比三次提到神们。这个部分以下述评议结束:人爱把希望寄托在神们身上,因为他着眼于为自己的存在带来更大的幸福,让自己的生活更加高贵:

> 高贵的生活有时在一个民族看来是高贵的,有时在神们看来是高贵的;人们必须考虑到这一点,并予以彻底地深思。(27.3－7)

大家会看到,这一部分并没有消除第五章开头那一段的晦涩性。至于说第六章,那是《概要》中唯一没有出现以下主题的章节:神、神们、启示律法和另世生活。因此在《概要》中,第六章就最接近于《柏拉图的哲学》。它也是《概要》中唯一出现"实体(substance)"这个词的一章。由于第六章回避了"神圣"和"宗教"等术语,因此甚至就超越了《柏拉图的哲学》。尽管《概要》的其余部分再也没有提到"神"、"宗教"和"神圣",但在第七章中又出现了"启示律法",在第八中出现了"神们",第九章出现了"另世生活"。《概要》处理另世生活的进程,在根本上与其处理神们的进程相同。第一章提到了另世生活,而最后一章提到了另世生活中的惩罚:在中间部分则对之默然不语。①

这些评述已足以让研习《概要》的人对他将为之伤脑筋的那些困难有一个概念。要说我们已有办法来解释这些困难,那可就愚蠢了。我们可以设想,人们必须比我们目前更多地理解法拉比时代的宗教状况,才有望澄清法拉比自己的立场。另一方面,不可否认的是,花一点时间反思像《概要》之类的著作,人们对于阅读这样一些著作所需的方法,也会获得一些理解。我们相信我们已经成功地抓住了第一章论证的线索之一。

就通向真理的道路,通向人的极乐和通向法律的道路来说,不管我们已经做出了什么样的假设,柏拉图都让我们陡然面对他笔下一个角色提出的问题以及另一个角色给出的答案,这个问题涉及立法的动力因(efficient cause),也就是立法者,对此给出的回答是,立法者就是宙斯(Zeus),一位神,就像流行的说法所担保的那样。尽管如柏拉图清楚表明的那样,法律高于每一种智慧,但也如他所提示的,审查一下法律也是对的——实际上不是审查法律的起源或曰动力因,而是要去揭示法律的具体条款以何种方式而与正确的理性(right reason)相一致(5.7 – 16)。这样的审查需要以清楚地知道什么东西构成有德性的城邦为先决条件。它引出的结果就是,由宙斯为之颁定法律的"那些人",并没有组成一个有德性的城邦。正是由于这个原因,评判他们法律的标准,显然不是由这些法律所提供,而是由某些诗歌所提供的(5.16 – 6.16)。这些步骤让我们更容易接受真正的立法者和冒充的立法者之间的区别,这样的区别不是马上就能弄得醒豁的,反倒一开始就已被对法律的无条件赞颂给彻底忽略掉了。[151]立法者的意图就在于:人们应该寻求神的支持

---

① 6.17 – 18(另对应着的 16.14 – 15);42.20;43.2。另参 14.5 – 10;23.22 – 24,1;25.18 – 20(另参《法义》727d1 – 5)。

(the countenance of God),渴求另世的福报,获得高于那四种道德德性的最高德性(6.16-18)。宙斯难道会有这样的意图,让他的子民寻求"神(God)"的支持,而不是宙斯自己的支持?法拉比在这儿仅仅提到说,柏拉图曾警告人们要提防冒名顶替的立法者(6.18-22)。对于真正的立法者来说,他是要关心其子民既要获得属人的德性,这包括科学在内,也要获得神圣的德性。获得属人的德性,必定先于获得神圣的德性。如果拥有属人德性的人按照法律的规定来运用它,那么他的属人的德性就变成了神圣的德性(7.1-7)。人们似乎不需要遵守法律也能获得属人的德性,成为宗教人似乎也就意味着按照法律的规定,即服从神们(另参16.14-15),而成为有德性的人。或者说,法律的特定目标似乎就是神圣德性的产物。人们唯有靠服从法律才能获得的那种神圣德性会引导人们去寻求神的支持并渴求另世的生活吗?法拉比并没有回答这个问题。他也没有回答法律怎么样实现由属人德性向神圣德性的转化这一问题。法拉比仅仅谈到了立法者具备那些德性的原因,却没有进一步对属人德性和神圣德性做任何区分(7.7-12)。宙斯和阿波罗(Apollo)都用在他们的法典中,或用在他们的启示法律的典章(ordinance)中,他们是德性由之产生的所有原因(7.12-14)。仅是此后某个时候,柏拉图才开始明确地非难宙斯和阿波罗法律中的某些规定,并把那些法律与更为古老的法律做了不利于前者的比较,那些更古的法律由神们所立,并且包含着完美健全的律例(8.2-10)。这就证明了如下论点是对的,即胜利者的法律,在善方面并不必然比被征服者的法律更高明(8.13-17;另参12.13-15和16.7-9)。这当然就给宙斯和阿波罗的神性投下了一丝怀疑。我们现在知道了,每一个真正的立法者都为了立法之目的由神所创造和塑造(formed),就好比任何手艺的每个头领都是神为其手艺所创造和塑造的(8.18-20),而且,立法者必须服从自己所立的法律(9.1及以下),这法律不能说没有神们赋予的资格:神们并不祈祷。然而,尽管对法律有那么些怀疑,而且这些怀疑也许已经浮现在我们心中,或者还会继续浮现在我们心中(9.13–20),法律[152]本身还是高贵的和有德性的,也比任何据说是支持和反对它的东西更高级(9.21–22)。尽管如此,为了让我们可以拥有对法律的善的真知,以及作为事实的有关万事万物的真理的真知,我们仍需要在逻辑中锻炼,就好比立法者在弱冠时期就要训练处理政治事务(9.23–10.9)。如果我们考虑到在最广泛意义上的属人德性与逻辑训练之间的联系,我们就不会惊讶于柏拉图的下一个步骤。道德可以说主要在于恰当地解决灵魂的洞察力与灵魂的兽性力量之间所引起的冲突:

> 下述情况对于个人来说,乃是义不容辞的:在这些冲突中沉思自己灵魂的状态、遵循自己的洞察力,并全盘沉思城邦的人民,如果他们自己没有能力去洞察,没有能力从立法者那里、从立法者的追随者那里以及从那些向他们讲述真理、善和德性的人那里接受真理的话。(10.10–17)

通情达理的(reasonable)个人似乎不需要立法者的指导(11.5–17)。因此,我们在第一章的末尾时就已在某种程度上为下述说法做好了心理准备,那个说法出人意料地出现在最后一章的中间部分,仍然让我们觉得不可思议:

> 然后他([译按]指法拉比笔下的柏拉图)解释道,当人们既是好人又最优秀时,就根本不需要法律和nomoi[礼法]①,他们是全然幸福的。但nomoi和法律却为那些品质上不规矩或

---

① [译按]nomoi是古希腊语nomos的复数形式,一般译为"法律"。柏拉图最后一部巨著,即名Nomoi,英译作Laws。引文中法拉比把nomoi和laws并列使用,可见nomoi和laws在施特劳斯那里具有很不相同的含义。

不端正的人所需。(41.21-23)。①

当我们发现就在后面不远处，法拉比提到如下的问题又没有作答时，我们就远不会那么惊讶了，他的问题是：一个除了法律之外一无所知、除了法律所要求的以外什么也不做的人，算不算得有德性、值不值得赞赏。(42.15-18)。

只有通过理解法拉比关于法律成问题的性质的思想，人们才能指望理解《柏拉图的哲学》对柏拉图《法义》的简要评述：

> 然后他([译按]柏拉图)在《法义》中呈现了这个城邦中的人们所尊奉的有德性的生活方式。

法拉比所说的"这个城邦"，很可能是指《王制》中所描述的有德性的城邦，因为评述《法义》的那一段(§27)紧接在对《王制》[153](§25)和《蒂迈欧》(§26)的概述之后。我们为[法拉比在《柏拉图的哲学》中对]《法义》极为简短的概述感到惊讶，也为那一段只字未提《法义》明显的和主导性的主题——法律——而感到惊讶。事实上，《柏拉图的哲学》中只有第29、30和32节才提到了法律。然而，我们还发现《柏拉图的哲学》中另一处涉及《法义》的地方。第28节区分了《法义》中所包含的科学和技艺与《蒂迈欧》中所包含的科学和技艺。后一种科学和技艺被归于蒂迈欧名下，但在唯有苏格拉底没有出场的柏拉图对话中，科学和技艺却归在了苏格拉底名下。假如我们把第28节所提供的信息和第27节所传达的信息联系起来看，我们就会得到这样的结论：苏格拉底对法律缄口不语；最低限度而言，这个结论与法拉比对《克力同》(Crito)的概述

---

① 另参25.2-6和26.24-27,2。亦参《概要》中关于惩罚的学说：惩罚构成了身体训练的一个部分，以与灵魂的训练区别开来。另参26.7-13与31.19-21;33.19-34,2;41.7-14;42.14-43,4。

(§23)并无不和。反过来,我们就必须以第 30 节对苏格拉底的方式(the way of Socrates)与柏拉图的方式所做的明确区分为背景,来理解苏格拉底对法律的缄默。柏拉图的方式是在对苏格拉底方式的更正中出现的。苏格拉底的方式是不妥协的:它要求哲人与公开接受的意见相决裂。柏拉图的方式兼综了苏格拉底的方式(这种方式对于哲人与精英的关系来说很恰当)与忒拉绪马霍斯(Thrasymachus)的方式(这种方式对于哲人与庸众的关系来说很恰当)。因此,柏拉图的方式就要求同庸众所接受的意见保持明智的(judicious)一致。假如我们考虑到《概要》中所阐述的庸众与法律之间的联系,我们就得到这样的结论:由于柏拉图对苏格拉底方式的更正,对法律的鉴识或者说法律的正当性才变得可能。① 对苏格拉底没有出现在《法义》中这一现象,法拉比好像将之解释成苏格拉底与法律无关,好像法拉比极力用以下的暗示来表述这一解释:如果《法义》不是苏格拉底式的——实际上这是不可能的(per impossibile),那么《法义》所处理的就不会是法律。

故而,《柏拉图的哲学》一书中对《法义》的评述,必须被当作如此表述的柏拉图哲学的一部分来理解,而这种柏拉图哲学是由苏格拉底方式与柏拉图方式的特定区分所引出的。从总体上说,这种区分对于《柏拉图的哲学》的重要性,刚开始还看不出来。[154]起初,法拉比的意思似乎是要说,他归于柏拉图的所有那些洞见乃是柏拉图所特有的。然而,法拉比实际上说的却是,柏拉图在庸众熟知的那些科学和技艺中,并没有发现他渴望的那种科学(§§6.12,16)。只是在该书后半部分开头处,也就是紧接着第一次提到苏格拉底的地方,法拉比才明确地谈到了柏拉图不同于所有其他人之所为:柏拉图企图展示或表现那种他渴望的科学(§16)。法拉比只是在第八部分和最后一部分(§§30 – 32),才明确谈到柏拉图的"重

---

① 《柏拉图的哲学》前半部分终于"苏格拉底",后半部分终于"他们的法律",也就是雅典人的法律。

复",并由之带出了柏拉图和苏格拉底的区别。而且法拉比也只是在最后一部分中间那一段中(§31),才提到了一个所谓的柏拉图的说法,大意是他的前辈们忽略了什么东西。法拉比笔下的柏拉图声称自己的唯一原创性,按他的说法关系到《墨涅克塞努》(*Menexenus*)中所进行的研究(investigation),研究公民们一方面应以哪些方式尊荣哲人,另一方面又应以什么方式尊荣国君和最优秀的人。该项研究显然已导致了这样的结论:与立法者相区别的是,哲人无法指望能为公民奉若神明。无论情况如何,法拉比只是在《柏拉图的哲学》快要结束的时候,才介绍了柏拉图对苏格拉底学说的更正。对柏拉图著作的那些概述(它们构成了《柏拉图的哲学》前面七个部分),因此就描述了在柏拉图更正苏格拉底教诲之前的"柏拉图的教诲"。[①] 然而,正如法拉比在《概要》前言中对柏拉图著作所做的点评所表明的那样,柏拉图的所有著作都已经预设了柏拉图对苏格拉底教诲的更正。因此顺理成章的就是,法拉比在刻画柏拉图对话的内容时所说的每一件事,并非都照理来自柏拉图对话的文本。这个结论可由《柏拉图的哲学》中对《法义》的评述与《概要》之间的对比而得到证实,更用不着进一步说《概要》本身之所见了。我们对法拉比轻而易举就发明出了柏拉图式的言辞,表示由衷的钦佩。

[①] 另参§30(22,4)和§15。

六 迈蒙尼德论政治科学

王承教 译 张 缨 校

> 我还提什么希腊人的事儿呢,岂不知我们自己的事儿更让我高兴。
> ——西塞罗,《论预言》卷一([译按]原文为拉丁文)

[155]在《逻辑技艺论》(*Treatise on the Art of Logic*[*Millot ha-higgayon*])一书最后一章(第14章)结尾,迈蒙尼德讨论了政治科学及其功能。他说,哲学或科学由两个部分组成:理论哲学和实践哲学,其中实践哲学也被称作人的哲学、政治哲学抑或政治科学。理论哲学包含三个部分:数学、物理学和神学。而实践哲学则包含四个部分:修身(man's governance of himself)、齐家(governance of the household)、治邦(governance of the city)和治理大(多)民族或各民族(government of the great [numerous] nation or of the nations)。政治科学的第一个组成部分([译按]即修身)研究各种德性和恶行(virtues and vices),或者说好习惯和坏习惯。"哲人们写了很多著作来讨论这些习惯"。伦理学(Ethics)并不涉及"命令(commands)",即[156]不涉及一个人指导其他民众的那种领导形式。不过,实践哲学的另外三个组成部分却的确与"命令"相关。通过齐家,我们学到使家庭成员相互扶持、在恰当的时间和地点尽可能最佳地理顺家庭事务的知识。通过治邦,我们知晓人类幸福及其获得方式以及有关其反面后果的知识;

而且,它制定出正义的规则,凭靠于此,人们之间的关系才得以井然有序；更有甚者，睿智之士属于各完美的［古老的］①民族，他们每一个人都根据自己的完满，确定统治的原则，他们的臣属凭此而受统治［他们的君王以此统治其民众］；他们称它们［即那些统治的原则］为**宗法**（nomoi）；各民族通过那些宗法得到治理。关于所有的这些主题，哲人们写了很多著作，它们已经被翻译成阿拉伯语，但可能还有更多的尚未迻译。但当今之时，我们不需要所有的这些，也就是各种［命令］、法律、宗法，以及人类在［这些］神圣事物中进行的统治。

这些文句的意义并不十分清楚。它之所以晦涩难明，部分的原因在于《逻辑技艺论》的阿拉伯文原稿的第二部分显然已经遗失了，而三个希伯来文译本，或甚至于这些译本的多种手稿之间差异甚巨，以至于据它们重构出来的底稿在每一个关键点上都让人生疑。在上述引文中，括号中的表述对应于可替换的译文或诠读，这些表述似乎与更合宜的版本一样可取。

初看起来，存在三个难题：其一，哲人们有关严格意义上的政治学（politics proper）著作"在当今之时"对"我们"没有用处，迈蒙尼德对这种观点表示反对；[157]其二，他按照一种不常见的方式把严

---

① 原著中是否写作 al‑umam al‑mādiyuna？在法拉比的《政制》（*Siyāsāt*）51,6（Hyderabad,伊历 1346 年）中，al‑umam al‑mādiyuna 被 Samuel ibn Tibbon 译述为 ha‑ummot he'ovrot（42,7, Filipowski 校勘本）。这个形容词并非必得作"古老的"或"过去的"讲，它也可能意指"敏锐的"或"有洞察力的"。迈蒙尼德可能将这类赞美的措辞用到希腊人和波斯人等身上，以与迦勒底人和埃及人等相对照。该形容词出自《也门书》（*Iggeret Teman*［译按：英译 Epistle to Yemen］）8,15, Halkin 校勘本，《占星术书简》（*The letter on Astrology*），351,17‑18, Marx 校勘本，以及《迷途指津》III. 29（63a, Munk 编译版）。

［译按］引文方括号中的文字为原文所有（见下文）；整篇文章中圆括号中的文字乃译者为顺通文意所酌加。

格意义的政治学分割开来;其三,当他将对德性的研究划归到伦理学门下时,他把对幸福(生活)的理解划归为严格的政治学,即实践哲学的最后一个部分,而非将其分派给实践哲学的第一个部分,即伦理学。

就第一个难题而言,我们自然倾向于相信"我们"意指"我们犹太人":我们犹太人不需要哲人们的政治教诲,可能也不需要他们的经济教诲,因为我们有《律法书》(Torah),它可以在所有方面给我们以完美的指导,在神圣事物方面更是如此(参 Comtino 和 Mendelssohn ad loc[相关论述])。但这样说并不十分精确。首先,迈蒙尼德谈到严格意义上的政治或其中的一个部分时,称我们不需要哲人们有关这个主题的著作;但提到伦理学时,他仅仅是说,关于伦理学,哲人们写了很多著作:他并没有说,我们不需要哲人们有关伦理学的著作(参阅《八章集》[Eight Chapters],引言)。无论如何,在这段话中,他没有提及任何哲人们就理论论题所写的著作。我们没有必要去证明,迈蒙尼德知晓这类著作的存在,而且他远不认为这些著作对"我们"毫无用处:我们讨论的这段话出现在对逻辑学的一段总结之中,这个总结就建立在哲人们关于逻辑学和理论哲学的基础之上。那么,他所提出的就是,所有真正的哲人们的著作,唯有关于严格意义的政治著作(可能也包括经济)因《律法书》而显得多余。这就暗示《律法书》的功能显然是政治性的。这种阐释在《迷途指津》(The Guide for the Perplexed)中得到证实。在《迷途指津》中,迈蒙尼德说,关于理论论题,《律法书》只做了一个概要的说明,而关于城邦的治理,则竭尽所能、事无巨细地予以说明,以求精准确切。①

---

① 《迷途指津》III. 27(59b - 60a),参见 I. 引言(5a [对勘《复活论》*Treatise on Resurrection* 32, Finkel 校勘本], 11a); I. 33(37a), 71(93b - 94a); I. 33(37a), III 引言(2b), 28(60b - 61a), 54(132a)。参阅 Albo,《根源之书》(*Ikkarim*) I. 3(63, 13 - 19 Husik 校勘本), 11(100, 18) 和 15(133, 9 - 134, 1)。

而且，迈蒙尼德还为这一说法——我们不需要哲人们严格意义的政治著作——加上了一个重要的条件限制：他说的是，我们在"当今之时"不需要那些著作。《律法书》比哲学或希腊智慧早好几百年。如果确是《律法书》使得哲人们的这些政治著作显得多余的话，[158]则这些著作在任何时候都不会为犹太人所需。因此，我们似乎要被迫这样来理解迈蒙尼德的这一说法：并非犹太人本身，而是流亡中的犹太人，即缺乏政治存在的犹太人，不需要哲人们的这些政治著作。《律法书》不足以用来指导一个政治群体。① 如此则意味着，哲人们的那些政治著作会在弥赛亚临到之后，再次为犹太人需要，就如同犹太人在流亡前需要它们一样。

这些奇奇怪怪的结论迫使我们重新去思考这个假定：迈蒙尼德的"我们"意为"我们犹太人"吗？或者说，他的《逻辑技艺论》是一部犹太著作吗？——它是作为犹太人的一个犹太人（a Jew as a Jew）写给作为犹太人的犹太民众（Jews as Jews）的著作吗？作者将自己描述成一个逻辑学的研究者，将他的直接写作对象描述成一个以神圣启示律法为基础的科学的权威，同样，他还是一个阿拉伯雄辩术权威：他并没有将他自己和他的写作对象描述为犹太人。虽然他在提到"逻辑学家们"时，也用过第三人称，但在一般情况下，在《逻辑技艺论》一书中，他使用第一人称复数代词指称"我们逻辑学家"。尽管在有些场合，他谈到一些严格意义的政治学的主题，以与逻辑学相区分。因此，虽然迈蒙尼德通常提及"哲人们"时用的是第三人称，甚至还似乎暗示说自己不属于他们，但"我们"一词有时

---

① 参阅 Mendelssohn *ad loc*[相关论述]——对勘迈蒙尼德在《占星术书简》(*Letter on Astrology*)中有关军事技艺的内容（这部分内容属于严格意义的政治学，当然不属于《律法书》）与"关于君王的律例"(H. Melakhim) XI 4 和 XII 2-5，以及《复活论》(*Resurrection*) 21,11-23,12。对勘《八章集》(*Eight Chapters*) VIII (28,13-20, Wolff 校勘本)与同章(28,2-3 和 27,19-20)。

候却有可能指的是"我们哲人"。① 我们禁不住要说,《逻辑技艺论》是迈蒙尼德曾经写过的唯一一部哲学著作。若将"我们"理解为"我们理论人(we men of theory)",[159]应该不会犯大错,"我们理论人"这个语词比"我们哲人"更宽泛,其包容性几乎接近今天的"我们知识分子"一词。与此对应,迈蒙尼德所言就必须被理解为:由于神启的律法占统治地位,在"当今之时",那些对各种原则或根基进行思辨的人们不需要哲人们有关严格意义的政治的著作。② 既然迈蒙尼德的这段文字作为整体暗示出,启示宗教的兴起及其统治地位并没有影响到对哲人们的伦理学著作——特别是其理论哲学著作——的需求,那么,他实际上是在提示,启示宗教的功用明显是政治性的。进而,他仅仅认为"在当今之时",哲人们关于"法律、宗法,以及人类在神圣事物中进行统治"的著作是无用的。他并没有否认哲人们的政治教诲之基本部分的有效性:③哲人们的确恰切

---

① 《逻辑技艺论》前言;第九章(43,11-14,Efros 校勘本),10(46,16-18),和 14(61,12-14)。——《八章集》(*Eight Chapters*)中有一部分(IV 9,6-10,16),异常频繁地使用到第一人称复数。其中出现的"我们"有四种不同的含义:1. 作者(三次),2. 我们人类(三次),3. 我们物理学家(四次),4、我们灵魂的物理学家(即我们科学人[we men of science];见《八章集》,III [7,6])(十七次)。不消说,在《八章集》IV 中"我们"常常指的是"我们犹太人",我相信,在那里出现的"我们"中,意指"我们犹太人"的地方共有十四处。尤可参见《八章集》VI(12,23),在这里迈蒙尼德说,他现在谈的只是"我们的律法"或"我们律法的信守者"。对此的解释,可参考《迷途指津》I 71(97a),在这里,对"我们"(例如,anachnu nirah)一词的强调用法具有与前面的例子同源的微妙之处(nukta),这与该词的非强调用法截然不同,我们可以在 Albo 的《根源之书》(*Ikkarim*)II 4(27,9),5(48,3-6)等处找到此类很好的例子。

② 参阅 H. A. Wolfson,"注意迈蒙尼德对科学的划分"(Notes on Maimonides' Classification of the Science),*JQR*([译按]即 *Jewish Quarterly Review*),N. S. XXVI,377n.。

③ 注意迈蒙尼德这段话中的时态变化:首先是完成时态,然后变为过去时态。

地区分了真正的幸福和想象的幸福,以及达成这两者的合适手段;而且,对正义的各种规则,他们具有恰切的知识。进一步说,如果只有哲人们的政治教诲中最实践的部分,因其功能目前已被启示宗教所实现,而在"当今之时"显得多余;如果启示宗教的功能因而明显是政治性的,那么,对于从理论上理解启示宗教来说,无论"在当今之时"还是在其他任何时代,政治哲学都是必要的。

对严格意义的政治学的通常划分可以这样来看:这种划分将治理城邦和治理单一民族与治理许多民族或所有民族(governance of many or all nations)——也即,其治理的是由许多民族或所有民族组成的政治统一体(political union),而非区一个联盟——区分开来。① 初看起来,迈蒙尼德似乎用城邦 - 大民族 - 各民族(city - great nation - the nations)替代了城邦 - 民族 - 各(所有)民族(city - nation - many[all] nations),于是,他似乎用"大民族(great nation)"替代了"民族(nation)",这一点让我们想知道:为什么小民族(small nation)不是政治学研讨的一个论题呢? 不过,似乎同样有可能,他用的"大民族"等同于"各民族"或是"许多民族或所有民族",在这种情况下,[160]他将会彻底扔下民族,这也让我们想知道:为什么民族不是政治学的一个论题呢? 无论如何,迈蒙尼德确实并没有用一个对严格意义的政治学的新的三分法来取代旧分法,而是用一种两分法取代了原先的三分法:他把治理城邦视为政治哲学的一支,把治理大民族或各民族视为政治哲学的另外一支。三分法潜在的原则乃是对政治群体的大小(小、中、大)之间的差别的考量。有理由认为,两分法乃是基于对政治群体之间的另外一个重要差别的考量。

迈蒙尼德在提及各民族的时候,部分地使用了过去时态。他甚

---

① Fārābī,《政制》(Siyāsāt)(Hyderabad,伊历 1346 年)39 和 50;《完美城邦》(Al - madīna Al - fādila)53,17 - 19 和 54,5 - 10,Dieterici 校勘本。

至有可能明确地论及"古代各民族"。而且,他称各民族的统治为宗法。再者,在同样的语境中,他在谈到人类在神圣事物中进行的统治时,就好像它属于过去的时代一样。鉴于以上这些事实,再加上《迷途指津》中与此平行的证据,沃尔夫森(H. A. Wolfson)教授曾经提出,"各民族(the nations)"意指古代各异教民族,"大民族"意指以色列,迈蒙尼德因此不动声色地经由政治群体之间的小大之分转向其宗教之分:城邦代表"公民国家(civil state)",异教各民族和以色列分别代表了"宗教国家(religious state)"的不同形式。① 这种假设必然暗示:对以色列的统治或引导,即《律法书》,是政治哲学的一个论题。更确切地说,沃尔夫森的假设必然暗示:对大民族的统治(即《律法书》)与对各民族的统治(即宗法)属于政治哲学的同一个分支的各种论题。同一门学问讨论两个相反的东西,这原本并不让人惊讶。与此相应,《迷途指津》中讨论《律法书》与异教宗法之间差异的章节也将属于政治哲学。由于这些章节中的某个章节(即《迷途指津》II. 40)是讨论预言那个部分的中心章节,因此,人们将会有正当理由认为,作为一个整体的迈蒙尼德的预言学(prophetology)乃是政治科学的一个分支。肯定这一假设的各种考量绝非基于《逻辑技艺论》的教诲。这些推论与[161]迈蒙尼德的结论若合符节,其大意是,当今之时,我们无需哲人们关于法律、宗法和人类在神圣事物中进行统治的那些著作:对仅仅出于实践的用途而写的著作的实践使用是一回事;出于纯粹的理论目的而使用那些至少部分是理论性的著作,则完全是另外一回事。

　　沃尔夫森的假设部分地为阿维森纳(Avicenna)对政治哲学的划分所肯定。阿维森纳使用的是两分法,该两分法正是立足于沃尔夫森在迈蒙尼德的这段话中所洞察到的同样原则。根据阿维森纳的观点,政治哲学的第一个分支处理的是王制(kingship);关于这个论题的古典文本是柏拉图和亚里士多德谈论统治(government)的那

---

① [H. A. Wolfson]前引文(*Loc. cit.*),页372 – 376。

些著作。政治哲学的第二个分支处理的是预言和神法;关于这个论题的古典文本是柏拉图和亚里士多德谈论宗法(nomoi)的那些著作。这第二个分支考虑的是预言的存在,以及人类对神法的需求。它既要考虑所有神圣法典(divine code)的共同特征,也要考虑个别神圣法典所独有的特征,它要讨论真实的预言与虚假的预言之间的区分。①

因此,在沃尔夫森的假设中,有一点必须得做一修改。没有理由将"大民族"等同于以色列。如果迈蒙尼德曾谈及"民族(the nation)"或者"有德性的民族(the virtuous nation)",人们或可说他可能意指的是以色列。但他说的是"大民族"。他喜欢引用《申命记》4章6节,该节将以色列称为"大民族"。正如他所指出的,《圣经》中的这句话暗示以色列并非唯一的"大民族"。因此,确切地讲,不可直接称以色列为"大民族"。相反,由于"大(great)"在这里指的是"为数众多的(numerous)",它倒是可以用于伊斯兰教(以及基督教),而非以色列。事实上,称以色列为"小民族"会更合适一些:雅各是"小的(small)"(《阿摩司书》7:5)。② 有人可能会一闪念间想象:迈蒙尼德之所以如此明晰地谈"大民族",是为了把"小民族",即以色列,单独地划出来,并因此把《律法书》[162]从政治哲

---

① 《智慧与自然七书》(*Tis' Rasa'il*), Istanbul, 1298, 73 – 74。参阅 Falakera,《智慧的开端》(*Reshit hokma*) 58 – 59, David 校勘本。参阅 Wolfson, "补注"(Additional Notes), *HUCA*([译按]即 Hebrew Union College Annual), III, 1926,页 374。

② 《也门书》(*Iggeret Teman*) 4, 8 – 10; 8, 3 – 6; 38, 1 – 2; 40, 4 – 6(参阅 Ibn Tibbon 的译本); 40, 11 以下, Halkin 校勘本。参阅《迷途指津》II. 11 的结论段(*vers. fin.*)以及 III. 31。Ibn Aknīn 使用的 the great nations 本身不同于以色列,参 A. S. Halkin,"伊本·阿克宁的《雅歌》注疏"(Ibn Aknīn's Commentary on the Song of Songs),刊 *Alexander Marx Jubilee Volume*, English section, New York, 1950,页 421。[译按]以色列(Israel)是亚伯拉罕之子以撒的儿子,原名雅各(Jacob),后由上帝改名为以色列;后世亦以"雅各"指代以色列民族。

学的范围内分离出来。但这种可能性与前文所有的考量都相互矛盾,尤其与这一事实——即《逻辑技艺论》不是一部犹太教的著作——相抵触。那么,我们设想,迈蒙尼德用"各民族"意指古老的诸异教民族,用"大民族"意指任何由普世宗教所组成的群体。迈蒙尼德用单数形式谈及"大民族",所指的是三大一神教各自提出的普世的并因而是排外的主张:在它们各自的前提上,都只可能存在一个正当的宗教共同体。而迈蒙尼德用复数的形式谈"各民族",指的却是各种异教宗教的民族特性:那种民族特性解释了多个同等正当的宗教共同体的共存(co-existence)。①

在关于政治科学的这段文字的开头,迈蒙尼德把严格意义的政治学划分成治理城邦和治理"各种大民族"二部分。继此之后,迈蒙尼德的确没有明确地再运用这种二分:在讨论严格意义政治学的功能和范围时,他将严格意义的政治学整体等同于城邦治理。但这并不意味着他降低了前文中二分的重要性。相反,这意味着,那种二分是针对细心读者的一个暗示,它被其他的读者安全地抛开了。理解迈蒙尼德的思想意味着要理解他的暗示。一条特别的暗示有可能用极其清晰的方式得到解释,但所讨论主题的本性却或早或晚地迫使阐释者去追溯其他的暗示。

这些评述并不足以澄清迈蒙尼德这段话的晦涩难解之处。作为惯例,迈蒙尼德在《逻辑技艺论》每一章的末尾都列出了他在该章所解释的术语。在第十四章末尾的列举中,他没有提及指示实践哲学或政治哲学之四个部分的那些术语,但却提到了指示理论哲学之三个部分的术语。由此,他甚至没有声称,他已经专门解释了"治理大民族或各民族"的含义。我们已经看到这一沉默的宣告是多么恰当。在此章中,他只提到,有两个与严格意义的政治学和经济学

---

① 参阅《迷途指津》I 71(94b):"基督教民族(the Christian nations)包括这些民族……" 有关《律法书》的普世意图,可参见"关于悔改的律例"(H. Teshubah)IX,9 和《复活论》(*Resurrection*)32,4-6 等。

相关的术语得到[163]了解释:"各种命令(commands)"①和"宗法"。他的确将"命令(command)"界定为:命令就是一个人引导其他人的那种指导(guidance)。但对宗法(nomos),他却没有做出界定。该章末尾的评述表明,对宗法的界定已在对经济和严格意义的政治学的论述中隐含地传达出来了。显然,宗法必定是"命令"类属(genus)下面的一个种型(species)。在讨论齐家时,迈蒙尼德说,这种治理考虑合适的时间和地点。但在论及严格意义的政治学时,他却没有提及对时间和地点的考虑。我们认为,宗法是命令的这样一种种型:就其不涉及时间和地点而言,它具有一般性(general),或者说,它不考虑个体性差别。命令的其他种型乃指各种专门的命令(particular commands):它们随环境的变化而发生变化,尤其随被引导者个体的差异而变化。②

这是否意味着:所有的政治统治或所有健全的政治统治都是法律的统治(government by law)呢?据法拉比(Fārābī)——迈蒙尼德认为他是仅次于亚里士多德的政治学权威——所言,不变的(unchangeable)启示律法(sharī'a)仅是完美统治者——即不依凭成文法统治,且因时制宜变更其法令的统治者——的统治的替代物。③有生命的智能者(living intelligence)的统治似乎要高于律法的统治。因此,存在一种健全的政治统治形式,它与家庭的治理或家长制(paternal rule)相类似,在这种政治统治中,统治者既关注恰当的

---

① Ibn Tibbon:*hahuqqim*[各种律例 = the statutes];Vives:*hahoq*[律例 = the statute];Ahitub:*hahanhaga*[治理/统治 = governance]。原词是否可能拼作 *hukm*?

② 对勘《迷途指津》III. 34 与 II. 40(85b),迈蒙尼德在这些地方谈到不同和相反性情的个体之间通过律法达成一致的习俗特性。注意《八章集》(*Eight Chapters*)III – IV 中对两类人的区分所隐含的暗示——一类是那些灵魂有缺陷的人(psychically ill people),他们作为科学人(men of science),可以自我疗治,另一类是那些需要由其他人施以疗治的人。

③ 《政制》(*Siyāsāt*),50 – 51;《完美城邦》(*Al - madīna al - fādila*),60,15 以下。

时间和地点,也关注"对每一个体而言,什么是善(good)"这一问题——柏拉图和亚里士多德最称赏这种形式的政治统治。迈蒙尼德提到了有生命的智能者在家庭中的管理和律法在城邦中的统治,他没有提到有生命的智能者在城邦中的统治,他省略了中心的可能性。我们最初的印象之一是,他可能省略了[164]惯常列举的政治统治类型中治理民族这一项——即中心的一项。我们现在可以看到,这个印象并没有完全搞错:他确实略去了中心的一项。尽管无法确定,他省略的是民族(the nation)抑或只是小民族,但可以肯定的是,他省略了有生命的智能者在城邦或民族中的统治。

如果宗法本质上是一种上述意义上的一般的命令,它就并非如我们先前所设想的那样,本质上是一种宗教的秩序。或许,在这段话的结尾,迈蒙尼德甚至已在宗法与"人类在神圣事物中进行统治(government by human beings in divine things)"之间做出了明确的区分。无论如何,在《迷途指津》对宗法的主题讨论中,他提出,宗法与神启的律法截然不同,宗法仅由身体(body)的安康所指引,它不关注神圣事物(对观《迷途指津》II.39 末尾与 II.40 [86a-b])。因此,用沃尔夫森的话来说,宗法本质上乃是与"宗教国家"相区别的"公民国家"的秩序。可能会有人认为,哲人们并不承认一个"公民国家"的可能性:据他们的看法,对神的敬拜是公民社会(civil society)最基本的功能,并在某种意义上是最首要的功能。但这一反对意见忽视了这个事实:虽然宗法确实必须由神话(myth)或某种"统治宗教(governmental religion)"加以强化,但那种宗教却既不是宗法的首要意图的部分,也不是受宗法指令的联合体(the association)的首要意图的部分。①

---

① 参阅亚里士多德,《政治学》1299a 18-19,1322b 16-22,1328b 11,以及《形而上学》1074b 1 以下。另参见哈列维(Yehuda Halevi),《库扎里》(Cuzari) I 13;及迈蒙尼德对"论偶像崇拜"('Abodah zara) IV 7 的疏解(27 Wiener 校勘本)。

尽管宗法需要一种为统治服务的宗教,但神启的律法(其乃政治哲学中与宗法属同一分支的论题)作为宗法,却把统治拿来为宗教——真正的宗教,真理——服务。因而,神启的律法必然从宗法的相对性中解放出来,即它在地域方面具有普遍性,在时间方面具有永久性。因此,神启的律法较之宗法来说,是一套更加高级的社会秩序。由此,它暴露在不曾威胁各种异教宗法(pagan nomoi)的危险中。举例而言,对"创世论(the account of creation)"——即物理学——的公开讨论不会伤害到异教徒,但却会以某种方式伤害到神启律法的奉信者。神启的诸律法自身[165]也创造出不曾存在于希腊人中的各种危险:它们在人们中间开启了一种新的争执的来源。①

总而言之,迈蒙尼德首先将我们的注意力带到各政治社会之大小的区别上。然后,他将我们的注意力带到各政治社会宗教方面的区别上。最后,他又将我们的注意力带到各政治社会有否律法(the presence or absence of laws)的区别上。由此,他迫使我们考虑从异教信仰(paganism)到启示宗教的变化对律法的特性所产生的效果。

迈蒙尼德对实践哲学或人的哲学的特殊划分造成的结果是,哲学或科学由七个部分组成。不寻常的(uncommon)推理链导向一个寻常的结论。② 在当前的情形下,我们尚不能据其寻常性(commonness)来说明该结论,恰恰因为达到该结论的方式太不寻常了。我们必须思考一下数字"七"在迈蒙尼德本人思想中的重要性。对此

---

① 《迷途指津》I. 17、31(34b), III. 29(65b)。参阅对 II. 39(85a Munk 编译本;269,27 Jonovitz 校订本)和《八章集》(*Eight Chapters*)IV(15,13 - 20)的不同读解。

② 参阅 H. A. Wolfson,"中世纪犹太哲学对各种学问的划分"(The Classification of Sciences in Medieval Jewish Philosophy),*Hebrew Union College Jubilee Volume*, Cincinnati, 1925, 页 277 - 179 及页 283 - 285。

类问题的考量必然会有点好玩,但当它们与学术研究的严肃性不相容时,就不会那么好玩了。《逻辑技艺论》本身由十四(2个7)章组成;该著作共解释了一百七十五(25个7)个语词;在第七章中,迈蒙尼德讨论了有效三段论(valid syllogism)的十四种形式。迈蒙尼德的《重述托拉》(Mishneh Torah)共十四卷。在《迷途指津》中,他专门以颇有别于《重述托拉》所蕴含的划分方法,对各种圣经诫命(Biblical commandments)进行分组,其组数又是十四。在《迷途指津》第三卷第五十一章(123b-124a),也就是该书的第一百七十五章,迈蒙尼德将律法安排在对一个比喻(simile)的第一种解释中,而把逻辑安排在对该比喻的第二种解释中,律法在第一种解释中所处的位置与逻辑在第二种解释中所处的位置一模一样:在律法与逻辑之间,似乎存在某种对应关系。是否有可能,以数字十四为一方,以逻辑和律法为另一方,两者之间存在着某种关联?在《迷途指津》第十四章,迈蒙尼德解释了"人(man)"这个词的含义。我们提出这样一种解释:人即是可以言说的动物,同时又是因推理技艺臻于完善的理性的动物,且是因律法而臻于完善的政治[166]动物。人是形式与质料的组合,他具有双重本性。数字"七"本身与其两倍十四不同,它似乎指向具有单一本性的各种存在者,指向各种纯粹的理智(pure intelligences),也即指向作为哲学的神学(philosophic theology)或"神车论(the account of the chariot)"论题的上帝与众天使。《迷途指津》最高和最核心的主题正好就是"神车论",它由七个部分组成:第一,上帝的各种名称及其属性(I.1-70);第二,在相信世界永恒的前提下,证明上帝存在并对该前提进行探讨(即捍卫"上帝从无中生有"这一信仰)(I.71-II.31);第三,预言(II.32-48);第四,"神车论"(III.1-7);第五,神意(III.8-24);第六,《律法书》(III.25-50);第七,结论(III.51-54)。处于迈蒙尼德这一七部曲(Heptameres)之中间位置的是对"神车论"的主题讨论,它是秘密中的秘密,这一部分又是由七个章节构成。试图讨论数字七为什么会具有如此突出的地位尚为时过早。我们只能限于指出,讨论

"神车论"的这一部分的前后各是一个由十七章构成的部分,我们只能提请读者注意《迷途指津》的第十七章。

此类谋篇布局至关重要,虽然它们在某种程度上有所助益,但却从来不够充分,而且也没有想要做到充分:它们仅仅是些暗示而已。但这些暗示并不孤立,一个暗示的不足之处会得到其他暗示的补充。我们在前几段中提出的假设有明显的缺陷。对实践哲学同样奇怪的划分导致将哲学或科学一分为七,这造成的进一步结果就是:伦理学占据了科学序列的核心位置。而迈蒙尼德在有关政治科学的文段中又暗示过,伦理学应得这一核心位置。

伦理学是对各种德性的探讨,这些德性首先意味着道德德性;伦理学不是要去探研幸福或者人的真正目的;对人的真正目的的探研属于严格意义上的政治学。这首先意味着,道德德性及其践行并非人的目的。其次,它还意味着,道德德性只能着眼于其政治功用而得到理解。当然,这并不意味着人的真正目的乃是政治的——或者,更激进地讲,是其身体的安康。但这也并不是说,人的真正目的[167]或人的最终完善只能以与第一种完善,即身体的安康相对立的方式得到理解,因此这也不是说,人的真正目的或最终完善要以与人的最佳形态的政治生活相对立的方式得到理解。换言之,道德一词在常识意义上属于为人所普遍接受的各种意见的领域,亦即众人之意见(endoxa)。对道德的理论理解在常识的意义上会把道德溯源到两个不同的根源:它可以追溯到社会的各种要求,也可以追溯到人的最终完善——即理论理解——的各种要求。常识道德(common-sense morality)属于为人所普遍接受的意见的范围,这是因为,社会的要求和理论理解的要求并不完全等同,它们相互之间反而存在某种紧张。常识道德在根本上并未意识到,它本身乃是各种异质元素的混合,并没有什么清楚或明晰的原则,不过,它足以与几乎所有的实践目的都能相容:它是意见(doxa)。常识道德最令人印象深刻地说明了人的双重本性。①

让我们再来看看迈蒙尼德对各种学问(the sciences)的划分。把理论哲学一分为三和把实践哲学一分为四,这并非他最终的划分。迈蒙尼德对理论哲学的两个部分还进行了进一步的细分:数学被分成了四个部分(算术、几何、天文和音乐),神学被分成了两个部分(关于上帝以及众天使的论说[speech about God and the angels]和形而上学)。乍看起来,这可能显得有些奇怪:他没有提到对物理学进行细分。我们有理由认为,对实践哲学的细分项(subdivisions)并不比对数学的细分项来得更重要:在主体部分解释这些术语的该章最后部分的列举中,它们都不曾被提到。由此,哲学或科学被分成了十一个部分(算术、几何、天文、音乐、物理、关于上帝以及众天使的论说、形而上学、伦理学、经济学、治理城邦、治理"大民族"或"各民族")。较之第一次划分,人们会比较少注意到第二次划分,第二次划分之后,占据中心位置的乃是"关于上帝以及众天使的论说",也就是说,其中心位置由一门显然值得居于核心的学问所[168]占据。② 不过,恰恰是第二次划分结果的可能的合理性(plausibility)使得第一次划分和随后的数字七的重要意义以及其中

---

① 《逻辑技艺论》,第8章;《八章集》(*Eight Chapters*) IV(12,19-21),VI;《迷途指津》I.2,II.33(75a)、36(79a-b)、40(86b),III.22(45b)、27、28(61b)、46(106a)。对勘Fārābī的《柏拉图》(*Plato*)第30节(Rosenthal-Walser校勘本)对正义与德性的区分与《八章集》第2章及该书第4章各自的德性细目:正义被机智(wit)、心胸宽大(liberality)和羞耻感所取代了。参见《迷途指津》III.23(47b)和I.34(39b)。

② 在"补注"(*HUCA* III,1926,页373)中,Wolfson提到,在一部阿拉伯文著作中,科学也被分成了七个部分,它的希伯来文译本也同样如此,虽然与原文中提到的各种学问不尽一致:在原本和译本中,占据七分法之中心位置的都是形而上学。

的暗示意义变得成问题了。① 我们因此被迫想要搞清楚,"神车论"是否等同于关于上帝和众天使的学问。仅仅通过提出这个问题,我们就认识到那些人的失误,他们认为,说迈蒙尼德以影射的(allusive)方式处理"神车论"是不合理的,因为那种处理所指向的秘密对各宗教的学者们来说司空见惯。② 认识到对迈蒙尼德的一种学术批评是不合理的,就等于推进了对他的思想的理解。《迷途指津》中关于"神车论"的那一部分最合理地堪称该书中最神秘的部分。

由此,对迈蒙尼德关于实践哲学或政治哲学之表述的研究就把我们直接带到了根本问题的核心。这绝非偶然。复原我们习惯上称之为古典政治哲学的东西,复原迈蒙尼德仅仅称之为政治科学或实践哲学的东西——退一步说——正是理解迈蒙尼德思想的一个不可或缺的条件。他说,唯有那些东西才可以回答这个问题:《塔木德》诸圣贤(the Talmudic Sages)是否科学人(men of science)——他们在各种学问中训练过自己,使自己既知道如何根据神圣事物及其

---

① 在第二次细分的基础上,理论哲学由七个部分组成,音乐占据其中心位置。其潜在的观点是,各种理论学问(the theoretical sciences)本身就使哲学或科学臻于完善,或者说,唯有各种理论学问才是哲学的。但这种观点乃是"古人的观点"(60,11-14 以及 61,16-17):它并非真实的观点。这种观点是前亚里士多德甚至前苏格拉底时代的观点(参阅 Fārābī 的《柏拉图》,前揭)。参《迷途指津》II,8 对毕达哥拉斯学派的"古人的观点"及其"音乐"哲学的陈述。正是毕达哥拉斯学派的学说为算术学提供了一个坚实的辩护。通过发现无理数,毕达哥拉斯学派遭到拒斥,算术学不再被认为绝对重要,转而成了一种严肃的游戏。迈蒙尼德显然不认同这些"古人的意见"。参阅《迷途指津》III,23(49b)。在《八章集》(II)中首次列举道德德性时,迈蒙尼德提到了七种道德德性;他在《重述托拉》(Code)中讨论伦理学(H. De'ot)的那一部分也由七章构成。

② 参阅 Munk 编译,《迷途指津》(Le Guide des Egares)III,页8,注 I。也可参《逻辑技艺论》第十四章中关于神学的论述。

类似物来分别[169]对大众与精英说话,也知道哲学的实践部分。①《塔木德》诸圣贤是否科学人这一问题等同于"神车论"与形而上学之间的关系这个问题:"神车论"的神秘内涵乃是由这些《塔木德》圣贤所担保的(参阅《迷途指津》III.5)。

迈蒙尼德关于政治科学这一页篇幅的表述乃是对启示问题的精湛概述,它以哲人们的观点表述自身,即由异教徒可能提出的最不凡的观点表述自身。一旦我们认识到这一点,我们就已经可以着手去解决《逻辑技艺论》的其他不解之谜了——比如,在第四章中,迈蒙尼德让人讶异地提到示巴人阿布·伊沙克(Sabean Abū Ishāq),在第十章中,他又对实体(substance)下了一个与之有关的奇怪定义。迈蒙尼德追寻哲学的道路,直到终极,因为他是那只"大鹰"(the great eagle,[译按]指有翼天使基路伯),这大鹰决不畏惧太阳的亮光,"依靠其视觉的力度,享受阳光,希冀高飞,以图接近它",②或者是因为,他被那种坚忍不拔的虔敬所鼓舞,这虔敬在践行任何由"净化我们的心灵,以使我们可以真正地侍奉我主"的祈祷所加之于我们的责任时,都不会退缩。倘若迈蒙尼德不曾带来最大的牺牲,他就不能在自己的犹太著作中以令人赞赏的做法那样反对哲人们,从而为《律法书》辩护。

---

① E. Pococke,"《密西那注疏》导言"(Introduction to the Commentary on the Mishnah),见氏著 *Porta Mosis*,Oxford,1655,页147。参迈蒙尼德"《论祝福》注疏"(Commentary on Berakot)IX,5 和《迷途指津》III.22(46b)。

② 参阅 Albo,《根源之书》(*Ikkarim*)II.29(190,5-6)以及《迷途指津》III.6 末尾。

七 论霍布斯政治哲学的基础

李世祥 译 赵雪刚 校

[170]首先不禁要问,为何要研究霍布斯。这个问题表明,我们怀疑霍布斯的教诲是不是真正的教诲。因此,这暗示着我们的视角不同于霍布斯的视角。对霍布斯进行的研究有可能存在主观主义的致命危险。依照当前似乎最易接受的观点,我们假设能够通过借助于当代人的主体间性(inter-subjectivity)避免这种危险。那么,为什么说霍布斯对当代人意义重大?

我们倾向于相信,那些正派的人今天研究霍布斯时会比以往怀有更大的同情心。正派的人是指这些人不仅不可能受到社会排斥(更不用说刑事起诉),甚至不会被人怀疑非常不健全——人们不会有理由怀疑他们有不正确思想。要想看清对霍布斯评价的这一变化,人们只需要将今天对霍布斯的态度[171]与过去对他的主导性态度两相对比。在17世纪,霍布斯的名字,加上斯宾诺莎的名字,受到了"应有的谴责",甚至连洛克都这样说。不过,根据霍布斯最有价值的证词,斯宾诺莎要比霍布斯大胆得多,而且更具攻击性,其名誉的恢复也比霍布斯早得多。大约到1785年,斯宾诺莎开始为人所接受:从那时起,人们开始与有神论乃至自然神论决裂。进一步说,在法国大革命前夜,斯宾诺莎,捍卫自由民主的第一位哲人,政治上不再受到任何反对。斯宾诺莎成了如下这样一个教会的创始人,该教会的信条是泛神论,其秩序是自由民主——依照人们的期望,商业贵族阶层在这一秩序中居主导地位。另一方面,霍布斯仍令人反感,原因之一是霍布斯的无神论干巴枯燥,其对上帝的陶醉甚至是憎恨也无法使之更生动些,原因之二是霍布斯构建了18世纪启蒙专制无灵魂的国家机制。霍布斯和斯宾诺莎经受了多么不同的命运,这一点在黑格尔和尼采对两位哲人的不同态度中得到最为清楚的体现。

在此期间,人们对斯宾诺莎的浓厚兴趣大幅减少,而对霍布斯的浓厚兴趣相应地增加。我们已经指出这种变化的原因。经过叔本华和尼采的努力,泛神论在欧洲失去了光辉,无神论开始为人所接受。进一步说,对道德或者说对有些人称之为传统道德的尊敬是如此衰微,以致霍布斯的道德教诲竟以非常受人青睐的面目出现。那一代人成功经受了诸多信条,金发野兽(blond beast)、阶级斗争和像训练小孩子大小便那样的道德改造,霍布斯必然作为老式正派的化身出现。他毫不动摇地坚持黄金准则,拒绝谈论肉体快乐,因为这些快乐耳熟能详——有些甚至污秽不堪。霍布斯政治上受到的反对随着20世纪僭政的出现也变得微不足道。与现代僭主相比,清醒持重的人会毫不犹豫地偏爱霍布斯那经过启蒙的人道的专制君主,因为现代僭主的统治建立在蒙昧主义和兽性基础上,催生出了人类精神的种种疾病。

那么,霍布斯声誉的恢复似乎是由于[172]道德和宗教传统的不断削弱——由于现代性的进一步推进。但这种解释显然证据不足。现代性的进步恰恰在于另外一些学说的出现,这些学说要比霍布斯的学说现代得多。现代性的区区进步会判处霍布斯处处遭遗忘的刑罚,只在现代性创始者们的尸骸腐烂其中的万神殿给他一个位置。如果现代性的进步与现代性的败坏相分离,霍布斯的学说将不会有生命力,也不会得到认真的研究。现代性已经推进到紧要关头,现代性到这一步显然成了一个问题。这是为什么正派的人对其他人保持沉默,再次转向对现代性隐藏的前提乃至隐藏的起源进行批判性研究,因而对霍布斯进行批判性研究的原因。因为霍布斯使自己乍看去像是最先与前现代传统完全决裂且引入一种新型的社会学说的人,这种新型社会学说就是现代类型的社会学说。

人们忽视霍布斯不会不受到惩罚。憎恶现代思想的尼采看得非常清楚,那些思想的源头在英国。这位叔本华的崇拜者认为,鄙夷轻视英国哲人,尤其培根和霍布斯,公道合理。不过,培根和霍布斯是第一代权力哲人(the first philosophers of power),而尼采自己的哲学就是权力哲学。是不是由于忽视了其真正的祖先,"权力意志"才会如此动人心弦?尼采的继承者们恢复了尼采弄模糊的权力意志与技术之间的联系。但在尼采承续或终结的哲学传统的源头——英国传统——中,这种联系清晰可见。

把霍布斯作为现代性的创始人来研究,即认真对待他的主张,现已成为必需。也就是说,如果我们正确地理解我们自身,我们就会看到自己与霍布斯的视角相同。现代哲学以公然反对古典哲学的面目出现。只有从古人与今人争论的角度入手,我们才能理解现代性。通过重新发现这一争论的迫切性,我们返回到现代性的开端。霍布斯的视角并未受到其答案(接受现代学说)的限制,[173]而是延伸至其问题(古今之争),从这个意义上说,我们与霍布斯的视角相同。

波林(Raymond Polin)先生①直接进入事物的中心,其结果是,

---

① 《霍布斯的政治与哲学》(*Politique et philosophie chez Thomas Hobbes*, Presses Universitaires de France,1953,XX,262)。如果不另行注明,圆括号内的数字是波林此书的页码。[译按]波林(1910 - 2001),法国哲学家,1931 年进入法国高等师范学院学习。波林的哲学主要是自由思想,在价值问题上与萨特观点相近但略有不同。波林把自由看作一种野蛮的富有创造力的能量,但自由会与控制它的政治环境保持一种张力。波林的主要著作有《孤独的政治:论卢梭的政治哲学》(*La Politique de la solitude:essai sur la philosophie politique de Jean - Jacques Rousseau*, Sirey, Paris, 1971)、《霍布斯、上帝与人类》(*Hobbes, Dieu et les hommes*, Presses universitaires de France, Paris, 1981)、《文化创造:一种文化哲学的哲学与历史》(*La Création des cultures:d'une philosophie de l'histoire à une philosophie des cultures*, Presses universitaires de France, Paris, 1993)、《社会民主与贵族民主之间的共和国》(*La République entre démocratie sociale et démocratie aristocratique*, Presses universitaires de France, Paris, 1997)。

他以今天的目光来看待霍布斯的思想。波林从"历史""人格(personality)""价值""个体性的发展"等诸多哲学的角度接近霍布斯,这些概念只有在人们接受霍布斯的原则(现代原则)之后,只有在人们对霍布斯本人对那一原则的解释感到不满之后才具正当性。波林清楚意识到,霍布斯的学说不乏严重的难解之处,结果,他不必要地把清楚地解释这一学说的任务复杂化了。正确的步骤是在理性范围内模仿霍布斯思想的那种运动,对于那种思想运动,他负有公认的责任。霍布斯把自己表现为一位彻底的创新者。因此,人们必然先着手清楚连贯地表述霍布斯试图取代的传统立场。人们必须既看到霍布斯描述和嘲讽的传统立场,又要看到这一立场本身在古典解释中的表现。其后,人们必须以极大的耐心听取霍布斯关于传统学说缺陷的明确阐述。人们必须对传统学说的根本缺陷(缺少确切性,高估理性的力量)及其衍生的缺陷("无政府主义")进行区分。进一步说,由于霍布斯的学说不乏相当程度的含糊,更不用说自相矛盾,研究者需要有一个真本(canon)以便能以负责任的方式决定,在霍布斯相互冲突的各种议论中,哪些要作为深思熟虑的看法予以采用,哪些作为权宜的、胆怯的、轻率的话可以置之不理。由于霍布斯政治哲学的四五个版本(《法的原理》[the *Elements of Law*]、《论公民》[the *De Cive*]、《利维坦》[the *Leviathan*]的英文版和拉丁文版、《论人》[the *De Homine*]的后半部分)中没有一个可以说是胜过其他的版本,对真本的需要就尤为迫切。抛开其他人的看法不论,霍布斯从未说过或表明这些版本中的哪一个最有权威性。只有反思霍布斯关于其意图的明确声明,[174]反思阻碍霍布斯足够清晰地解释其教诲的原因,我们才能找到这样一个真本。人们可能怀疑波林是否采取了这些预防措施。尽管如此,由于极其熟悉霍布斯的著作且同情霍布斯的学说,波林成功地阐明了霍布斯学说中被忽视或不被理睬的某些重要方面。

波林的论文可总结如下。霍布斯从根本上转变了传统上把人看作理性动物的理解:人是发明言辞的动物,"推理能力是使用言辞的结果"。由于言辞是最卓越的人类事实,因而人就是创作或制造它自己的动物(页5-7,12-13,25,99)。霍布斯因而肯定是一位人道主义者(页148-149)。霍布斯把言辞理解为人的发明,以及因之而提出的对理性的新颖理解,形成了一个霍布斯无法解决的根本困难。如果按霍布斯的主张,所有推理的基础都是武断的定义,我们就很难看到理性如何告诉我们实在的真正特点。由于没有充分的依据证明霍布斯天真地信仰实在的合理性(the rationality of reality),波林就求助于霍布斯的"现象主义(phenomenalism)"和"机械论(mechanism)"。在波林看来,霍布斯的现象主义是对康德先验唯心主义(transcendental idealism)的粗略预期,这样看不无公允。霍布斯的"机械论",按波林的表述,让人模模糊糊地想起斯宾诺莎的学说,根据这一学说,理念的秩序和联系与事物的秩序和联系就是一回事(页43-52)。由于霍布斯认为,具体的人是人造的,因此他就用"构建当下和未来的视角"取代了"解释过去的视角",但同时霍布斯仍是个保守主义者(页93,100-101,150)。由于相同的原因,霍布斯有能力促成个人与社会的和解,这种和解要优于洛克的和解,因为在霍布斯看来,人造的利维坦吸纳了所有自然权利(页109,114,128)。霍布斯对德性的反思在这样一种观点中登峰造极,即所有且只有有利于国家的行为才是有德性的:国家或理性的国家是德性的充分必要条件。霍布斯预料到了黑格尔的主张(页173-175)。他尤其通过与格劳秀斯(Grotius)仍然坚持的传统[175]自然法观念相决裂做到这一点。传统假设人性是被赋予的(given),而非被塑造的(made)。通过反驳这一假设,霍布斯被迫或者说被促使去否认自然权利的全部道德或法律意义,提出在建立公民社会以前没有自然法或者是没有独立于主权者命令的自然法(页182-190)。个人与社会的和解,或国家对道德的吸纳,在霍布斯作为一个"人身(person)"的国家概念中得到了充分表达,霍布斯是这一概念的创始人(页224-230,237-238)。

然后,对于"刻画了(在霍布斯看来)相对自然而言的人的处境的不连续性"(页23),或者说霍布斯对自然事物与属人事物或政治事物所做的彻底区分,波林阐释得非常清楚,尤其是通过其预期性地援引康德和黑格尔。霍布斯用特别令人惊讶的方式证明这一二元论,把"法(law)"一词只用作对人的管理,拒绝谈及支配着非人事物的各种法则(laws)(页179)。人的世界是国中之国。但这意味着人的世界是宇宙的一部分,且必须如此理解。因为在霍布斯看来,宇宙的每一部分都是形体(body),人和非人在这一点上是共同的,它们都是形体或形体的固有属性。各种形体的根本区别进入到自然体(bodies natural)与政治体(bodies politic)的区别中。形体或其固有属性只有作为被生成的(as generated)才能得到理解。因此,连接人与非人的纽带可被称为"生成(generation)"或"运动(motion)",或按波林偏爱的说法:"机械论"。于是,霍布斯不得不解决的问题就涉及"自然机械论"与"社会机械论"之间的关系(页53,55,61,66)。人属于自然机械论,但又逃避自然机械论。霍布斯意义上的人,通过其自然,成功地反抗自然(页XVIII,7,9,99)。两种机械主义的连接点是言辞。言辞的力量是"由自然赋予的"(页9)。言辞似乎被理解为"生成"的产品,这一点无法再简化,无法再怀疑。言辞的力量就是武断地命名事物的自然力量。这种力量的行使,即人的武断行为(arbitrary actions),是社会机械论的源头(页5-9)。但由于被之前的原因决定,武断的行为同其他事件一样是必然的。[176]因此,社会机械论同自然机械论一样自然。社会机械论是自然机械论的延伸:自然机械论与社会机械论的连续性从未被打破(9,61)。社会机械论是自然机械论的一部分或一类;这一类自然机械论假设且必然承续武断命名的自然力量。社会机械论是发源于人的自然机械论,而所谓的自然机械论是发源于非人的自然机械论。人的活动可以表现为对自然的征服或对自然的造反;但实际上发生的是自然的一部分通过自然必然性反抗自然的其他部分。

我们怀疑人们能否把言辞是自然的力量或"天赋(gift)"(页10)这种观点算到霍布斯头上。我们同样怀疑人们能否像波林似乎做的那样,把这样一种相关的观点算到霍布斯头上,即人是地球上唯一能思考未来或作目的论思考的生物(页8－10)。因为,尽管自然机械论与社会机械论的差异或者说自然体与政治体的差异可能的确预设了人的天性与兽类的天性有着根本差异,但霍布斯也的确想让人们相信人的天性与兽类的天性的差异只不过是程度上的差异。① 这就是[177]霍布斯摇摆不定的原因:存在着(人、狗、马的)"各种天性(natures)"这一假设与霍布斯的如下看法之间有一种张力,霍布斯认为所有特性(properties)只能被完全理解为"生成"的效果(参《利维坦》两个版本中46章的开头),并且最终是最普遍的那种生成的效果。无论情况如何,由于把这样的观点(比如,言辞是一种天赋)归为霍布斯的观点,波林超出了霍布斯自己所说的话,正如他似乎承认的那样(页6－7)。我们远非责怪波林超出了霍布斯自己的话。我们向波林提出异议只是因为在超出霍布斯所说的话

---

① 《利维坦》,章3,4和12的开头。比较《论公民》,I,2("天性,也就是所有动物固有的激情"驱使我们追逐社会的乐趣,即虚荣的满足,前揭,V,5,虚荣是人所特有的)。见《利维坦》,章27(Blackwell's Political Texts ed.,页194)。比较波林自己对《论人》,X,I,(6)中对videtur[似乎]的解释。在霍布斯看来,人大脑中唯一先于言辞创造的特性,也就是人大脑中唯一的自然特性,是把现象理解为可能效果的原因的思考能力,这不同于寻求产生"一种想象中的效果"的原因或手段的能力,后一种能为"人畜所共有";人所特有的不是"目的论"思考而是"因果关系"思考。霍布斯把人是理性动物的传统定义转变为人是探究结果的动物,也就是有能力掌握科学即"结果的知识"的动物。霍布斯这样做的原因在于传统定义暗示人天生是一种社会动物,霍布斯必然反驳这一暗示(《论公民》,I,2)。结果,人的自然特性与言辞的关系变得模糊。另一方面,霍布斯能够从其关于人的定义中推论出有霍布斯特色的关于人的学说:人能把自己看作可能产生影响的一个原因,即人能意识到自己的力量;人能够关注于力量;人能够渴望拥有力量;人能够通过拥有让他人认可的力量来确认其变强大的希望;也就是人能够自视过高或骄傲自大;人能够感受到未来的饥饿,能预测到未来的危险,能够萦绕于长远的恐惧。比较《利维坦》,章3(15),5(27,29),6(33,36),II(64)和《论人》,X,3。

时，他停得过快，或者换句话说，因为波林没有充分反思为何必须要超出霍布斯的话。在讨论过的例子中，我们可以看到，霍布斯在两种倾向之间摇摆，一种承认人的天性与兽类的天性有着根本差异，另一种认为人与兽类的这种根本差异完全是人的发明。波林只是拒绝再次重复霍布斯的摇摆，这是正确的。但波林没有试图进而追溯霍布斯摇摆的原因，从而未能展现霍布斯没有成功解决的根本困难。返回到另外一个例子，波林主张，在自然机械论与社会机械论之间，既有断裂又存在一种没有断裂的连续性，或者说人既摆脱了又没有摆脱自然机械论，这样，我们就可以说波林接近了霍布斯的看法（页 7,9,23,51 - 52,99）。在这种情况下，波林仅仅再现或保留了霍布斯教诲的根本的含混性。面对这种含混性，人就只能从对霍布斯政治科学的这两种解释中选择其中的一种，并一以贯之地遵循这一选择。这些解释可以粗略地称为自然主义解释或人道主义解释。更好的说法是，研究霍布斯的学者必须要决定，他是要按霍布斯政治科学本身来理解它，还是要根据霍布斯的自然科学来理解其政治科学。

[178]我们将努力尽可能简单地表明，人们为什么不能仅仅按霍布斯自己表述的那样再现其政治科学。在霍布斯看来，言辞，无论是自然天赋还是人的创造，都为人所特有。言辞预设了"思想（thoughts）"和"激情（passions）"。① 所有思想的源头是感觉，所有激情的源头可以说是快乐或痛苦。不过，感觉和快乐或痛苦"不过是（大脑内或关于心）的运动……不过只是表象（seemings）和幻象（apparitions）"，尽管是"自然制造的""表象"。因为"那没有形体（body）的东西……就什么也不是"，而且，由于不能等同于有形体之

---

① "思想"和"激情"共同对应笛卡尔和洛克的"观念（ideas）"。比较《利维坦》，导言及章6(38)。值得注意的是，霍布斯对用一个单一的名词指代所有"心灵的知觉"（休谟）感到犹豫。霍布斯发现了人在身体上而非"意识上"的单一性。

物(the bodily),因此精神事物(the mental)就什么也不是。① 那没有形体的,都是"想象出来的(phantastical)"。② 言辞由"名称"构成,而名称既不是形体也不是形体的偶性(accidents)(《利维坦》,章4)。偶性中没有任何实在性(英文《作品集》,IV,306;《论物体》[De Corpore],VIII,2 和 20)。政治体(the body politic)是一个虚构的体(页 222-223);因为"任何人都不可能真正(《论公民》,V,12:自然方式[naturali modo])把自己的力量转变成"主权者,也就是转变成政治体的"灵魂"(《法的原理》,I,19,节 10):那实在之物就是自然之物,也就是那有形体之物。但形体难道就是实在的吗?难道霍布斯没有最终被迫进入"现象主义"?

根据霍布斯的自然科学,人及其作品成为一种纯粹的变化无常的幻觉(phantasmagoria)。纵观霍布斯的自然科学,其政治科学的"本土色调"是某种"面目苍白,病弱不堪的"东西,让人想起死亡——但又完全缺乏死亡的威严,这种东西预示了今天的实证主义。那么,如果要公正对待活跃在霍布斯政治教诲中的生命力,[179]我们似乎必须按其本身来理解那种教诲,而不是根据他的自然科学。这能做到吗?

1642 年,霍布斯出版了《哲学原理》(Elementa Philosophiae)的第三部《论公民》,十多年后他才出版前两部(《论物体》,1655;《论人》,1658)。霍布斯在《论公民》的前言中为这一不合常规辩护说,理解《论公民》并不需要《哲学原理》前两部的知识:政治科学建立在通过经验获得的其自身具有的原则之上,不需要自然科学。《利

---

① 霍布斯似乎认为,这一观点充分支持了他的主张,即身体的快乐和痛苦是真实的,而心灵的快乐和痛苦是徒劳的或幻想的;比较《论公民》,I,2 和《利维坦》,章 27(195)和章 6(34)。换句话说,霍布斯似乎认为其肉体主义(corporealism)使合理的恐惧与不合理的荣誉的对立合法化。

② 《法的原理》,I,2,节 10 和 7,节 1;《利维坦》,章 6(33),27(195),45(126);《论物体》,IV,in cortesii Meditationes。比较腾尼斯(Ferdinand Tönnies),《霍布斯》,第三版,页 128-129。

维坦》(前言,章 1 和章 32 开头)、《论人》(献辞)和《论物体》(VI,7)中都有类似的话,这使我们能够将霍布斯的思想表述如下:有关人和人类事物的学问不需要自然科学,它有着自己的通过经验获得的原则。① 不过,这些话,还有波林提到的《论物体》第一章的某些话,都不能使人有理由说(而波林恰恰在某处这样说),在霍布斯看来,哲学或科学的探寻没有自然的或逻辑的顺序(XII - XIII;但是比较 38 - 39)。在我们曾提到的《论公民》前言那段话中(波林引用的是 Sorbière 的法译本),霍布斯谈到"顺序的颠倒(ce renversement de l'ordre)",《论公民》的出版先于《哲学原理》前两部的事实暗示了这一点。但霍布斯反复承认其关于人和人类事物的学问独立于其自然科学,这种承认的价值不可估量。波林似乎做好充分准备要从中渔利。波林在其"前言"中说:

> 我们理解,霍布斯的"政治学"又被称为"公民哲学",我们称之为"政治科学"……把所有其他的领域都包括在内,政治学在霍布斯哲学及其理解图表中占有很大的比重(页 xiii)。

[180]波林的"前言"中后面的某些话(页 xvi,xviii),甚至像是必须要把霍布斯的自然科学看作无非是其政治科学的一个公设(postulate):它回答了这样一个问题,即宇宙必须要呈现为何种形态,以便人能够按霍布斯政治科学规定的人所应生活的那样生活。波林作品的主体,并未履行其"前言"中这一有趣的诺言般的说法。

---

① 只有对激情的研究(与对"思想"的研究截然不同)从根本上属于霍布斯意义上的政治科学(比较,《论物体》,VI,6 - 7 和 I,9)。这意味着,经《法的原理》、《利维坦》和《论人》中有关激情及相关题材的论述的补充,《论公民》要比《法的原理》和《利维坦》更接近于把霍布斯的政治科学充分表述为一个独立的学科。

波林的犹豫很容易理解。虽然不能根据霍布斯的自然科学来理解其政治科学,但也不能仅仅认为霍布斯的政治科学独立于其自然科学或先于其自然科学。原因不在于霍布斯的政治科学基于其决定论和惯性学说(《利维坦》,章 2 开头,章 6[39],章 21[137 – 138])。人们可能对霍布斯本人说,就这些学说与理解人类生活密切相关而言,每个人都是通过自己的经验知道这些学说的(《论人》,XI,2)。人们还可以补充说,大约在出现新自然科学一个世纪以前,马基雅维利就意识到这些学说与人类密切相关的意义,他尤其否认至善(summum bonum)的可能性和道德诉求的效能。诸如此类的思考为这样一种论断增添了力量,即霍布斯的政治科学是自立自足的,因为它把人理解为有自身特点的存在者,凭借这一点,他的政治科学能使自己对抗自然本身(XVIII,41),因为霍布斯政治科学有关人的教诲的主旨,是在一种敏感精神(esprit de finesse)而非几何精神(esprit de géométrie)中构想的。这并不意味着霍布斯政治科学的内容与其自然科学毫无干系。霍布斯的政治科学与其自然科学的关系,可以被临时性地比作神学教义学(dogmatics)与神学护教学(apologetics)之间的关系。霍布斯通过自己关于人的经验推理得出有关人类事物的发现,且不容置疑地把这些发现规定为真理;但由于各种关于整全(the whole)的无价值的意见造成对人的错误理解,他还要针对这些错误理解为真理做辩护(《利维坦》,章 46[442];拉丁文版,章 47,结尾)。因此,霍布斯必须要用关于整全的真正观点反对那些无价值的意见,有且只有整全的真正观点等同于真正的政治科学,这一事实并不证明整全的真正观点:霍布斯的自然科学不仅仅是其政治理由(political reason)的一个公设或投射。[181]我们甚至可以承认,根据哲学的必要顺序,霍布斯的整全观先于其人观及人类事物观,前提是我们要以如下的方式理解这种优先。就其是霍布斯政治教诲的根本来说,霍布斯的人观表达了新的整全观如何影响"整全的人"——按日常生活理解的人或按史学家和诗人理解的人,不同于在霍布斯自然科学背景下理解的人。"这些无限空间的恒久静寂吓坏了"人:真理所生成的情绪(mood)——真实的情绪——是恐惧,这是一种存在者面对宇宙时所体验到的恐惧,因为这个宇宙给了这种存在者适当的装备或引导,但并不关心它。只有在人做了很大的努力后,这种真实的情绪或真实的观点才会产生。最初,漆黑一片,没有一丝自然之光:"人们除了根据自己所遭遇的意外灾祸推论以外,便没有任何其他的办法认识自己的黑暗"(《利维坦》,章 44,396)。人凭天性看不到自己的处境。人认为自己为第一因(first cause or causes)、为不可见的种种神灵(spirits)所眷顾,更不用说受到神意(Providence)的垂青。于是,最卓越的盲目的激情就是荣誉或放肆或骄傲。一个人能拥有的最极端的骄傲形式就是相信整全的第一因已经对他说过话。不过,由于最初把自己看作完全依赖于不可见的种种神灵的决断意志,人既放肆又可怜。一旦意识到真实的处境,"关涉其幸福和悲惨的自然状态",人实际上就会满心恐惧。但是,这种恐惧也指出了克服这种自然状态的入口:压迫他的巨大整全缺乏智力。从恐惧与骄傲的对立中,波林看到了霍布斯有关人类激情的教诲的核心乃至有关人的教诲的核心(59,103 - 104,132 - 133),而这种对立,我们可以把它直接看作新的整全观(人用"常识"理解自身)的结果。霍布斯试图用有关人的科学理解代替"常识理解",从这个意义上说,霍布斯使自己的作为规范科学的政治科学陷入危险之中,并为我们时代"价值无涉"的政治科学做好了准备。

这一建议决不足以消除[182]霍布斯教诲根本上的晦涩性。霍布斯把特定的题材分配给《法的原理》《论公民》和《利维坦》这些明白易懂感情外露的作品,这一做法,再加上其清楚的言论,表明霍布斯预设了学问的根本二分法(bipartition)和事物之间的根本二分法。但霍布斯拿不准这一根本二分法的确切特点或依据。他把这些二分法转移到身体与心灵、非自愿与自愿上。这些二分法并不令他满意,因为它们没有显示出非人与人的根本差异,暂且不论其形体论(corporealism)和决定论是不是会使这些二分法存在问题。霍布斯似乎认为人与兽的具体差异在于言辞而非其他。但霍布斯把言辞看作人的一个发明。这意味着事物的根本二分法源于人,经过人的制造(man's making):人的自然不像人的制造那样不可简化为其他的事物。将根本二分法用于和人的制造无关的事物与凭借人的制造存在的事物,类似于将二分法用于自然事物与人工事物,霍布斯在区分自然体与人工体(即国家)时使用了这一二分法。但这一相似性揭示出一个最为重要的差异:在霍布斯看来,人工事物不仅包括所有人工制品本身和公民社会,还有,最重要的是,有关理解的各种原则(我们只理解我们制造的东西)。霍布斯因而倾向于假设,人工事物不仅不可简化为自然事物,而且甚至是第一位的(primary)。同时,霍布斯把理解设想为制造,这就迫使他把人及其所有作品都看作是普遍运动的产物。要表述我们在努力理解霍布斯的教诲时遇到的困难,可以这样说:霍布斯的学说既是19世纪和20世纪一元论实证主义又是其对立面——同时代的自由哲学(philosophy of freedom)——的源头。但霍布斯不仅在形体论与我们可以称为结构主义(constructionism)的东西之间摇摆;而且他还拿不准非形体论的开端是否具有任意建构的特点或者说"意识材料(data of consciousness)"的特点。

在霍布斯的整全观中,最重要的要素是其关于神(deity)的观点。波林毫不含糊地说[183]霍布斯是名无神论者(页 xv, 139 - 140)。由于其论点没有得到普遍接受,表明这一论点是如何得出的应不会有什么不妥。若是我们首先限于讨论自然神学,我们不得不说,根据霍布斯自己对无神论的定义,他是一名无神论者。像撒都该人(Sadducees)那样否认精灵(spirits)或天使的存在"非常接近于直接的无神论"。但是,除了"像空气、风那样稀薄的形体"和"居住在人类大脑中的幻想物",自然理性不知道有其他的精灵。自然理性对"实质的永恒的天使"一无所知,更不用说无形体的实体。"人与理性这两个名称指代的范围相同"。撒都该人的看法没错。相信精灵就是迷信。因而,自然理性"非常接近于直接的无神论"。① 进而,说上帝是世界或世界的一部分,意味着否认上帝的存在。但"世界……是全部",因此,不是世界的事物和"不是世界一部分的事物便是无"。② 由此,霍布斯就教导了"直接的无神论"。但是,我们刚刚使用的无神论定义处于霍布斯讨论"神的尊崇标志(attributes of divine honour)"的上下文中,即这些标志并不意味着对真理的表达,而只不过是或真或假的尊崇上帝的欲望。③ 我们因而必须探询自然理性就其本身而言是否知道上帝的存在及其他属性,这一自然理性显然不同于在尊崇上帝的意图中所运用的自然理性。霍布斯似乎主张,人能通过自然理性知道有一个永恒全能的上帝,而我们不具有对这位上帝的了解或形象或概念,或者说,其"伟大和力量是不可想象的"或不可思议的。从这一点可以推论说,不会有真正的宗教,因为真正的宗教是对不可见力量的恐惧,"当想象某力量时,它便真的如我们对其的想象"。④ 更确切地说,如果上帝全能,那他就是万事万物的原因,既是善的也是恶的原因;上帝尤其是罪的原因。正是出于这个理由,上帝主权的正当性,才不能衍生于上帝的恩慈、善和神意(providence)。神意是一个信仰问题,而不是知识问题。人们信仰上帝[184]的善,因为为了得到全能上帝的青睐,他们不得不尊崇他,尊崇存在于关于力量和善的意见之中;自然宗教正是基于不同于知识的这一意见。由于这个理由,自然理性对作为道德法(即理性法)创造者的上帝一无所知,并且道德法也不包涵任何对上帝所负的义务的规定。⑤ 但人是否真正了解了上帝的全能?它

---

① 《利维坦》,章4(20),6(50),12(71),27(195 – 196),34(259 – 261,264),45(420)。

② 《利维坦》,章31(237)和46(440)。

③ 《利维坦》,章12(71),31(237),34(257),45(424 – 425),46(444)。

④ 《利维坦》,章3(17),6(35),11(69),12(70)。

⑤ 《利维坦》,章15(结尾),30(224,232),31(233 – 237),42(340),46(445 – 446);《英文作品集》,IV,390,399,V,210 – 212,284。

难道不是纯粹的信仰？全能的教条难道不是源于这样一个事实,即人把全能赋予一个人不了解其力量或其力量的局限的存在者？换句话说,虽然承认一位全能的上帝"可能……衍生于人们一定要了解自然体的原因的欲望",但实际的"对原因的探求"却仅仅导致这样的观点,即"肯定存在第一推动者,甚至异教哲人都对此表示承认",①且这位第一推动者并不必然是全能的。但是,自然理性难道果真知道第一推动者的存在？人们至多可以说,在探求原因时人最终得出的是一个被推动的推动者(a moved mover)。不用说,上帝——被推动的推动者——必然是一个形体,因而有组成部分,并"具有某种确定的大小(magnitude)"。上帝是个精灵(a spirit),即一个不可见的形体:"一个最纯粹的、简单的、精灵的形体"。既然如此,既然上帝必定要么是宇宙要么是宇宙的一部分,上帝就只能是宇宙的一部分。作为"稀薄的、流动的、透明的、不可见的形体",上帝能以如下方式与"另一种形体混合",即他的各个部分保留它们的简单性,同时改变与之混合的其他种类的形体。这些似乎都是有关[上帝的]全在(omnipresence)和全能的霍布斯式残余。霍布斯的上帝与以太(ether)无法区分,以太是最具流动性的形体,遍布宇宙中其他形体到不了的各个地方。总之,自然理性对上帝一无所知。"除世界的创造外,没有任何论证证明一位神的存在",而世界的创造无法得到证明。此外,如果世界实际上不是永恒的,人们将仅仅被引向"某种永恒的原因,一个或多个"。②

[185]霍布斯可能认为自然理性没能力建立(establish)上帝的存在,不过是确定(be certain)上帝的存在,因为他确定圣经教诲为真理。霍布斯毫不犹豫地论证圣经是上帝之言的假设,尤其是在

---

① 《利维坦》,章 11(68),12(70-71),37(287),45(419)。
② 《利维坦》,章 3(17);《论物体》,XXVI,1 和 5;《英文作品集》,IV,390,399,IV,302-303,308-310,313,349,427-428;《论物体》,X, *In Cartesii Meditationes*。

《利维坦》的第三部分("论基督教体系的国家")这样做。霍布斯启示神学的某些结论值得提及。有天使但没有魔鬼。没有不死的灵魂。上帝之国过去是将来也是地上之国。上帝之国"在拣选扫罗时被中断",将在[基督]第二次降临时得以恢复,届时死者将会复活。直到那时,还不存在上帝之国:基督徒是有意于在第二次降临后听从基督的人。复活后,堕落者将受到惩罚,不是用地狱之火(地狱之火是个寓意式表达),而是通过置身于"亚当及其后人堕落后所处的境况中":他们将"结婚嫁娶,拥有笨重的会朽坏的身体,正如现在所有人拥有的那样",然后再度死亡,但被拣选者将拥有荣耀的或灵性的身体,他们不吃不喝不生育;所有这些都将在地上发生。为了能被上帝之国接纳,人必须遵守自然的法则,"其中首要的是……遵从世俗主权者的诫命",人必须相信耶稣就是基督。如果主权者是个不信教者且禁止基督教,也必须要遵从主权者的命令。①

在霍布斯看来,通过教会的权威或圣灵的内在见证(inner testimony of the Holy Ghost),不能确立这种教诲所依据的假设。可以想见只有理性从圣经的古老和奇迹出发进行论证,才能证明圣经是上帝之言。霍布斯否认所有基于圣经的古老和奇迹的论证的有效性。于是就没有任何理由相信圣经的权威,"既然我们的信仰没有理由(no reason),我们何以应当信仰也就没有理由"。圣经拥有的权威只衍生于这样的事实:世俗主权者使圣经成为律法。② [186]如果是这种情况,世俗主权者就有绝对的权利废除基督教。说主权者不能这样做,因为人们的信仰并不受主权者的控制,这是一种误导。由于信仰源于聆听,主权者就能够通过阻止基督教的教诲而摧毁后辈的基督教信仰。当然,研究"宗教变化的原因"会得出基督教会

---

① 《利维坦》,章 34(264),35,38,42(327),43,44(410 – 411)。
② 《利维坦》,章 7(42),26(187 – 188),27(191),29(212),32(243 – 245),33,36,37,38(296),42(326,339 – 342,345),43(386 – 387);《英文作品集》,IV,339 – 340,369。

能同之前的异教一样被废除的结论。不用说,只要其臣民坚信基督教,主权者行使废除的权利就极其愚蠢:他必须要等待启蒙打开了臣民的眼睛后再行使这种权利。但是,鉴于圣经能经受得住一种解释(即霍布斯式的解释)的考验——这就使其成为任何政府的绝佳工具——尤其考虑到所有不具有反叛性的基督教派别完全是可以容忍的,基督教王国中的主权者为何要考虑这样一种极端的政策?① 无论情况可能如何,主权者没有义务建立任何公共崇拜,即"国家根本没有必要拥有任何宗教"。"对神的意见……从来不可能这样从人性中剔除",但旧宗教腐败后"种种新的宗教可能会从(人性)中被造出":宗教"最初的种籽或原则"并不必然再次发展成一个"建制性的宗教",即发展成能够正当地称为宗教的东西。②

圣经的启示特点具有不确定性,这种不确定性并不证明圣经教诲可能不是真的且不高于理性,因而它也不能证明圣经教诲不能被相信。但霍布斯似乎否认这种可能性,他的论证如下"……感觉、记忆、理解、理智和意见……总是且必然是如我们看到、听到和思考的东西暗示给我们的;因此它们不是我们意志的结果,而是我们关于这些事物的意志"。但人们主张信仰取决于我们的意志,因为有些情况下,无论如何都不足以打动认知官能。[187] 然而,霍布斯认为,如果"事物"没有提供充分的令人同意的理由,理解力(understanding;或译"知性")(如果是清醒的)必然就会怀疑,而且这种怀疑不服从于意志:同意和不予同意都是可能的,这种领域根本就不存在;在同意与不同意之间做出选择的自由,恰恰会预设已经知悉了相关论题的不确定性并随之同意了那种不确定性,也就是说,怀疑这些论题或对这些论题不予同意。霍布斯同样以这种方式反驳

---

① 《利维坦》,章 12(77-80),40(314-315),42(327-328,333,381),43(387,395),45(427-430),47(454-456)。

② 《利维坦》,章 12(77),27(188),31(240;比较拉丁文版)。强调为笔者所加。

启示的可能性：人们无法以其现实性（actuality）证明启示的可能性，因为启示的现实性是不确定的；因此人们不能说启示是否可能，除非人们知道它如何可能，也就是说，除非人们具有关于启示的原因的充分知识；但启示从定义上讲是高于理性的。①

通过试图证明圣经启示的内容反理性，霍布斯想更具体地反驳启示性宗教。我们在这里只提及霍布斯关于圣经教诲与"自然理性之道德"的关系所做的阐述。我们这样做还可以表明，霍布斯非常清楚，自己为使信众接受其哲学教诲的主体而对圣经提出的解释多么站不住脚。如果一个基督教主权者要制订适合圣经学说的法律，他将约束人们做某些自己不应命令的行为。他将通过"己所欲施于人"的统治来确定自己的取向，而理性法只是命令"己所不欲，勿施于人"。引导他的忠告是"倾其所有，散于穷人"。他将禁止臣民与"通奸者为伍"，也就是说，他将给出某些"要做到这一点，除非离开这个世界"的命令。② 上述行为规范并不适合大的社会。同样的考虑也适用于对通奸本身的禁令。基督教主权者将更关心正统而非道德，因为根据圣经学说，"上帝总是为了善工（work）本身而接受（意志），无论是在好人身上还是在坏人身上都一样"，但"只是在忠信者身上"，或者说，人的称义[188]不取决于他自己的努力而是取决于上帝的恩典。通过鼓励圣经意义上的宗教热忱，他将教育自己的臣民"鄙视荣誉，心如铁石"。《旧约》设立了祭司统治，即一种如《旧约》记录显示的那样在混乱时注定要产生的政府形式。祭司统治为这个事实负责，无政府状态诱使犹太人"像列国一样"设立一位王，"纵观诸王的全部历史……都有先知始终管制着国王"。就

---

① 《利维坦》，章32（243）；《论物体》，XIII, In Cartesii Mediattiones。
② ［译按］霍布斯引用的是圣保罗在《哥林多前书》（5.9-10）中的话：

我先前写信给你们说：不可与淫乱的人相交。此话不是指这世上一概行淫乱的，或贪婪的、勒索的、或拜偶像的，若是这样，你们除非离开世界方可。

是说,《旧约》为世俗权力和精神权力的二元性奠定了基础,这种二元性与和平——即理性的最卓越的要求——并不相容。至于说基督教,它发源于反抗世俗主权者,因此被迫最终认可了这两种权力的二元性。

由于对圣经持有这样的观点,霍布斯被迫试着对圣经宗教进行一种自然的解释。异教信仰(paganism)与圣经宗教的根本差异在于:异教的宗教是人类政治的一部分,而圣经宗教则是神的政治,即上帝之国的政治。由于受到埃及人的奴役,犹太人对自由怀有异乎寻常的强烈渴望,并对臣服于任何人类政府都极度憎恨:西奈山上建立的上帝之国意在最高程度地满足对自由的渴望。但上帝之国实际上是一个祭司政权,即一种有异常缺陷的政制。尽管这种祭司政权崩溃了,即以色列建立起人类王权,但古代政制的权威仍如此之大,以至于犹太人"不允许他们的王改变他们认为是摩西带给自己的宗教。因此,无论何时,当他们想胜过别人时,他们就能始终保有一个或正义或宗教的托辞,使自己不必服从"。在此期间,他们表达不满的形式是盼望一个弥赛亚(Messiah),也就是一位会恢复上帝之国并进行治理的人间国王:弥赛亚的观念[189]是对最初的上帝之国观念的修正,是犹太人在祭司统治下的痛苦经历迫使他们对政治现实做出的让步。作为巴比伦因房(the Captivity)的结果,弥赛亚逐渐开始意指一位人间国王,他会解放犹太人,之后他会建立一个普世的君主政权,由此恢复(且不仅仅是恢复)最初的上帝之国。这种期盼是基督教的根基。耶稣布道说他是弥赛亚,犹太意义上的弥赛亚。因此,恰恰就是他的门徒们"认为这位弥赛亚也无非就是一位世俗的国王"。对耶稣的宣称的这种理解导致了对他的定罪。基督教本身是对一次(由狂热的政治期望所激起的)政治运动的失败进行解释的尝试,这是从信仰奇迹和灵与肉的实体二元性的角度进行的解释。基督教通过如下事实揭示了这场政治运动的起源:基督教信仰的基础是"相信这一信条,耶稣是基督",也即,耶稣是犹太意义上的弥赛亚。至于早期基督教的成功,除了其他方面,还可归结为这样的事实:"基督徒们共同生活……并且慈善",暂时放弃了有关世俗权力或公民不服从的全部想法。① 简而言之,霍布斯勾勒出一种对基督教的解释,一个世纪后,莱马鲁斯(Hermann Samuel Reimarus)极为直白地发展了这种解释。② 但即便莱马鲁斯也没有出版那一解释;他甚至对"躺在自己怀中的女人"都只字未提这些看法。因此,对这样的题材及其前提,如果霍布斯要在标题页上有自己名字的出版作品中极其小心地表达自己的看法,我们不应感到奇怪。

然而,霍布斯令人震惊的过分简化已经够人受的,更不用说其荒诞不经之处,最慈善的人可以对霍布斯本人评论路吉阿诺斯(Lucian)的话稍加修正,用在霍布斯自己身上:尽管是位好盎格鲁语作家,他却是个渎神的人。③ 霍布斯的无信仰是其自然状态教诲的必要前提。[190]这一教诲是霍布斯自然科学与其政治科学之间的真正纽带:前人对人的自然尤其人的激情以及自然使人所处的幸福和悲惨的条件做了阐释,霍布斯的自然状态教诲,通过在这些阐释的基础上进行推断,界定了政治科学不得不解决的问题。更具体地

---

① 《论公民》,XVI,8,9,XVII,1,3,7;《法的原理》,II,6,节 7;《利维坦》,章 12(73,75 - 76),32(245),35(269),38(301),40(308,314),41(319 - 320),42(322 - 323,364,366),43(373,381 - 382,388,391,392),45(419);《英文作品集》,IV,388。

② 莱辛《作品集》(*Werke*, Hempel),XV,331 - 341,348 及以下,394 - 395,406,414 - 415。[译按]莱马鲁斯(1694 - 1768),汉堡神学家、自然神论者,德国启蒙运动的先驱之一。奠定他在思想史上地位的是两部著作:《自然宗教最崇高的真理》和《上帝理性崇拜者的护教书》。前者出版后引起很大反响,但后一部著作,他至死没发表,原因很简单:他的宗教和启示批判最终导致了对基督教这个神启宗教的根本否定。参见莱辛,《历史与启示》,刘小枫编,朱雁冰译,北京:华夏出版社,2005.

③ 《利维坦》,拉丁版,附录,第二章。[译按]此句原文为拉丁文:Homo blasphemus, licet sit author quamvis bonus linguae Anglicae. 施特劳斯在此化用了霍布斯描述路吉阿诺斯的话(尽管是个好希腊作家,他却是个渎神的人)。

说,关于自然状态的教诲意在澄清,人类制度之前或独立于人类制度的正义是何种状态,或者意在回答,正义是否以及在多大程度上得到外在于人的尤其是神的支持。人们可以这样表达霍布斯的回答,离开人类制度,正义实际上在世界中无法存在:自然状态的特点是非理性乃至不义。霍布斯求助于自然状态不仅是为了确定正义或自然权利的存在状态或方式,还要确定其内容或意义:根据纯粹自然的观点来看,自然权利是全部正义的根基。① 波林对霍布斯有关这一主题的教诲的解释不是非常令人满意,因为他没有充分注意到自然状态这一概念的新奇性,这一状态早于所有人类制度,其特点是,存在各种自然权利或自然义务,并且自然权利或自然义务的存在指向作为正义家园的公民社会。但波林令人称道地强调,霍布斯理解的自然状态不是一个纯粹的猜想,而是过去实际发生的事实(页87-89)。如果人类种族有一个开端,如果这一开端无法被理解为圣经意义上的创世,自然状态肯定是实际存在的:第一代人的生活(如果可能,时间很短)必然不臣服于任何更高的力量,或不受这种力量的保护。与此相应,霍布斯偶尔会谈到"最初的暴力和内战的混乱"。② 因此,人们会期待,霍布斯相信自然状态在太初曾实际存在,"普遍地……在全世界都曾存在"。然而,霍布斯却否认这一点:自然状态在过去曾实际存在,但"绝不是普遍地……在全世界都曾存在"。因此,世界之中自古迄今必然始终存在公民社会:[191]民事法律与人类同龄。在公民社会解体和出现新公民社会的间歇,自然状态找到了其位置,它就是野蛮人习以为常的那种状态。③ 霍布斯显然预设了,人类乃至可见的宇宙是永恒的。④ 不管

---

① 《法的原理》,I,14,节1-2;《论公民》,I,1,X,10(比较波林,63注和132);《利维坦》,章13和14(85)。
② 《利维坦》,章36,结尾。比较《论人》,I,1和《论公民》,VIII,1。
③ 《利维坦》,章13(83);《论公民》,XIV,14。
④ 比较《利维坦》,章28,结尾和章29,开头。

怎么说,在将自然状态等同于野蛮人的生活方式上,霍布斯遇到了巨大的困难;霍布斯被迫承认野蛮人已经有政府。如果按霍布斯的主张,自然使人关系涣散,那么自然状态就必然是前社会的。不过,在霍布斯看来,生活在自然状态中的人已经具有使用言辞的能力,结果也拥有某种"真实的、普遍和有益的思辨":要不然,他们能遵从理性的指示摆脱自然状态?但前社会的人如何掌握言辞?这一矛盾为卢梭提供了批判霍布斯的一个起点,这一批判的原则可表述如下:像霍布斯设想的那种自然状态,其指向是公民社会;由于自然状态是自然的作品,因此霍布斯在这里就承认了与其学说相矛盾的自然目的论。① 对自然的非目的论理解要求以一种不超越自然状态本身的方式理解自然状态(正如童年),换句话说,人离开自然状态完全必须被理解为是由于机械的或偶然的原因:拒斥目的论要求自然状态是"善的"或者说要求其自身不是不完美的;人们只能说,在偶然原因改变了人类后,自然状态被证明是不完美的。

我们曾说,在霍布斯的自然状态中,正义在实践中不存在。这并不意味着正义完全不存在于自然状态:正义必须要在自然状态中找到根基,也只有在自然状态中才能得到绝对清晰的展示。正义的根基是自然的正当(the right of nature),一种"主观的(subjective)"自然权利(natural right)。波林对霍布斯的解释最大的弱点可能是由于其未能把握霍布斯自然正当学说(Hobbes's doctrine of the right of nature)的含义。在霍布斯看来,主权者的种种权利是特定种类的自然权利(natural rights)[192](章30[221]),它们衍生于种种自然法则(the laws of nature),自然法则反过来也衍生于自然的正当:没有自然的正当就没有任何主权者的权利。自然的正当是每个个体的权利,它早于公民社会,并决定了公民社会的目的。不止如此:根本的自然的正当持存于公民社会中,以至于主权者的权利可以废

---

① 《利维坦》,章10(61),13(82-83),30(223),46(436);《论物体》,X,7。

止,而个人的根本权利却不能废止。波林另一方面主张,至少是在几段中认为(页 127,166,184 及以下;但比较页 243-245),人们没有从霍布斯那里发现一种个人权利的学说:个人权利只存在于自然状态中,个人权利甚至不过是一种伪权利,实际上无非是一种简单的自然力量。这种看法不可能正确。人有本着恐惧暴死的精神行事的自然力量,也就是有关心他的自我保存的自然力量,人有本着荣誉的精神行事的自然力量,也就是有关心自己虚荣心满足的自然力量。不过,正如波林注意到的那样,恐惧总是正当的(legitimate),而荣誉则不是(页 191-192)。恐惧和荣誉同样都是自然的,只不过,恐惧是正义的自然根基,而荣誉则是非正义的自然根基。与斯宾诺莎不同,霍布斯确实区分了什么是自然的(what is nature)与什么是依自然正当的(what is by nature right)。霍布斯把那依自然是正当的东西追溯到那依自然是必然的东西那里,这一事实并不影响霍布斯的上述区分;因为,霍布斯这样做实际上就是把那依自然是错误的东西追溯到依自然是不必然的东西那里(《论公民》,I,7;III,27 注)。我们可以说,霍布斯不仅利用必然性的"科学的"概念,还利用了必然性的"常识的"概念,根据必然性的"科学的"概念,所有实在的事物都是必然的,根据必然性"常识的"概念,并非所有实在的事物都是必然的。在自然状态中,自然权利在实践上并不存在,因为在自然状态中,自我保存的正义要求导致了与荣誉的不义要求相同的行动方针:在自然状态中,正义的人与不义的人努力获得一切,使用能支配的各种手段征服所有人。但自然状态中正义的人与不义的人有一个决定性的差异:自然状态中正义的人已经是一名潜在的公民,也就是说,他已经被驱动公民的那些原则所驱动,尽管他还无法按这些原则行事,[193] 而自然状态中不义的人则不受这些原则的驱动(《法的原理》,I,16,节 4)。进一步说,各种根本的自然权利持存于公民社会中;它们是臣民们的自由的基础,霍布斯在《利维坦》中专门有一章分析臣民的自由。如果没有某种自然的财产(natural property),就不会有霍布斯意义上的自然权利。与波林的提议相反（页115，注3），霍布斯承认自然的财产，那些即便共产主义者柏拉图也不曾否认的"依照自然私有的东西"：个人的身体和四肢（《法义》，739c7；《论公民》，I，7）；霍布斯还超越了柏拉图，甚至把自然财产扩大到"内在的思想和人的信仰"。人的自然财产在自然状态中极其不稳固：正是由于这一事实，自然财产就是公民社会的自然标准。波林试图证明，霍布斯认为所有权利都由主权者吸收或者衍生于主权者，他居然说，在霍布斯看来，个人不应拥有一种意见，因而只有主权者拥有各种意见。然而霍布斯仅仅说的是，人们不应有这样一种意见，即认为自己在某些情况下可以合法地抵抗主权者（页210；比较《法的原理》，II，8，第4段）。在这一基础上——用句号代替冒号，波林创立了这样一种学说，"在完全按照霍布斯学说建立的国家中……不会有某个可能的意见，也不会有某个实在的意见……只有主权者的意见"（页219），而在霍布斯看来，主权者的权力不可能延伸到有理性者"内在的思想和信仰"（《利维坦》，章40[页307－308]）。在此想到如下两种论断的联系可能并不多余：一种论断认为只有个人的权利是首要的、不可废止的，另一种论断认为只有种种自然体才是实在的。

自然的法或霍布斯构想的道德法就如波林指出的那样，确切地说不是一种孤立的法：人在自然状态中并无做好事或善事的义务。自然法变成了一种只在公民社会内部存在的法律：只有在善意或仁慈不再明显具有危险性后，人才有义务做好事或善事。主权者推进对道德法的服从，以使他的小世界变得安全；但主权者没有确定道德法的内容。相反，道德法从根本上讲先于主权者：[194]服从主权者的义务是一种自然法义务。霍布斯自然法学说揭示出的困难可以表述如下：遵从实定法的义务或者说遵从主权者意志的义务不能基于实定法，而必须以自然法为根据（《利维坦》，章30[220]）；不过，这一基础必然会成为一个标准，促使或迫使人们区分正义法与不义法或君主与僭主，因而，这一根据也必然成为公民不服从的潜在基础。因此，霍布斯努力把自然法的要求化约为只是信守诺言，也就是无条件的公民服从;不过,为了对这一化约做合理的解释,霍布斯被迫承认了所有善意或仁慈的要求,并且他无法排除公民服从的要求与善意或仁慈的要求之间存在冲突的可能性;他能够提出的最极端的主张是,如果两套要求出现冲突,公民服从的要求必然优先。这对所有实践目的可能就足够了;但肯定还不足以否认区分正义法与不义法、正义的统治者与不义的统治者的可能性。总之,通过给出绝对服从权威的理由,霍布斯使绝对服从权威成为不可能;通过像苏格拉底那样从求助于权威转向求助于理性,霍布斯被迫重蹈了他所认为的苏格拉底的致命错误,即"无政府主义"。霍布斯实际上对纯粹的国家与合理的(reasonable)国家做了相应的区分。合情理的国家是其主权者履行职责的国家。如果主权者不履行其职责,尤其如果他行不义之举,他的种种权利绝不会受到影响;他的实际权力也不必然受到相当程度的损害,因为主权者的内敌或外敌的错误可以抵消他的错误。霍布斯的合理国家的实现几乎同柏拉图的合理国家的实现一样没有什么必然性(《利维坦》,章31,结尾)。霍布斯与之搏斗的困难在波林的"国家主义的(étatiste)"解释中实际上消失了。在波林看来,《利维坦》与早期的版本不同,"甚至并未提及邪恶的国王或疯狂的国王"(页247;比较页210)。《利维坦》充分暗示了这样一些不便:"主权可能降临到一个幼儿或无法区分善恶的人身上,这是君主制国家中的一个不便";[195]国王有时"不能很好地推理";"有主权权力的人可能会行不义之举",就像大卫杀死乌利亚时所做的那样;"其开端在良知上能说得过去的国家在世上极为罕见";"没有受害者的同意或合理的满足,就不能公平地宽恕对一个私人的冒犯";臣民"憎恶那位或那些握有(主权)权力者的色欲和其他不合规矩的激情"。① 波林还说,在霍布斯看来,"绝对权力等同于理性和德性"(页247)或者说霍布斯的主权

---

① 《利维坦》,章18(116,120),19(124),21(139),29(210),30(225),结论(463)。

者(恰恰像卢梭的主权者一样)必然是他所应是的一切:霍布斯"对于主权者没有什么好说的"(页249)。这里只需参考《利维坦》第30章,尤其是参考对正义的法与好的法所做的区分就足够了。波林竟然说,在霍布斯所构想的合理国家中,"公民不能不有德性,因为其理性和德性……劝导他做事要守法"。波林的这话并不意味着,在霍布斯的合理国家中,实施任何犯罪都会因此而导致丧失公民权,因为波林明确说在霍布斯的合理国家中"所有行为都是道德的,所有人都有德性"(页174)。因此,波林肯定认为,虽然在霍布斯的合理国家中有监狱和绞刑架(因为公民社会的维持取决于正义,正义取决于生杀予夺的权力,《利维坦》,章38,开头),但这些设施将不会被使用。波林的霍布斯似乎是黑格尔和马克思的综合体。

有人试图从霍布斯的作品中找到一个发展脉络,认为霍布斯早期把"荣誉"看作"贵族德性",后期则反对这一学说,波林研究中最令人满意的部分是对这种努力的批评。引起这种努力的是这样的观点,即《闲暇时光》(Horae Subsecivae)表达的思想(也就是思考一个仍未解决的问题)实出自霍布斯之手。此外,人们很难像波林那样说,在霍布斯作品中找不到他曾提出如下观点的痕迹,即荣誉是一种根本的德性或荣誉构成了贵族道德的源泉(页161)。[196]关于第一点,再次提到《法的原理》,I,17,节15(公平、正义和荣誉无论如何包含了所有德性)及与之相对的《论人》,XIII,9("一切德性都包含在正义与仁慈之中")就够了。波林有关这一主题的评论(页163,注3)仅仅证明,荣誉在《法的原理》中的地位已经出现问题,我相信没人会否认这一点。波林的话并不证明,在其伟大写作生涯的开端,霍布斯已经以必要的清晰度揭示出这种质疑的全部后果。或者我们可以这样说,波林没有充分意识到如下事实的意义:霍布斯在《论人》(XIII,9)中仅仅否认勇敢、审慎和节制是道德德性,而在早期版本中他没有走这么远。关于第二点,再次提到霍布斯早期的一句话就够了,"荣誉与诚实不过是不同阶层的人身上的同一事物"——这话暗示人的阶层的差异确实会影响到道德。霍布斯进而在《利维坦》中(章30[页226])认识到这样一个事实:"伟人的荣誉因其施予下等阶层的恩泽与援助而得到尊重,否则什么也不是"。"伟人"能够实施别人无法实施的某些特殊的行动方案(比较《论人》,XIII,5,论富人、老贵族和新贵族的品性)。进一步说,霍布斯有时倾向于把大度(magnanimity)看作所有德性的起源(161 – 162),而波林竟然认为这一观点没有任何道理。波林忽视了《利维坦》曾三次说到慷慨是鼓励人通往正义的激情(章14[92],15[97]和27[195])。

我们认为,波林没有成功地揭示出霍布斯思想的一致性,或者说没有阐明那个根本的问题,而正是这个问题的复杂性,才解释了霍布斯为何在某些最重要的主题上要如此含混或自相矛盾地表述。另一方面,波林在阐明霍布斯大量的含混和自相矛盾方面取得了不俗的成就。因此我们可以说,波林为(我们希望波林或其他人将带给我们的)充分解释霍布斯的政治哲学奠定了基础。

八 洛克的自然法学说

李世祥 译 赵雪刚 校

[197]近期发现了洛克有关自然法的八篇文章或论文,冯·莱登先生(W. von Leyden)首次予以刊布,① 为研究政治思想的学者做了一大贡献。这些文章是洛克自然法学说唯一前后一贯也最为详细的阐述;洛克本人未能刊印或拒绝刊印这些篇章。文章完成于1664年,也就是写《人类理解论》(*Essay concerning human underdtanding*)和《政府论两篇》(*Two treatises of government*)二十多年以前。1664年,洛克是牛津大学的道德哲学学监,他似乎在那一年就自然法讲过课。八篇文章都已完成,还有三篇仅见标题,洛克从未下笔。"洛克为每一篇都写了一个数字编号,编号是连续的,不仅写完的文章有编号对应,仅仅停留在思考阶段的三篇也有编号"(比较页7与页134,158和188)。总计有十一个标题,居中的一个是[198]"自然法能否从人的自然倾向中得悉?不能",对应这一标题的文章洛克没有写。

这些文章可以说由四个部分组成。第一篇文章思考自然法是否存在;接下来的六篇处理或原打算处理能否知悉自然法以及如何知悉;接着的三篇处理或原打算处理自然法是否具有强制性以及具有多大程度的强制性;最后一篇处理每个人的私人利益是否是自然

---

① John Locke, *Essays on the Law of Nature*, The Latin text with a translation, introduction and notes, together with transcripts of Locke's shorthand in his Journal for 1676, Oxford: At the Clarendon Press, 1954。

法的基础。这些文章的主要论点可表述如下。存在一种自然法，其强制力归于通过自然之光知悉的这样一个事实：这种法是上帝的意志。自然法的内容通过自然之光得知，而自然之光指明了什么东西与理性的自然（rational nature）或者说人的自然构造相符，从而是善的。作为理性存在者，人倾向于沉思上帝在其作品中表现出的智慧和力量，倾向于尊崇上帝；作为具有某种过社会生活的自然倾向的存在者，他对其他所有人负有义务（duties），自然的法则（the law of nature）不允许把人分为相互敌对的社会群体；由于受到内心深处保存自我这种冲动的驱使，人对自己负有义务。自然法规定所有德性（信神、服从尊长、诚实、慷慨、贞洁等等），也规定对抢劫、偷盗、私通和谋杀的戒绝。遵从自然法把人们领向德性和幸福的顶峰，德性和幸福是"诸神的召唤，自然的禀赋"（页 110，112，140，146，156，158，162，166）。洛克在所有这些方面或多或少地遵循传统的自然法教诲，尤其是托马斯·阿奎那（Thomas Aquinas）的自然法教诲，即便洛克只提到托马斯一次（页 116）。与此相应，对于不同于人的自然义务的各种自然权利，还有"自然状态"，洛克在这些文章中几乎完全保持沉默。洛克偏离了传统，否认自然法铭刻在人的心里，否认通过人的自然倾向或普遍同意（更不要说传统了）能够知悉自然法：知悉自然法的唯一方法，是从凭感性知觉到的事物（sensibly perceived things）上升至上帝的权能和智慧，上升至从这些神的属性中得出的有关上帝意欲让人做什么的必然结论（页 124－130，136－144，158 注 3 和 160－178）。否认从人的自然倾向中知悉自然法的可能性，这显然至关重要。这一否认恰恰出现在［199］靠近这些文章的中心的一段，洛克在这些地方默然追随托马斯，指出自然法与人的三层自然倾向之间的根本关联：托马斯谈到人天生倾向于想知悉关于上帝的真理，洛克则谈到人倾向于沉思上帝的作品及其作品中体现出的智慧和权能；托马斯谈到人天生倾向于生活在社会中

（或者说胡克［Hooker①］谈到"所有人都有一种自然倾向,渴望社会生活和伙伴关系"）,洛克则谈到"(人)有某种进入社会的自然倾向"(页156-158,比较胡克,I 10.1)。在最后一篇文章靠近结尾的地方,洛克表明了他否认人天生倾向于德性和正义的理由:如果从人的自然倾向中得到道德原则,人就必须奉行所有人实际上都倾向的东西;既然人在这方面形形色色,人就无法得出任何能普遍适用的原则,除非以大多数人的自然倾向为起点;大多数人天生都倾向于自己的私人利益,甚至是眼前的私人利益;但这种自然倾向远不是支持德性和正义,而是颠覆德性和正义(页212)。

> 那些除了自然本身没有其他引导的人,那些心中的自然律令(dictates of nature)完全未被实定的习俗(positive customs)所败坏的人,生活在对一切法律无知的状态下,仿佛根本不曾关注任何正确的和可敬的事物。(页140)

或者引用《人类理解论》中的话(I,3.13):

> 人的欲望中确实存有一些行动原则;不过,这些原则完全不是天赋的道德原则,而且,如果任其自由活动,它们会使人们把一切道德都推翻了。

洛克［在这些文章中］提到人"关于特定的可感知的事物的观念"(页146,148),更不用说他还提到笛卡尔本人(页136注2),这表明这些文章的作者经由追随笛卡尔的领导,已经果断地与哲学传

---

① ［译按］施特劳斯此处提到的 Richard Hooker(1554-1600)是16世纪晚期的英格兰圣公会神学家、教会法学家。著有《教会国家的法律》(*Of the Lawes of the Ecclesiastical Politie*[= *The Laws of Ecclesiastical Polity*])等。施特劳斯下文提及的胡克著作,即为此书。

统决裂,或者说,借用洛克很久以后所说的话,他已经

> 把(自己)首次摆脱(笛卡尔的)时代学院里谈论哲学的那种难解方式的恩惠,归功于那位让人钦佩的绅士(笛卡尔)。①

不过,[200]年轻的洛克已经质疑笛卡尔的如下论断:存在一种关于上帝的天赋观念(页154),②洛克已经否认任何天赋观念的存在:所有原则,不管是理论性的还是实践性的原则,都经感性知觉获得或衍生于感性知觉(页144,146,148)。因此,接下来似乎要说的是,这些自然法的原则不是(按托马斯的看法)无法证明的,而恰恰本身就是(按霍布斯的看法)"结论"。霍布斯对洛克的自然法文章的影响最为明显的地方是反对把普遍同意(universal consent)作为自然法知识的来源(比较《论公民》,II,1),更不用提洛克对自然法与自然权利轮廓清晰的区分了(页110)。

这部作品的编辑与翻译的可靠性高于平均水平。其缺陷与编译者冯·莱登对洛克文章主题的判断也密切相关。冯·莱登说,这一主题"现在被许多人视为过时"(p.v.)。而他自己也在这许多人之列。冯·莱登确信,"一种自然法的概念……衍生于众多杂乱的观念……",或源自混淆了"各种理性的要求、关于理性的各种事实命题与理性真理的确定性之间的差别"。更简单地说,自然法预设了"事实陈述"(理性是人的一种基本属性)与"道德论断"(人应根据理性生活)之间的混同(页44,46)。用一种老套的观察回复一种老套的批评并无不妥,即自然法观念基于区分某种存在者的本性与其完善或目的,而非基于对两者的混淆。更为具体地说,编者冯·莱登指责洛克混淆了"事实问题"(人是理性的)、"[获得]知识的一

---

① *The Works of John Locke in nine volumes*, III, London, 1824, 48。
② 比较霍布斯的《对笛卡尔〈沉思录〉的诘难》(Objections to Descartes' Meditations), X,结尾。

种方式"(人的理性引导人发现自然法)、"一条教义"(自然法是上帝的命令),与"一种逻辑真理"(能够以与证明几何命题相同的方式证明自然法的有效性)(页59)。不用说其他的,不首先表明洛克没有成功证明(洛克声称他成功证明了)上帝的存在及其属性,人们就不可能称洛克关于上帝存在或其神圣属性(自然法凭借这些神圣属性必然成为神圣命令)的主张为"一条教义"。此外,从与洛克对这一问题的看法背道而驰的意义上说,必须把编者的判断看作"非历史的",[201]除非有人首先表明与洛克所说的相反,他认为无法证明存在一位智慧且大能的上帝。"任何想要研究洛克与霍布斯关系的人都不得不从恰当的历史背景着手,这背景就是17世纪反霍布斯主义运动的背景"(页38),这可能正确,也可能不正确;肯定正确的是,任何想要研究洛克教诲的人,都必须要像洛克自己那样去理解他的教诲。编者因其教条主义而对洛克教诲的兴趣只是出于纯粹的好古癖,或者说肯定缺乏哲学性的关注,而没有哲学性的关注,就不可能充分理解哲学教诲。

编者在给这些文章的正文中出现的第二个词 Deus[神,上帝]所加的注释中说:"这个词在手稿 A……以及洛克的手稿 B 的某些修订版中是 deus;在本编校本中,凡确切表征有神论观念的地方,该词的首字母都予以大写"(页108注1)。这样看来,在手稿 A(洛克的亲笔稿)中,洛克似乎一律将该词写为 deus。从所提到的注释中看不出洛克在手稿 B(不是亲笔稿)中是一律还是偶尔把 Deus 的拼写改为 deus,或者说当洛克亲手在手稿 B 中加入单词或句子时是一律还是偶尔写为 deus。无论是何种情况,谁曾听说过这种事情?——洛克自己写的是 deus,而编者却允许自己将其个人的拼写或关于洛克在何处表达"真正的有神论观念"的私人意见强加于读者。如果编者曾清楚告诉我们他自己对"真正的有神论观念"的理解,他的错误原本不会这么严重。编者在导言中说,"我把 Deus 的首字母都大写,除非该词代表'神(deity)'的统称或非基督教的上帝"(页90)。这似乎意味着,当代表基督教的上帝,即代表基督徒和圣经启示所理解的那位上帝时，Deus 的首字母就大写。但洛克在其文章中明确避免对启示的依赖（页 122）。妥当的做法本应是简单地照搬洛克在文本中的拼写，用"上帝（God）"来翻译 Deus，用"一位神（a God）"来翻译单数的 deus（比较《人类理解论》，I, 4.8 – 9）。我在后面将[202]把比较重要且有问题的译文放在方括号里。① 洛克文章的第一句断言存在一位神（a God），接着说，怀疑"有某位神（some deity）执掌着世界"是"邪恶的（wicked）[错误的（wrong）]"。洛克希望清楚表明，他把这种怀疑视为道德罪恶而不是思辨错误。这与如下的第一句话相符：

> 既然有一位神表明自己是无处不在的，而且，仿佛在迫使人们的眼睛注意到他——以同等的程度，现在是通过稳固且不间断的自然进程，过去则是通过对奇迹的经常见证，我相信（believe）[假设（assume）]，将没有人不在心中判定存在一位神，只要他要么认识到某种解释[某种理性地解释]我们的生活的必要性，要么认识到有某种称得上德性或恶行的东西。

洛克没有说一位神的存在对所有人来说都是明显的（evident）——他知道或相信自己知道所有无神论者的民族（页 174）——只是说对有道德关注的人来说是明显的。这样，洛克似乎就是在暗示，论证上帝存在的状况不同于几何论证的状况。如果对德性与恶行的承认等同于对自然法的承认（页 118），那么对自然法的承认就不仅仅是预设上帝存在的结果，而且，对上帝存在的承认也预设了前述对自然法的承认。

---

① ［译按］在下文中，施特劳斯多次在引用洛克作品时表明自己与编译者冯·莱登对某些措辞的不同诠译。中译将尽可能对这些不同的英译给出原文。在洛克引文中，凡方括号中的内容均属冯·莱登的译法及其中译，圆括号中的补充文字均出自施特劳斯。以下不再一一说明。

我们的编者本人洞悉到,洛克在为一种不预设上帝存在的自然法努力(页52,198)。在靠近这些文章开头的地方,洛克说,所有自然事物和自然行动的有序特征让人有理由怀疑,在所有自然存在者中,是否只有人是无法可依的(lawless),或者说,是否只有人完全是他自己的主人。"只要思考过上帝这一至善至大者,思考过整个人类时时处处达成的普遍同意,最终思考过自己或自己的良心,没有人将会轻易相信这一点":为了相信人像所有其他存在者一样臣服于某种法则,没有必要反思上帝。自然法可以说源于自然而非上帝(页132)。"思辨原则……无论如何在任何方面对道德事物都没有影响"(页178)。这并不是否认洛克在前几页所说的"如果自然[203]法要存在,就必然要预设"上帝和灵魂不朽,"上帝和灵魂不朽"是"原则",而非"实践[道德]命题"(页172以下.):思辨原则对道德事物有着决定性的影响。让我们不要对这一令人震惊的自相矛盾感到震惊,而要限制我们自己注意到,根据洛克最常见的论断,只有凭感性可知觉的事物(sensibly perceived things)的知识——关于质料、运动,以及这个世界的可见的结构和经济——而非有关德性与恶行的知识,使人必然认识到有一位神是所有这些事物的作者(author):"一旦规定了这一点(即可见宇宙的神圣起源),约束人类的普遍的自然法(the universal law of nature)[一种普遍的自然法的概念(the notion of a universal law of nature)]必然会随之而来(follows)[出现(emerges)]……"奇迹是确立神圣实定法的充分或必要条件;只有从事物的日常进程进行提升才能确立自然法:

> 任何在人们中获得法律约束力的事物,都必然承认上帝或自然或人为其作者;不过,所有人类所命令的或上帝通过一个神谕(by an oracle)[通过神圣的宣告(by divine declaration)]所吩咐的东西,都是实定法。(页132)

我们看到,自然法源于自然,对自然的理解对于作为人的人是开放的。这里出现的问题是"普遍的自然法约束人类"的方式。在对获知自然法的各种名称的全面考察中,洛克提到了多数人的意见,根据这种意见,自然法是每个人能通过自然之光发现且"(每个人)都表明自己对之完全服从"(页110)的那种法。编者在这里注意到"文本存疑",但没有提出另一种译法。如果有人假设洛克承认一种没人曾违反的自然法,因为没人能够违反,编者的翻译就能得到辩护。正如洛克在其有关普遍同意的主题讨论中所强调的那样,人类的普遍同意并不证明存在一种人能够(can)违反的自然法;它可以很好地证明存在一种没有人违反的自然法(比较页108)。

为了证明一种自然法的存在,洛克提出五种论证。只有在第三种也就是居于中心的论证中,洛克才提到上帝,或更确切地说,提到"第一位巧匠(artificer)的智慧"(页116)。这一论证利用了[204]出现在胡克作品中的托马斯的话和希波克拉底(Hippocrates)的话(译者明智地依循了胡克的原文),诠译如下:"无论大小,任何事物都要完成命运交付的任务。"当谈到各种自然力量(natural agents)——即无意地遵守其物类的法则(keep the law of their kind)的各种力量——所遵从的法则时,胡克引用了希波克拉底的话,而当谈到"上帝在其所有作品中已经永恒地有意要自己遵守"的法则时,胡克引用了托马斯的话。胡克的两段话出现在两种完全不同的语境下,洛克则在相同的语境下加以使用,而胡克的两次引用都没有出现在洛克的论证所处的语境,即讨论自然法的语境中。如果人们假定,洛克正在谈论的是不能被违反的自然法,正如托马斯和希波克拉底所谈论的法是不能被违反的一样,那么洛克对这两句话的明显误用就是有意义的。倘若在这些文章中,洛克不是有时把自然法理解成一种这一类的自然法,那他几乎就不可能说,没有人否认"某种自然法"的存在(页130;比较页114和200),因为他说,卡涅阿德斯(Carneades)和其他不少人否认道德法意义上的自然法的存在(页204;比较112)。

从前面的观察中,我们得出两个结论。首先,在专门论述自然法的第53页或第54页,洛克使自己的自然法观点如此自相矛盾,以至于他根本不可能注意不到自己的所作所为。洛克断言,人的良心能证明自然法的存在(页108,106),同时又否认人的良心能证明自然法的存在(页166,168)。洛克用一整篇文章来反驳人通过普遍同意遵从自然法的主张(页160及以下),同时又提出人通过普遍同意遵从自然法(页122,108)。他用一整篇文章来反驳自然法被镌刻或铭刻在人们的脑海或心中的主张(页136及以下),同时又断言自然法被植入我们心中(页110)或自然法是天赋的(页116,130)。在编者看来,可以用这样一个假设来处理后两个自相矛盾,即洛克在从最前面的两篇文章(页108-134)到某些后面的文章的写作过程中改变了想法(页47注1)。但是,这无法解释,一位把自然法问题看得[205]如此至关重要的卓越者,何以能够重复并进而认可自己关于自然法的本质的[此类矛盾]论述以及他本人已逐渐认为完全错误的论述。此外,编者的解释也无法说明这些文章中出现的其他自相矛盾之处,例如,在同一篇文章中出现的有关道德事务[是否]需要思辨前提的自相矛盾。洛克在同一句话中既主张又否认良心的见证和天赋的上帝观念能证明存在一位执掌"此世"的神。编者使这一难题变得含混,他说洛克

> 允许其他两个论据有说服力,一个是良心的论据,一个是天赋的上帝观念的论据,但他认为这两个论据的权威性不是唯独基于理性和感觉,实际上,洛克预设了令人难以接受的先验概念。(页49)

在此,编者没有注意到他重演了洛克的自相矛盾:预设了难以接受的概念的各种论据不可能是有说服力的。更确切地说,在洛克看来,这两个论据"的全部力量并非来自我们的自然官能,即感性知觉和理性",而感性知觉与理性的合作是产生有说服力的论据的必要条件(比较页156与146、136注2)。洛克先是说,这两个论据确

定无疑地证明上帝的存在;紧接着实际上又说,"更认真地考虑这些问题后,或许在他看来",这两个论据并未确定无疑地证明上帝的存在。不过,正如我们看到的,洛克没有在他的论述的否定部分明确地说,这两个论据并未确定无疑地证明上帝的存在;洛克说,"倘若(in case)这两个论据确定无疑地证明上帝的存在"(si…probet)。编译者只限于说"*si*[倘若,假如]看上去多余"(页154注2)。si当然使整句话非常别扭。我们宁愿说,洛克认为这两个论据都很软弱无力,只不过他"不愿表明"任何据说证明上帝存在的论据的"软弱无力",

> 因为有些人可能会因此而坚固其关于一位上帝的信仰,[206]这足以保护他们真正的宗教和道德情感。(《作品集》,III,页53–54)

编者关注了洛克的拼写和拉丁文,但仅有一次留心洛克的写作方式。在导言中,编者提醒读者,

> 关注第五篇文章中一个略微有些令人困惑但显然相当重要的段落,在此处,(编者)曾试图提供一个条理一贯的版本且不对文本做无把握的随意处理。(页91)

提到的这一段内容如下:

> 我承认,这样一种同意(即普遍一致的同意),能指示(indicate)一种自然法但不能证明(prove)它;它能够做到使我更热情地相信——而不是说我更确定地知道——这种意见(即人们普遍一致持有的意见)就是一种自然法;因为我不能确定无疑地知道这(意见)是否是每个个体本人的观点[我无法确定无疑地知道每个个体的意见各自是否为一种自然法],因为它(我关于另一个人想法的想法)是信仰而不是知识。(页176)

洛克在这里提到了笛卡尔表达得更为清楚的一个想法,笛卡尔的表述如下:

> ……在我看来……为了知道哪些是他们的真正意见(即那些我不得不与之共同生活的人的意见),我应关注他们做什么而不是说什么;不仅仅因为,由于我们道德的败坏,很少有人会把他们所相信的全盘说出,还因为有些人自己并不知道他们相信的是什么。(《方法论》[Discours de la méthode],III)

或引用由编者首次出版的洛克的一段残篇,

> 如果偶像崇拜只不过是终止我们对某种非上帝的事物的崇拜(也就是想法),那我就不明白,如何可能有一部法律来惩罚崇拜偶像者,因为他们的想法不可能为人所知。(页261)

研究洛克思想的学者,绝不能忽视洛克有关从言辞中不可能知晓他人想法的思想,或更确切地说,绝不能忽视其夸张的说法:一个人可以精心地使自己自相矛盾,以便暗示其思想而非揭示其思想。

我们第二个结论是,洛克认为,一位智慧的"第一巧匠"存在的证据,不足以确立(establishing)存在一种严格意义上的自然法——即一种人能够违反的自然法——的存在。在关于理性如何能逐步知悉自然法的主题讨论中,洛克明确区分了两种关于自然法的知识的先决条件(presuppositions)。第一个先决条件是,[207]存在某位智慧大能的巧匠,他设计制造了包括人在内的所有凭感性可知觉的事物——这位巧匠能够使我们产生并保护我们,在他认为合适的时候,也能养育或毁灭我们,因此我们理所应当臣服于他。第二个先决条件是,上帝具有我们应该做什么的意志,或者说,上帝关心我们如何行为(页150 - 158)。我们没有进入下面这个问题:在没有证实存在着关于自然法的知识的情况下,人们是否能证实自然法的存在，我们注意到，在论证自然法知识的这两个先决条件时，洛克预设了自然法的存在（比较页146顶部与页136顶部）。从凭感性知觉到的事物上升，导向"某位至高的神"的知识，导向存在着"某位大能的卓越者"的知识，他能像陶工对待黏土那样对待人，或更确切地说，他是"所有这些事物的设计制造者（artificer），必须承认的是，他不仅强大，而且有智慧"，甚至是"最有智慧的"，他实际上是万物"最完美最智慧的作者"。我们注意到，在这些文章中论证上帝的存在时，洛克没有谈到上帝的全知全能，尽管他在那些文章的别处提到了这些属性。"全知且最智慧"（页182）这一表达方式似乎表明，"最智慧"与"全知"并不等同。于是人们就有理由相应地假定，"最强大（most powerful）"与"全能"之间有相应的区别。作为强制性力量的"力量（power）"常常与"正当（right）"在一起，两者似乎都是作为（qua）创造者的上帝的特征。智慧似乎是作为立法者的上帝的特征（页182，186）。有没有可能，人类无法违反的自然法属于作为创造者的上帝，而人类能够违反的自然法属于作为立法者的上帝？不过，上帝的无限智慧恰恰在其创造中得到揭示，而上帝的无限力量则延伸到他所造的事物之外："上帝创造人时原本能够使人没有眼睛，也不需要眼睛"（页200）。译者某种程度上开始意识到这一困难。当洛克谈到"（上帝）借以从无中创造并产生出这一华美的结构的那第一道谕令"（页160）时，译者把洛克的话翻译成"他（He）借以创造并装备这个世界、将混沌变为有秩的第一道谕令"。尽管在洛克另一处涉及不同于［208］从混沌中创造（creation out of chaos）的从无中创造（creation out of nothing）时，译者曾正确地做了字面翻译（页186），他这次却的确是这样译的。与之相关，我们还能提到的是，当洛克说"大部分有死者甚至可能一次也没有想到过那［一］个最初的人（the［a］first man）或他的堕落"，译者将之翻译成"亚当和他的堕落"（页138；比较《政府论》，I，节141）；译者没有考虑到，即使对《圣经》毫不知晓，人们也可能会假定"一个最初的人（a first man）"。

洛克认为,有关自然法的知识预设了涉及人的行动的上帝意志的知识。这种有关上帝意志的知识部分源自万物的目的或目标,部分源自人自身的构造。既然万物是"一位最完美最智慧作者的作品,那么上帝赋予人的目的似乎就只能是他自己的荣耀,人在任何事上都要顺从上帝的荣耀"。说得更明白些,人做任何事都应着眼于上帝的荣耀。既然人不是被偶然造出(made),人的职能似乎就在于妥当使用其自然才能,更不用说根据其自然倾向做事了。自然赋予人理性的能力,人的首要职责是沉思上帝的作品及在其作品中体现的智慧和大能,然后给予上帝最与之相称的赞扬、崇敬和荣耀(页156)。认识和敬拜上帝似乎是自然法规定的第一位的、最高的、分量最重的职责(比较页198)。不过,仍然有许多多神论者的民族,而多神论与无神论只是名称不同,更不用说其他明显是无神论者的民族(页174)。因此,必须把许多民族看作是罪大恶极。这一结论不符合自然法的精神,自然法不允许把人分为相互敌视的群体(页162)。如果希腊人通过把其他民族看作野蛮人违反了自然法的精神,那么犹太人通过把所有其他民族看作是未圣洁化的异教徒就同样违反了自然法的精神(页174)。为克服这一困难,洛克提出两个建议。首先,他说,"要让人们相信,宗教得以为人所知,与其说是通过自然之光,不如说更是通过神的启示"(页166)。洛克在此处默默地也可能是不知情地遵循了托马斯的观点,因为托马斯说,不单单是理性,而是信仰所引导的(informed)理性,才命令人爱上帝和崇拜上帝(《神学大全》,I 21. 104. a. 1. ad 3.),[209]因为中世纪已经像现代一样知晓这里所思考的难题。既然关于神启的知识没有普及到大多数人,或者说既然启示无法确定地得知而只能凭信仰理解(页188),因此不能由于大部分人未能履行宗教义务就认为他们是犯罪。不过,如果用基于启示的禁令代替自然法的禁令,人们显然无法完全克服自然法禁止崇拜诸神(gods)的禁令所造成的困难。还有,洛克的建议意味着,宗教并不明显地具备自然法所要求的各种德性。因此,他的第二个建议就是,自然法要求的作为德性的宗教,与崇拜诸神并非不相容。在列举违反"所有权利(all right)"的罪行时,洛克提到劫掠"诸神的庙宇(temples of the gods)"[神圣的庙宇(divine temples)](页160),他还把不设"诸神的庙宇"看作无视自然法戒律的证据(页190)。洛克说,大多数人都没有神启的知识,他在同一页上还说,没有人否认启示性律法的强制特性。实际上,洛克认为无可争辩地承认启示性律法的强制特性非常重要,以至于他把证明自然法的强制特性的核心论证建立在这一基础上(188)。这种温和的处理程序既否认存在一个严肃的问题,又有意地同时产生宽容与混淆,看上去这就是洛克的特色。因为洛克还说,没人否认过自然法的存在及其强制性力量(页130;比较页200和212),尽管他不止一次提到过去和现在否认自然法的存在从而也否认其强制性力量的人(页112,204)。洛克在《人类理解论》(II,28.8)中以相同的方式说,"上帝已给出一条规则,人类应据之治理自己,我想没人野蛮到否认这一点",尽管他在此书的前面(I,4.8)说,有些人"已经极大程度享受到(艺术和科学的改进),不过他们……仍然缺乏(want)关于上帝的观念和知识";而在《基督教的合理性》(the Reasonableness of Christianity)中,洛克说,从未有人否认耶稣所行的奇迹。

洛克首先说,一旦确立起下面这一点,即有一位神[210]是所有凭感性可知觉的事物的作者,那么,"约束人类的普遍的自然法(universal law of nature)就必然随之而来"(页132)。他接着说,有关自然法的知识基于两个先决条件,[一,]存在一位智慧大能的作者,他创作了所有凭感性可知觉的事物,[二,]对于我们应做什么他有自己的意志(页152,156)。不过,这两个先决条件被证明不足以证实自然法的存在或可知性。由于"倘若没有惩罚,每一部法律都是徒劳",而且我们必须还要补充说,由于此世可得的惩罚不足以作为自然法的制裁,因此没有"灵魂的不朽(the immortality of the souls[the soul's immortality])"就不可能有自然法(页172,174)。编者遵循广为人知的阅读规则,据此规则,作者只说过一次的东西不如他经常说的东西重要,他说,洛克在这些文章中"注意到,但他从没有强调,上帝的律法与保证人类遵从这种律法的制裁之间的联系"(页71):他没有谈及洛克提到死后惩罚的问题。更重要的是注意到,洛克在这些文章中甚至没有试图论证灵魂的不朽,尽管灵魂不朽是自然法的一个必要的先决条件。我们在这里禁不住想到洛克后面的教诲:一方面,自然法由死后的赏罚决定成败,另一方面,自然之光无法证实死后还有生命。这一情形显然对自然法是致命的。翻译中的某些不当就是由于编者没有充分注意到不朽的问题。编者在其译文中没有充分区分 anima[灵魂]和 animus[心智](比较页 148 和 126)。在一句洛克的话中,译者说他自己"想不出一个满意的翻译表达。我认为 una[成为一体,共同]是一个副词"。如果把 una 作为形容词,困难就会迎刃而解。洛克说:

> 这全部的知识(即人通过其自然能力可获得的知识)——无论其如何广大(这知识当然已经取得巨大的进步),涵盖了各种事物的全部本性,且不受限于此世界的边界内,就其沉思天堂而言,它进入了天堂(Heaven)[天空(the sky)]本身,并已更缜密地(即比从前更为缜密)探究了精神和心智(spirits and minds):它们是什么,它们做什么,它们受制于何种法则——这全部的知识,我说,乃是通过三种认知途径[211][此处译者增加了"共同(altogether)"]抵达心智的一[译者略掉"乃是一(which is one)"]……(页 122,124)。①

---

① [译按]引文最后部分原文如下:... —this whole knowledge, I say, which is one ["which is one" is omitted by the translator] reached the mind [here the translator adds "altogether"] from those three ways of knowing……据前文,这里施特劳斯的译文与洛克作品编译者冯·莱登的歧义在于对拉丁文 una 的理解,冯·莱登将 una 诠解为副词"altogether[共同,一起]",而施特劳斯认为若将 una 视为形容词"one[(是)一]",则此句的困难将迎刃而解。

洛克在这里表达的想法与他在《人类理解论》最后一章表达的观点完全相同:同一门科学——"物理学(Physica)"——是

> 有关各种事物在其特有的存在、构造、性质和作用中成其所是的知识。我这里所说的各种事物不但指物质和物体而言,而且指精神而言,因为精神亦如物体一样,亦有其特有的本性、构造和作用。——这种学问的目的,只在于纯粹思辨的真理:任何东西只要能供给人心以这种真理,都可以归在这一分支中,不论它是上帝自己,或天使,或精神,或物体,或它们的任何属性,如数目和形相等。①

甚至托马斯·阿奎那都曾准备把形而上学看作物理学的一个分支。② 但当两个人说同一事物时,他们并不必然指的是同一事物。洛克声称要证明自然法没有铭刻在人的灵魂中,译者理解其中一个论证时也遇到了某些困难。洛克说:

> 如果这种自然法被刻在我们胸中,为什么愚人和疯子不知道这种法?既然据说它(这种法)直接被印到他们自己的心智中(on the minds themselves)[印到灵魂本身中(on the soul itself)],它们(即心智)绝不(in no wise)取决于[而这绝少依赖于(and this depends very little)]身体器官的组成和结构,而人们又普遍认为这(即身体器官的组成和结构)是(which…is admittedly)[不过,在其中人们普遍认为存在着(Yet therein admit-

---

① [译按]译文据洛克,《人类理解论》(下),关文运译,商务印书馆,1997年,页720-721,略有改动。下引《人类理解论》译文同样参照了关文运译本,以下不一一注明。

② *Commentary on the Ethics*(《[亚里士多德]〈伦理学〉注疏》),I,lectio I 和《神学大全》2,2q.48c。

tedly lies）]智者和愚人的唯一区别（页142）。

洛克在这里诉诸两种被广为接受的观点,一种观点是,理智（intellect）不是身体式的,也没有身体式的器官,另一种观点是,人在理智上的差异都源于身体的差异（比较托马斯《神学大全》,I, q. 85. a. 7. c）。这里所引用的话并非不可能是洛克后来提出的建议的首个迹象,根据这一建议：

> 离开启示,我们不可能只凭沉思自己的观念来发现,"全能者"是否给了某一些组织适当的物质系统以一种知觉和思想的能力……一个人怎样能够确实知道,某些知觉,诸如快乐和痛苦,不存在于物体本身……（《人类理解论》,IV, 3.6）

洛克在这些文章中只是说,上帝能够用悲伤或喜悦填塞和激发[212]灵魂,用疼痛或享乐来填塞和激发身体（页154；比较页230）。

要成为一种法,自然法必须以适当方式公布,或使作为人的人能充分知晓。我们已经指出下述事实所造成的困难：按洛克的说法,如果理性无法证实灵魂不朽,人就无法通过理性知晓自然法；洛克甚至没有试图表明理性能确立灵魂不死。在倒数第二篇文章里,洛克如此讨论了适当公布自然法的问题：鉴于所有民族都完全没意识到自然法,且许多民族根本就没意识到自然法的某些戒律,自然法还能约束作为人的人吗？考虑到这些情况,接下来的推论就是,要么自然法根本不存在,要么自然法的强制力并非普遍的。尽管如此,洛克还是断言自然法的强制力具有普遍性（页190, 192）。他接着解释了这一断言的含义。但洛克在整个讨论中没有再谈到这个开头时他曾如此强有力地提出的问题。他只是说,自然法本身如此确定无疑,以至于它有强制力,"尽管或许大部分人非常无知（ignorant）[懒散（lazy）]也非常欠思考,以致由于缺乏注意,他们居然忽视了"那如此明显的自然法(页198,200,112,128)。对自然法无知并非借口,因为无知本身是由于可耻的疏忽。假如能适当地动动脑子研究一下,人人都能了解自然法(页186)。没有人能忽视自然法,除非他爱盲目和黑暗(页188)。不过,这没有把困难解决掉。在倒数第二篇文章中,洛克说,

> 很难相信自然的指令(即自然法)如此模糊,以致对所有民族都隐藏起来。(页190)

但在文章的前半部分,洛克说,

> 那些除了自然本身没有其他引导的人,那些其心中的自然指令完全未被实定的习俗(positive customs)所败坏的人,生活在对每种法都如此无知的状态,仿佛根本不曾关注任何正当和值得尊崇的事物。

对于文明的民族而言,他们的道德意见有着偏见的特点(这些偏见或许在某种程度上赞同自然法的内容),因此不能假定它们体现着自然法的知识(页140,142);纯粹凭信仰建立或仅通过传统知晓的法不能成为自然法(页130)。那么我们在哪里能找到自然法的知识?"有些人[213]承认一种不同的自然法,另外一些人则不承认,所有人都承认一种模糊的自然法。"无法用堕落(Fall)解释自然法的这种模糊性(页138)。我们可以补充说,这种模糊性更无法用其他类型的人类罪愆(human guilt)来解释。人类关于自然法的意见多种多样归于这一事实:法"是不容易知晓的"(页134)。自然法属于"自然的秘密";它"遥远而隐蔽"。不仅邪恶愚笨的人,而且那些没有闲暇研究凭感性可知觉的事物进而从那种研究中获得更高知识的人,他们都必然对自然法一无所知(比较页112,114与页122,124,134)。

据说可通过自然之光知晓自然法,自然之光"把我们引向德性与幸福的顶峰,德性和幸福是诸神的召唤、自然的趋向"。这句话似乎暗示,通过遵守自然法,人将实现他的自然目的和自然幸福(页146;比较页214)。洛克明确将自然法等同于"通向幸福的道路"(页174)。他对启示使之可能的人的超自然幸福保持沉默,尽管洛克说"必须要相信,人得以知晓宗教,更多地是通过神启而不是自然之光"(页166)。不过,洛克还说,

> 没有什么东西对每种感性知觉来说(from every sense perception)[对任何意义来说(from any meaning)]是如此模糊、隐蔽和遥远,以至于无所不能的心智——若得到理性(推论能力)和感性知觉的帮助——不能通过反思和推理加以理解。

洛克没有解释他对"心智(mind)"(animus,在与 mens[心]同义的语境中使用)的理解。但他似乎建议,人的自然官能原则上足以理解一切。无论如何,自然法是否得到充分公布有多么可疑,人是否有能力达到幸福就有多么可疑。洛克根据世界的完美秩序且人不是"这一秩序中最低的部分",证明了上帝的存在,随后,洛克附带表明,无生命的事物、野兽还有人本身都无法造出人类:如果人是自己的制造者(maker),他将会使自己(也就是每个人类个体)永久存在,因为无法想象人对自己心怀如此多的仇恨和敌意,以至于将生命的全部魅力从自己身上夺走(页152)。从这一点似乎可以推出,把人创造成知道自己是必死的一种存在者的[214]的那个存在者,不可能爱人。无论如何,人的必死造成的境况在这里表现为一种极端悲惨的境况,一种无法通过遵守自然法得到解脱的境况,一种只有对人类不友善的一个存在者才可能强加于人的境况。洛克本人把这一想法应用于自然法问题。如果自然法被刻在人的心里,易于且极便于知晓,"人类将会非常顺利";但自然——似乎有必要加上自然的作者——对人类没有那么友好,没向人提供天生的自然

法知识（页124,126），而是把自然法的知识像个秘密一样留住（页114,228）。因此，如果假定自然要求作为人的人遵守自然法，自然就会是最为残暴的僭主，而根本不是所有人的善良母亲（页190,192）。换句话说，如果自然是所有人最善良的母亲，她就会希望我们的各种职责不仅是必要的而且也是快乐的：不需要有英雄德性（页208；比较页226）。因而，自然就不仅不能而且不愿在职责与快乐之间建立一种和谐。自然向人许诺了巨大的幸福；但她什么也没给他。她待我们像奴隶或囚犯：她给我们许多法则和命令而不是给我们宁静和闲暇。我们中间是不是有一缕源自天堂的火苗，这一点无法确定，但是即便有，我们也把它归功于普罗米修斯（Prometheus）的偷窃而不是宙斯（Zeus）的馈赠（页220，比较洛克在《政府论》I，节25－26中对《创世记》1.28确切含义的解释）。自然的安排"不可能同时照顾所有人的利益"，因为人类的遗产始终只有一个，且这一遗产并不随人类出生数量的增长而按比例增长。自然提供的物品没有按人类需要的增长而增加。世界的边界没有随着人类需要的增长成比例地延展（页210）。自然的慷慨极其有限。在这种情况下，我们可以补充说，大多数人没有闲暇来意识到自然法，或者说，他们对自然法的无知不能归咎为他们的过错。

上述观察迫使我们不得不在这些自然法文章中寻找洛克就自然法或至少是传统的自然法教诲的替代方案所提出的建议。承认大多数人对自然法一无所知后，[215]洛克断言，若不遵从自然法（比较页118与112），进而，若没有自然法的知识，人类社会就不可能。不过，人类社会存在着，而且有些人类社会甚至欣欣向荣。因此，没有自然法的社会也是可能的。另一种替代方案是（Alternatively），人们不得不说，缺了它社会就不可能的自然法是一种人们根本不能违反的自然法，或者说，那是一种人们一旦违反就必定在此生承受违反后果的自然法。洛克辩称，如果人们不遵守社会契约（social compact），社会就不可能，而人被诱导去遵守社会契约，因为自然法强迫他们遵守。但洛克补充了一句限定的话，除非有一种强迫人们遵守社会契约的自然法，否则，"如果其他地方有一种更为便利的境况"，就无法期望他们遵守社会契约。于是问题出现了，一般来说社会之外可得的生活境况是否并非如此不便，以致是利益和快乐使人们遵守并在此之前制订社会契约（比较页118）。正如洛克在别处所说的（页160，162，164），"人们的共同需要和便利"催生出契约，尤其是默许的（tacit）契约。无论默许契约赞同的内容是什么，它都没有自然法的特点，因为默许契约不是一种法律的指令，人也没有受到某种自然本能的驱使趋向默许契约，促成默许契约的是共同利益或算计。我们因此感到奇怪，洛克是否无意效法霍布斯，他是否无意用一种基于自我保存的欲望或本能的道德教诲代替传统的自然法教诲。在谈到托马斯关于人的三重自然倾向的论述时，洛克追溯的只是人倾向于保存自己的"一种内在本能"；只有在谈到人倾向于自我保存（这与人倾向于宗教和社会生活不同）时，洛克才说所有人实际上被敦促着依照自我保存的倾向行事（页156，158）。但是，甚至普遍同意也并没有使自我保存变得神圣；习俗和习俗培养的意见能否决掉自我保存的力量（页172），正如霍布斯曾当然承认的那样（比较《利维坦》章14与章29）。不过，恰如霍布斯的表述，如果把自我保存作为道德的充分基础，人们就不能设想自我保存是自然法的命令。如果自我保存因此是根本权利而非一项义务，那么自杀就不能是［216］一种犯罪。在列举始终被禁止的某些事情时，洛克评论说，"没人能不触罪愆而使自己染上他人的血"（页194）。如果把自我保存理解为自然法的来源和原则而非自然法的一条戒律，那么，甚至遵守自然法本身也不再能被视为履行义务而只能被视为一种权宜之举。因此，"无论何时，只要自然法乐于让我们放弃自己的权利"，即自我保存的权利［无论何时，只要自然法乐于使我们主张自己的权利，并让位于我们自己的种种倾向］（页180），我们当然就能无需犯罪而忽视并违反自然法，尽管这样做未必不会对我们造成伤害。

最后一篇文章的目的是反驳"每个人的私利是自然法的基础"

这一论断。文章开头的引文转述了卡涅阿德斯（Carneades）的主张：不存在自然正当（natural right），所有人都不过是受天性（by nature）驱使寻求他们自己的利益。洛克接着评论说，每一代人中都有卡涅阿德斯主张的信徒。卡涅阿德斯乃极为思想犀利辩才无碍之人。另一方面，其后继者又以最大的狂热或派性偏见采用他的观点。他们缺少可为自己的荣誉财富铺平道路的德性和心智的天赋；他们把自己未能获得荣誉财富的原因归为政府的不义；他们断言自己被排除在人人生来就有的好处之外；他们吵吵闹闹要废除政府，主张天赋自由：决定正当（right）的应是每个人自己的利益而非他人的法律（页204）。卡涅阿德斯的这些没有哲学头脑的后继者似乎一面假装否认自然法，一面却诉诸自然法或至少是自然正当。洛克轻蔑地反驳他们的意见，站到了"心智更健全的一方（the saner part）"，他在《政府论》中把后者称为"理性而勤勉的人（the rational and industrious）"。对于吵闹的懒散者看作自己私利或自然正当的东西，心智更健全的一方毫不看重。洛克甚至没有试图反驳卡涅阿德斯的主张，即每个人都受天性驱使寻求私利而非行事正义。洛克只是想反驳每个人的私利是自然法的基础这一论断。他的论证如下。洛克首先将自然法的基础等同于基本的自然法。由此，每个人的私利是自然法的基础这一论题[217]的意思就变成，根据基本的自然法，人的首要义务是关心其私利。进一步说，由于任何人都不可能是另一个人利益的公正法官，因此必须允许每个人成为自己利益的唯一判断者；由于大部分人都把自己的利益理解为自己的眼前利益，因此这些人无论如何都有照顾自己眼前私利的神圣义务，这义务高于所有其他考虑，他们绝不能做任何与其眼前私利相冲突的事情（页204，206，212；比较《政府论》II，节87和霍布斯《论公民》I，9）。由此，必须把那些迄今一直被尊为德性楷模的人斥为最邪恶的罪犯，除非有人要说，他们为自己的国家和人类的益处牺牲了自己的生命和财富是为了获得不朽的名声（比较页206，208）。每一种慷慨行为都成了一次对自然法的破坏，除非有人要说，慷慨有回报甚至会立即产生回报(比较页212,214,180)。但是,让我们把重点放在洛克的核心论证上(页210,212)。如果每个人天生就不得不首先关注自己的眼前私利,其推论必然就是,人与人天生处于战争状态,社会就完全不可能存在。霍布斯从这儿得出的推论是,人必须首先不再想自己眼前或当下的利益,必须思考未来或长期的利益;他们将意识到必须寻求和平并使眼前私利服从于和平的要求;自然法不过是和平的道德条件(《论公民》[De cive], III, 31)。洛克以同样的方式用每个人的长期私利代替其眼前私利。但洛克主张,如果每个人的首要的、压倒一切的义务是关心其长期私利,那么随之而来的就不是对和平的要求,而再次是一切人对一切人的战争。其原因在于人为长期利益或自我保存所需要的事物的自然匮乏:与其为保持和平而饿死,不如为最稀缺的必需品与他人厮打。要想看清楚洛克如何克服这一困难,记住国内和平与富足间的常规联系就够了。洛克确信每个人的私利与自然法之间有一种根本的[218]和谐(页206,214)。私利与自然法(规定和平乃至服从政府的法)之间有一种根本的和谐,这一事实并不意味着这种和谐是完整的。其中最为重要的实践后果是,如果"明显的僭政行为……触及的不过是一些私人的案例",那么,"人民的主体(the body of people)就不会认为自己涉身其中",因此他们不会给政府带来任何麻烦(《政府论》II,页208)。因而,实际上这样说比较好:社会的基础或目的并非每个人的私利而是公共利益,即绝大多数人的利益。引用一下《政府论》的题词:Salus populi suprema lex esto[人民的福祉是最高的法律]。这不是要否认公共利益的根基是每个人的私利。正如马基雅维利在之前所做的,洛克只提到一次"每个人的共同利益"(页206;比较马基雅维利《论李维》I,接近开头的部分)。洛克要比人们一般所说的或所想的更靠近马基雅维利。

洛克早期的这些文章清楚表明,他在事业之初对传统的自然法教诲是如何疑虑重重。那种教诲从人的自然构造或自然倾向中衍生出人的各种职责;它假设人生来要在命令中迈向德性;它还假定神意(divine providence)统治着每个人每个民族,假定人的灵魂是不朽的,并假定在所有人的良知中且对所有人的良知而言,自然法能得到充分公布。洛克从没有清楚阐明他对传统的自然法教诲的替代方案。在《政府论》和《人类理解论》中,洛克仅限于将传统自然法原则与依循霍布斯式原则而非传统原则的一种自然法教诲结合起来,并给出一种多少经过修正的版本,他还暗示了自己对传统原则的反对。在《人类理解论》的一个段落中,洛克几乎把知晓或教授自然法或道德的两种不同方式对立起来。第一种方式开始于"一位无比强大、善良、智慧的至高存在者"的"观念"和"作为知性(understanding)、理性存在者的我们自己"的"观念";这两种"观念……我以为(I suppose),如果经过适当思考和追求,将成为我们的义务和行为准则的基础,正如[它们]或许可以(might)把道德置于能够证明的科学之中"。第二种方式开始于正义、财产权和政府的"观念";它引出[219]"哪里没有财产权,哪里就没有非正义"、"任何政府都不容许绝对的自由"这样的命题(IV,3.18;强调为笔者所加)。前文已经用很大篇幅表明何以洛克对第一种方式的阐述存在缺陷。洛克对第二种方式的阐述也存在缺陷,因为它也对道德的制裁保持沉默;或更具体地说,它对财产权和政府是必要的从而是好的之令人信服的理由保持了沉默。这个令人信服的理由就是根本需要或自我保存的权利。

最后,我们说一下版本和翻译的某些特点,对此我们一直没有找到合适的地方来说。"我们在这里并不研究一位受到神启的人能知道(know)[体验(experience)]什么"(页122)。在这一语境中使用时,"体验"一词并不像今天这样必然暗示了知识。"(大部分人)由意见和赞誉(by opinion and praise)[由信念和赞同(by belief and approval)]而非自然法引导"(页128)。将意见等同于信念是危险的,将托马斯的《神学大全》(2 2q.1.a.5.)与洛克《人类理解论》(IV 17)两相对比就会发现这一点。

没有理由说为什么一个人[译者添加了"老一辈(of the older generations)"]而不是持有完全相反观点的另一个人,应被誉为古人传统的权威[译者略掉了"古人(of the ancestors)"一词]。(页 128,130)

"那些野蛮的民族(those barbarous nations)"[那些原始的种族(those primitive races)](页 138)。那些"远离德性"的"习俗(customs)"[道德(morals)](页 140)。"……如果我们审视德性与恶行的种类(classes)——没人会怀疑它们(即各种德性)[这种分类(this classification)]就是(are[is])自然法本身……"(页 166)。编者在这里努力翻译洛克最初的版本,而洛克本人对此已做过修订,"这句话因而令人困惑";但这里不太可能说人的职责应当在于为德性与恶行分类,而按洛克与译者的说法,即德性是"自然法的戒律"(页 128),且正义是一种"杰出的自然法"(页 168),这句话就有意义。在 166 页,编者在英文翻译中明智地做了不同的解读,并在拉丁文本中把这一解读降格为一个注。与之相关,编者模糊了洛克编排其论证的方式;通过为其论证及各个论证部分编码,洛克使读者能计算一个系列中的所有编码(无论这些编码是表示一个完整的论证还是表示论证的一部分),从而辨认出一篇文章的真正核心。[220]"习惯(habits)"[情绪(sentiments)](页 194)。洛克并没有像译者让他提出的那样提出比如说我们结婚与否"取决于我们的能力(it depends on our ability)"而是说"它在我们的力量范围内(it rests within our power)"(页 194)。很难相信洛克本来是想写,自然法强加给人的义务到了"令人愉悦(delightsome)"(*laeta*)的程度;他更有可能想说,自然法加予人义务到这样的程度,它是被提议的或被给予的(proposed or given)(*lata*)(页 196)。译者没有理由在同一句话中先把"virtues"译作"道德德性(moral virtue)"然后又译作"有德性的行动(virtuous actions)"(页 212)。

因为,有正义的地方就是没有财产权[个人财产权(personal property)]或所有权的地方,或者说,有财产权的地方不仅是每个人可以拥有他自己的东西的地方,而且是一个人有自己的东西的地方,这东西他拥有着,对他有用(but where that is a man's own which he possesses, which is useful to him)[(而且是)他拥有的是他自己的东西的地方,仅仅是因为它有用(where what he possesses is his own, merely because it is useful)]。但[事实上(In truth)]人们可以在这里简略地观察到,持有这种观点的人反而是从人们的欲望及他们的自然倾向(natural inclination)[种种自然本能(natural instincts)]而不是从法律义务中引申出道德原则和生活准则的……(页212)

在引用《尼各马可伦理学》处理自然正当那一段的开头时,洛克显然有所遗漏(页112,注3);他理解这一段的方式当然与阿威罗伊(Averroes)曾经的理解方式完全相同。

九 注意一种被遗忘的写作艺术

林志猛 译 张 缨 校

[221]最近,一名芝加哥大学的学生告诉我,我在课堂上和著作中提到的一个观点引起了他某些朋友的兴趣,但他们觉得还不够清晰明了。这名学生提议,要是我就该问题在《芝加哥评论》(*Chicago Review*)上作个解释,那将十分有益。为了避免仅仅重复我在别处写过的内容,我相信,若是在此讨论那些对我已公开提出的观点的异议将最好不过。在我看来,造成这些异议的疑难与我的各种学生所遇到的大同小异。

我应当首先简要概述一下自己的提议。在研究某些早期思想家时,我渐渐意识到理解追求真理(哲学或科学)与社会之间的关系的这种方式:哲学或科学,作为人的最高级活动,试图用关于"万物"的知识取代关于"万物"的意见;但意见是社会的基本要素(the element of society);因此,哲学或科学的努力就会瓦解社会所赖以生存的基本要素,于是便危及到了社会。[222]所以,哲学或科学必须保持在极少数人手中,哲人或科学家们必须尊重社会所依赖的种种意见。尊重意见完全不同于把那些意见当作对的而加以接受。那些在哲学或科学与社会的关系问题上持上述观点的哲人或科学家,就被迫采用了一种特殊的写作方式;这种写作方式使他们能够把自己视为真理的东西透露给少数人,而又不危及多数人对社会所依赖的各种意见所承担的绝对义务。这些哲人或科学家将区分作为真实教诲的隐微教诲与有益于社会的显白教诲;显白教诲意味着每个读者均能轻松地理解,而隐微教诲只透露给那些小心谨慎且训练有素的读者——他们要经过长期且专注的学习之后才能领会。

　　这个论证有个至关重要的前提：即认为意见是社会的基本要素。许多当代社会科学家都认可这个前提。他们教导说，归根结底，每个社会最终都依赖某些特定的价值或特定的神话，亦即，依赖某些并不比其他任何假设更优越或更可取的假设。他们由此暗示，社会科学揭露和强调的是，任何既定社会潜在的基本假定都具有武断特性；而社会科学渴望变得"客观"和"非教条"。然而，他们没有看到，这种状况在社会科学的诉求（认识真理并教诲真理）与社会的诉求（全心接受社会的诸原则）之间产生了一种紧张：我要是知道自由民主制的诸原则本质上并不优越于共产主义或法西斯主义的诸原则，就不可能再全心全意地为自由民主制献身。

　　因此，我的提议基本上由两个问题构成。其一是历史问题：对哲学与社会之间的关系，是否曾有一些伟大的思想家持有我刚才简要表述的提议，并按此履行。其二是哲学问题：那个提议是大谬不然还是千真万确，或者，虽然正确但有所限定（例如，"意见是一切不自由社会的基本要素"）。这两个问题显然都很重要；它们在每本教科书中都得到了讨论，在此意义上，它们也绝非微不足道。有人可能会进一步说，既然这些问题已经得到了讨论，那么，现在就是一个值得深究的时机。所以，我的青年朋友们期望，[223]我的上述提议能引起学界的某种兴趣。但年轻人在这类问题上还缺乏判断力。其实，我的同代人中也只有四五位学者对此确实感兴趣。其中有一人在其研究领域中声名显赫，他对思想自由受到的当代威胁洞若观火，并认识到，这些威胁不仅是由参议员麦卡锡（McCarthy）这类人所引起的，某些坚持荒谬的教条主义的学术"自由主义分子"或"科学的"社会科学家们也难辞其咎。此人传达的那种教训，我曾试着用这句话表达："希望常在（there is hope）"。

　　萨拜因教授（George H. Sabine）曾在《伦理学》（*Ethics*）1953年四月号上评论过拙著《迫害与写作技艺》（*Persecution and the Art of*

Writing）。① 萨拜因开篇就说，他想知道，我所提出的用来阅读某些伟大著作的原则，究竟是"提供了某种适用于历史性解释的可行规则，还是鼓励了刚愎自用（perversive ingenuity）"。这个疑问非常有道理，尤其在做任何探究之前：任何方法都可能被误解或误用。人们应该根据伟大思想家们的社会背景来理解他们的教诲，这个原则在很多情况下难道不也"鼓励了刚愎自用"吗？萨拜因说，当我"说'某位写作艺术大师犯下了某些让聪明的中学生都会感到害臊的错误（blunders）'时"，我的"论断略嫌草率，因为那类写作就连漫不经心的读者都不会上当"。我不必抱怨萨拜因的引述方式。我只想指出，我用了七个句子来阐明某些阅读规则，而他所引用的只是其中的一个句子。这句话的完整表述如下：

> 倘若某位写作艺术大师犯了让聪明的中学生都会感到害臊的错误，那就有理由认定，那些错误是作者有意为之，如果作者讨论到写作中故意犯错的可能性，无论作者多么偶然地论及这种可能性，则情况就更是如此。（《迫害与写作技艺》第二章，页30）

至于萨拜因对自己援引的只言片语所做的评论，我只能遗憾地说，我知道，很多时候，就连那些绝非粗心大意的注疏家们（commentators）也没能注意到这类错误。不仅仅是那些没注意到这类错误的读者会上当；那些注意到这类错误但只当它们是每个人不时会犯的那类错误的读者，也同样会上当。自相矛盾仅是我所提及的诸

---

① ［译按］Leo Strauss, *Persecution and the Art of Writing*, New York: The Free Press, 1952初版；Chicago and Longdon: The University of Chicago Press, 1980, 1988。中译见施特劳斯，《迫害与写作技艺》，张贤勇译，华夏出版社，2011年。以下引述此书，页码据芝大1988年版（施特劳斯原文并未标明引文页码）。

多错误中的一种。[224]"事实上,要确定某位作者可容许或可能出现自相矛盾的限度,困难重重"。这些限度之所以不可能确定,是因为"某位作者"的含义非常含混。某些东西,对最高的思想家来说是真实的,却完全不适合于其他人。那类明言为了向读者中的精英传达一种隐微教诲而有意自相矛盾的作者,截然不同于那类既没如此明言也没传达这种教诲的作者。萨拜因不得不承认,有时必须采取字里行间的阅读方式(read between the lines),但他拒绝考虑这种阅读方式的隐含意味,从而也使自己的上述承认变得无关紧要。萨拜因尤其回避了我们得以区分以下两者的标准问题:猜测(guessing at)某位作者字里行间传达的意思不同于认识(knowing)某位作者字里行间传达的意思。他问到,"字里行间的阅读方式的特色就在于破解一个由人为骗局构成的精致体系吗?"这一异议同样缺乏明确性。我想进一步追问:是谁的特色?倘若一个在智力和表达能力上都达到平均水准的当代美国经济学家,要在某篇文章的字里行间传达对计划经济的偏爱,而在明文中又回避"计划经济与自由企业制度的对立"问题,那么,我就难以认定他运用了"某种由人为骗局构成的精致体系";但有另一种才干的作者们却可能得心应手地运用这种"体系"。而且,就连最不经意的字里行间写作也无意地或半有意地采用了某些写作原则,而充分有意地运用这些原则就正是以"某种由人为骗局构成的精致体系"为前提。萨拜因怀疑我的意思是说"至少在政治哲学领域,区分隐微含义与显白含义是典型的解释模式"。我从未干过这种荒唐事。萨拜因断言,"几乎无法想象,一个社会不限制作者可以表达的东西、或作者表达时的环境、或作者可以选择什么合适的人去表达"。我的断言是,不仅可以想像这样的社会:即,在这样的社会中,人们竟然能在公开的作品中攻击既定的社会或政治秩序及其基本信仰,而且也确实存在过这样的社会,例如,法兰西第三共和国和俾斯麦时代之后的威廉德国(Wilhelminian Germany)。我不知道萨拜因如何看待这种极端自由主义的智慧。无论如何,我当然承认,从古至今都存在[225]并非极端自由的社会。这个问题涉及史学家从如下事实必定会得出的结论:事实上,从古至今并非所有的文明社会(literate societies)都是自由的。如果一个社会阻止作家们自由地探讨该社会的原则,人们就有理由问一问:一位属于这样一个社会并使自己成为该社会的原则之代言人的作家,他之所以要表达这些原则,究竟是因为他确信那些原则稳健可靠,还是因为他让步于优势力量。如果这位作家具有伟大的心智,并明确地说,教授有人认为错误的学说也并非不对,那么,问题就显得有些紧迫了。要是这位作家的作品中布满了读者稍不留神就会一晃而过的机关暗道,问题就变得更加紧迫了。

萨拜因谈完他的总体性批评后,转向了我专论斯宾诺莎《神学—政治论》(*Theologico - Political Treatise*)的那一章。他承认,《神学—政治论》"很适合用施特劳斯的方法来读";同时,我对斯宾诺莎的启示宗教观所做的评论也并非一无是处。如果我没理解错的话,萨拜因的意思是说,尽管拒绝启示宗教是斯宾诺莎《伦理学》(*Ethics*)的必然后果之一,但斯宾诺莎或许没有充分意识到这种后果,而我却坚持斯宾诺莎本人对此心知肚明。我无法探讨这一批评,因为它至多是个无凭无据的断言,认为我几乎完全基于《神学—政治论》的详细论证兴许是错的。萨拜因不仅表达了这样的意见,即我的这些结论或许是靠不住的。他还试图表明,这些结论在"某个方面……是悖论式的(paradoxical)"。我已经坚决指出,斯宾诺莎运用某些文学技巧是为了向庸众(vulgar)隐瞒自己认真所持的观点;但是,萨拜因说:"斯宾诺莎在大多数情况下惧怕的那些庸众,亦即加尔文派的神学家们""正是那些不会上当的人"。我想我已经对此表达了我的深信不疑:我已经说过,斯宾诺莎极其大胆。可以说,斯宾诺莎的全部事业就在于公开攻击一切形式的正统的圣经神学。他之所以敢于这样做,乃因为他在某种有限的程度上能指望博得自由派信仰者们的同情,或更确切地说,能指望博得下述这些人的同情:这些人认为,道德教诲有别于有关信条和仪式的教诲,道德教诲是可从《圣经》中获取[226]的神圣启示的主要教诲。可以说,

《神学—政治论》的直白论题表达了一种极端版本的"自由"观。不过,有强有力的理由怀疑,斯宾诺莎本人并不赞成这种极端版本的"自由"观。斯宾诺莎试图安抚的不是正统神学家们,而是那些多多少少倾向于一种自由基督教的人。斯宾诺莎确实隐藏了他的部分观点,但至关重要的是,他隐瞒的不是自己与正统神学家们的分歧,而是自己与形形色色的自由派信徒们的分歧。

在谈到我的另一个"悖论"时,萨拜因暗示,在我眼中,注疏家们的眼力似乎还比不上庸众。这个暗示并不全错:我认为,许多当代注疏家的眼力比不上 17 世纪的庸众,因为当代对科学和进步的狂热无异于一种宗教,而当代评论家们就在这种信仰中成长起来,与他们相比,17 世纪的庸众更充分地认识到了神学问题的严肃特征甚至具体细节。萨拜因表示,斯宾诺莎知道"正面攻击加尔文派神学是不可能的",对此,我只想问他,难道斯宾诺莎没有正面攻击对任何奇迹的信仰,并且,关于某个奇迹(复活的奇迹)的一种教义,难道不正是如斯宾诺莎所知的加尔文派神学的核心?

萨拜因"本应偏向于相信,斯宾诺莎自称其著作的主要目的是倡导言论自由和研究自由,而非像施特劳斯所说的那样,'是为驳斥历代以来站在启示的立场上所提出的种种主张',斯宾诺莎这样说时相当坦诚"。《神学—政治论》的主要目的,或者根据此书的全名来看,它的唯一目的是倡导哲学活动的自由(the freedom of philosophizing)。但是,恰如斯宾诺莎在序言里指出的,他要想成功地捍卫这种自由,就必须让读者注意有关宗教的主要偏见,也就是说,尤其要注意"哲学必须作神学的婢女"这个偏见:他必须倡导哲学与神学的彻底分离。但是,在斯宾诺莎看来,倘若能够假定神学或《圣经》教诲了理论真理,那么,哲学与神学的彻底分离就显得毫无道理。因此,斯宾诺莎被迫试图表明,《圣经》的教诲没有丝毫认知价值:他被[227]迫试图驳斥历代以来站在启示的立场上提出的种种主张。人们可以正当合理地认定,一部作品的主要目的就是作者在该作品的大部分篇幅中有意识地追求的那个目的,但有个前提:作者的其他目的(other aim or aims)要变得有说服力,其必要且充分的条件是他已经达到了那个主要目的。"斯宾诺莎要是坚信应该驳倒启示,他就肯定知道,如果宽容要等到人们在这个问题上达成共识才会出现,那么,宽容将永远不会出现"。我由此得出结论说,斯宾诺莎的显白论证基于下述假设:上帝通过《圣经》向人所启示的其实不是关于精神或自然事物的知识,而是关于正确行动的原则,而这些原则要求宽容。

萨拜因注意到,我"就哲学写作的隐微解释所做的论证结合着另一个反对'历史主义(historicism)'的论证……并因而变得错综复杂",但是,他没有看出"这两个论证之间有一种紧密的逻辑关系"。这种严密的关联就在于:隐微术(esotericism)必然根源于哲学的原初意义,倘使它假设,意见是社会的基本要素;但历史主义与原初意义上的哲学一词势不两立,而如今历史主义不容忽视。人们可以将这两个论证之间的关联阐明如下:历史主义可谓是这样一种萨拜因所接受的观点,即"在贝克(Carl Becker)①称为一个时代的'意见思潮(climate of opinion)'中暗含着某些假定,任何当代人都不可能充分把握这些假定,恰恰因为它们根深蒂固地内在于他的思想结构中"。换言之,就连最伟大的心灵都不可能摆脱那些支配特定社会的特殊意见。倘若必须认定所有伟大思想家的一切显白说辞都表达了他们的私密思想,那么,上述那个观点就要比质疑这个假设更容易确立。

至于我的反历史主义论证,萨拜因不太确定自己是否已搞清楚。我的意思是说,人们若不严肃对待伟大思想家们的意图,即认

---

① [译按]贝克(1873~1945),美国史学家,曾任康奈尔大学教授、《美国社会哲学杂志》主编等。主要著作有《论〈独立宣言〉:政治思想史研究》(彭刚译,江苏教育出版社,2005)、《18世纪哲学家的天城》(何兆武等译,三联书店,2001)等。

识整全之真相的意图,就不可能理解这些思想家;但历史主义却基于这样的前提:即认为那种意图毫无道理,因为根本不可能认识整全的真相。我从未说过(但萨拜因相信我这样说过),[228]通过阅读古书可证明以下说法的真实性:"除非有一个关于整全的唯一真实的解释(account),不然,任何关于特殊事物的解释都不可能是真实的。"我只是说,在当今阅读古书必不可少,它是下述流行教条的解毒剂:这个流行教条认为,一切认为有一种关于整全的最终且真实的解释的观念都是荒谬的。我也从未声称,"一个史学家必须遵从以下假设:哲人们,甚至那些原创型的重要哲人们,都总是知道他们所做的一切陈述的前提和后果"。我只是说,史学家必须遵从以下假设:与那些很不可能成为伟大思想家的史学家相比,伟大思想家们本人能更好地理解自己的思想。然而,萨拜因却相信,"任何当代人都不能充分把握的一个时代的'意见思潮'之中……暗含着某些假定"。他似乎在暗示,史学家能够充分地把握暗含在比如说公元前4世纪的雅典的'意见思潮'中的某些假定,而接受这些假定的柏拉图本人却没有充分把握那些假定。要是萨拜因给出一个例子,他将能够使自己的读者考虑一下他正确与否。我不知道有任何这样的史学家:他竟然能够充分把握某位伟大思想家本人都没有充分把握的某个根本假定。

萨拜因的态度与贝勒瓦(M. Yvon Belaval)典型的虚心(open-mindedness)形成了鲜明对照。后者的评论发表在《批评》(*Critique*)1953年十月号上。就算贝勒瓦先前只知道勒南(Renan)①的《阿威罗伊及其主义》(*Averroès*)和《百科全书》(*Encyclopédie*),他原本也可

---

① [译按]勒南(Ernest Renan,1823~1892),法国著名哲学家、史学家和宗教学家。著有《宗教历史研究》、《道德批判短论》、《基督教起源的历史》、《耶稣的一生》(梁工译,商务印书馆,1999)等。

以不从一开始(a limine)①就拒绝我的建议。贝勒瓦认识到,某些早期思想家的严肃研究者总禁不住作出某些零碎而散乱的评论,而我的建议则赋予这些评论以统一性和力度(unity and force)。最重要的是,贝勒瓦认识到,我的建议并没有与遵照历史精确性的要求格格不入。

贝勒瓦以下述评论开始他的批评:他认为我的建议基于"哲学真理是非时间的(untemporal)"这个反实证主义的观点,或者说,是基于"某种古典的和理性主义的真理概念"。他问,反实证主义的观点与我的明显关注之间是否毫无矛盾;在他看来,我关注的是使历史的追问独立于一切哲学的公设。我并没有提出,人们可以脱离一切哲学公设而去研究哲学史。哲学史必然预设了[229]同样一些根本问题的持久性。如果真的存在哲学史,这一点(也仅仅是这一点)就是必须得到承认的超时间的(trans-temporal)真理。另一方面,倘若史学家一开始就接受了对这些根本问题的任何解决方案,那么,哲学史就岌岌可危了:如果史学家预先就已经知道,他所研究的某个既定哲学学说是错误的,那么,他就没有动力再同情地或细心地研究那种学说。我的话确实意味着对实证主义的拒绝:实证主义对那些根本问题视若无睹,因此,作为实证主义者的实证主义者(the positivist as positivist)不可能是一位哲学史家;一个碰巧是实证主义者的人只有开发出质疑实证主义的能力,才能成为一名哲学史家。

贝勒瓦进一步问,是否每一种哲学都发现自己与政治发生冲突,抑或只有种种教条主义哲学才与政治发生冲突。我只能如此重

---

① [译按]在"如何研读斯宾诺莎的《神学-政治论》(How to Study Spinoza's *Theologico-Political Treatise*)"这一章里,施特劳斯提到,"如果我们从一开始(*a limine*)就拒绝斯宾诺莎的信念,我们将永远不能理解他……"(《迫害与写作技艺》,前揭,页154),"我认为,斯宾诺莎从一开始(*a limine*)就拒绝了这样一种看法,即理性的教诲纯然等同于启示的教诲。"(前揭,页200)。

复：如果社会的基本要素必然是意见，即赞同意见，那么，哲学与政治之间就有一种必然的冲突。怀疑论者和独断论者都能够承认这个条件，如果这个条件遭到拒绝，那么，哲学与政治之间就只可能出现某些偶然的冲突，即源于下述事实的冲突：哲人们得出的某些积极或消极结论有时会与某个既定社会的诸原则不尽一致。贝勒瓦注意到，非官方的教条主义有时激起宗教权威而非政治权威的反对。我们不必非得考虑，每一个严格意义上的权威归根结底究竟是否政治性的。可以说，政治人常常欣然接受能干的非信仰者们的支持，以反对宗教狂热者，后者似乎危及政治家般的处理事务的方式。但这一事实——换言之，事实是，通常说来，哲人们偏爱非教士的统治胜过教士的统治——显然并没有证明，哲学的种种要求与政治社会的种种要求之间没有根本的张力。贝勒瓦想知道，在论及这种根本张力时，我是不是"系统化了一个偏颇的观点"，即"阿威罗伊派的（Averroistic）"观点。"阿威罗伊派的"观点并不比其对立面的观点更偏颇：两者都是关于哲学与政治之关系的整全观点。我要是没意识到还有"阿威罗伊主义"以外的学说存在，那我就会［230］比真实的我无知得多，实际上会比真实的任何人都无知得多。贝勒瓦说，人们不可能从政治权威对哲人们的实际迫害中推论出哲学与政治之间有一种本质的二律悖反（essential antinomy），在这点上他相当正确。我也相当肯定，我自己在这点上没有犯错。但我可以补充说，人们也不可能从某些社会对某种特定的哲学甚至一切哲学的实际认可中推论出哲学与政治之间有一种本质的和谐：那种认可可能只是基于某些重大错误。贝勒瓦还说，人们若相信科耶夫先生（M. Kojève）教导的是真理，就不能接受"阿威罗伊派的"观点，在这点上他也是对的。

在谈到阅读方法的问题时，贝勒瓦对我的"公理"——人们怎样阅读就怎样写作——提出了质疑。他断言，像莱布尼兹和康德这类非常细心的哲学家并不是非常细心的读者。我并没有提到过细心的哲学家，而只提到了细心的作者（writers）。贝勒瓦并没有证明,《人类理智新论》(*Nouveaux Essais*)和《纯粹理性批判》(*Kritik der reinen Vernunft*)的写作像《论李维〈罗马史〉前十卷》(*Discorsi sopra la prima deca di T. Livio*)的写作那样小心谨慎,更不用说某些前现代的作品了。在同一语境中,贝勒瓦还表达了他的怀疑:我可能是把学者误当成了哲人,因为他相信,我以某些中世纪的犹太哲人和伊斯兰哲人为切入点,事实上是在研究学者和注疏家而非哲人:我讨论的那些作家都是柏拉图和亚里士多德的注疏家,而非原创型哲人。我怀疑,发现或发明"各种体系"意义上的原创性是否与哲学的深度或真正的原创性毫无半点关系。就原创性一词的当今意义而言,斯宾诺莎要远比迈蒙尼德更有原创性;但无论如何,迈蒙尼德是比斯宾诺莎更有深度的思想家。

贝勒瓦还质疑了我的下述"公理":在两个自相矛盾的陈述中,哪个陈述在作者所处的时代更具颠覆性,哪个就更为隐秘。我确实说过,我们倘若在某类作品中发现了两个相互矛盾的论点,我们就有理由假设,那个更隐秘的论点,亦即极少出现的论点,传达了作者的严肃观点。贝勒瓦相信这样一个秘密根本藏不住。我坚决反对。我不止一次注意到,倘若某位作者就某个非常重要的主题仅仅做过一次陈述,而在其他所有地方,[231]他要么肯定其反面观点,要么对该主题保持沉默,那么,该作者的研究者在表述作者的学说时,就总是忽略那唯一一次陈述:那唯一的陈述被当作不可理喻或无关紧要的东西而被置之不理。贝勒瓦高估了大部分读者的细心与敏锐。为了证明他的论点,贝勒瓦提到如下事实:迈蒙尼德和斯宾诺莎这类人甫一出版某些作品,对他们的迫害就随之而来。这个事实只能证明他们随即就被疑为异端。这事实甚至不能证明那种怀疑有理有据;毕竟有很多无辜者遭迫害的例子。这个事实根本不能证明迫害者已经认识到这些伟人有多么异端。此外,这些伟人或其理想都有不少拥护者,倘若他们的异端的程度或异端的确切特性已经为人所知,那么,那些拥护者就不会再成为他们的盟友。指出在以上两个例子或其他类似的例子中迫害的相对温和的特性,也并非不相干。像贝勒瓦这样,认为哲人们的安全与其说取决于其作品的谨慎特性,不如说取决于他们从中受益的政治支持,这么说是不充分的:一个完全不审慎的哲人要是不走运被视为疯子的话,他压根就得不到支持。

贝勒瓦的主要异议大概在于,我提出的阅读方法永不可能达到绝对的确定性。他质疑我把破译隐微文本比作破译楔形文字的做法,在这点上他是正确的:在我的想法里出现的这种比附显然是个出于个人偏好的(ad hominem)论据。我将仅限于反驳贝勒瓦的主要异议:难道选择其他阅读方法就能达到绝对的确定性吗?难道其他阅读方法不是基于下述论证错误的前提:即人们在解释一部作品时,可以完全无视作者就保密或谨慎的必要性所说的话,可以完全无视作者就某些重要主题所做的唯一或罕见的论述,而只关注作者经常谈论或除唯一例外在所有情况下都谈论的东西?正如贝勒瓦注意到的,科耶夫先生把我的阅读方法比作侦探的方法时曾断言,这两种方法的区别在于:我的方法不能诱使罪犯认罪。① 我的回答有两点:其一,我知道[232]在某些情况下,罪犯确信侦探无法再惩罚他之后,会在死后认罪;其二,倘若曾经有过犯罪嫌疑(suspicion of crime),而迄今为止对这嫌疑有的只是全然无辜的绝对信仰,那么,我对此也很高兴。至少,我做过的某些观察迟早会迫使史学家们抛弃自我满足感,从而不再宣称自己知道伟大思想者们所想的东西,进而承认,过去的思想远比通常所认为的更玄奥难解,并开始想要知道:接近历史的真理是否也像接近哲学的真理那样难。

---

① [译按]科耶夫的这个说法可参其对施特劳斯《论僭政:色诺芬〈希耶罗〉义疏》的评论,即《僭政与智慧》一文的注释1,中译见古热维奇、罗兹编《论僭政》[重订本],彭磊译,华夏出版社,2011。

十　里茨勒

李世祥　译　刘振　校

[233]研究生部要求我在其讨论班上谈谈我们的朋友、已故的里茨勒(Kurt Riezler[1882-1955])的思想,我深感荣幸。我既觉得有义务接受这一要求,同时又感到无法完全胜任。我与里茨勒第一次见面是在1938年,就在这个国家这栋建筑里,当时他已五十多岁,功成名就。尽管有两个朋友曾对我提起过他,评价甚高,但我从未读过里茨勒的一行文字。过了好些年以后,我们的关系才从有些复杂的同事转变为简单牢固的友谊。1949年我远赴芝加哥之后,隔很长时间才能和里茨勒见次面。在他生命中的最后两年,我们再没有相聚,只是通过几封信。里茨勒在世时,除了他的《帕默尼德》(*Parmenides*)以外,我从未有时间阅读他1941年以前出版的那些作品。最近两个月,我阅读了这些著作中的大部分,但仍无法以应有的仔细态度来读。

让我惭愧的不仅仅是缺少对里茨勒思想的了解。[234]里茨勒不仅是一位思想家和作家,他同样还是一个行动者。最重要的是,他是一位具有罕见的广度和深度的人。要充分表达对他的敬意,莫过于分析他的思想。要做到这一点,人们还应叙述他的事迹,活生生地展现出他本人的特色。我从来没有像现在这样遗憾自己缺少叙述和刻画的天分。

在我结识的人中,没人比里茨勒更能体现人类的德性。我相信,歌德要比其他的大师更大程度上塑造了里茨勒此人。他的兴趣和同情心遍及所有有价值的人类努力的领域。里茨勒本能够轻松地在众多不同领域中成为杰出的学者,但他情愿做一位真正有教养的人而不是一名专家。"教授"这个词无以指明里茨勒这样一个人,但"绅士"一词可以做到这一点。里茨勒的心智活动具有高贵、严肃而又从容的特征,让人丝毫感觉不到匆忙的辛劳。他广泛的兴趣和同情心从未脱离过人类责任感。没有什么人类的品性与他格格不入,除非我们把人身上的污秽、卑鄙、粗俗和狂热也算在内。他可能会变得愤怒,但绝不会感到道德义愤。他可能会鄙视某些目标(causes)甚至某些人,但其鄙视中绝不会没有悲悯。他是一位很温暖柔和的人,但绝不多愁善感。他不喜欢像"义务(duty)"和"祖国"这类词,但他绝不轻浮,从始至终保留着某种巴伐利亚式的不屈不挠,这逐渐转变为一种灵魂上不矫揉造作的力量和伟大。在其漫长多变的职业生涯中,里茨勒难免会伤害到其他人,但他身上没有丝毫残忍的痕迹。他爱憎分明,但这些爱憎与私利或虚荣无关。里茨勒有时会不公,但从不狭隘小气。和他在一起总是令人愉快:既不会沉重或情绪化也不轻率或漫不经心。里茨勒具有罕见的才智,但只有粗人才称他为知识分子。其言其人达成完美的和谐状态:直率、厚重、男子气的优雅,毫不做作或装模作样。赢得论辩不会给里茨勒带来乐趣。每当我想找一个区分智慧与聪明的鲜活例证时,映入脑海的就是里茨勒。他做政治判断[235]不会受到激情、体制或偏见的误导:在个别情况下,我当时认为里茨勒是错的,但后来发生或泄露出的事实则印证了他的判断。对于韦尔莫特(Chester Wilmot)[①]二战后在机密材料基础上得出的所有重要结论,里茨勒在战争期间就已经根据人人皆知的信息点明了。

---

① [译按]韦尔莫特(1911-1954),澳大利亚战争记者,二战期间为英国广播公司和澳大利亚广播公司工作,曾报道北非和太平洋战事。战后留在英国撰写《为欧洲而斗争》(*The Struggle for Europe*, London, 1952),从记者的角度讲述军事行动,叙事明畅,分析周密,持笔公允,问世后受到好评。有人说他"有效创造了撰写现代军事史的现代方法"。韦尔莫特1954年死于飞机失事。

青年里茨勒不像年轻的托马斯·曼(Thomas Mann)那样不问政治,他后来也不像中老年时期的托马斯·曼那样过分简单地一味讲政治。我第一次遇到年轻的里茨勒,是在读他的《当今世界政治的基本特征》(*Grundzüge der Weltpolitik in der Gegenwart* [Outlines of Contemporary World Politics])的几周前,他用笔名鲁伊道夫(J. J. Ruedorffer)出版了该书。要恰当地理解该书,人们必须牢记,它是由德意志帝国一位有影响力的官员在第一次世界大战爆发前不久出版的。里茨勒试图澄清欧洲各大国在1871年后取得长期和平期间对外政治呈现出的特点。他把这一特点一方面追溯到对外政治的本性,另一方面追溯到这一时期的特定形势。最重大的政治事实是各民族间的冲突:每个民族都关注自我保存和扩张,都为不受限制的自私所驱使。不过,民族冲突不是根本的冲突。民族主义受到了世界主义(cosmopolitanism)的挑战。民族主义和世界主义的势力都在增长,它们相互间的敌意也在加剧。里茨勒面对的问题是:各民族间的哪一种状态才符合自然,和平还是战争。里茨勒看到这样的二选一:要么民族是人类联合的最高形式,结果是各民族间会处于"永久的绝对敌意"中,民族间的友谊不过是推迟的敌意或对其他民族的共同敌意;要么人类作为整体高于民族之上,分配各民族的职责、地位并正当地限制他们的雄心。里茨勒毫不犹豫地决定支持民族主义。他辩称,观念的冲突反映了诸多活生生的力(living forces)的冲突;一种观念的真理性问题因而是该观念的力量问题。现在,我们不得不环顾四周以便认识到,主导各民族思想[236]和感情的是民族主义观念而不是世界主义观念。历史教导我们,尽管民族主义和民族国家晚近才问世,其先前的对应物始终比世界主义强大得多。世界主义的信仰表白并不少见,但没能打动里茨勒。他确信,倘若对这些表白加以检验,恐怕连社会主义的工人也会跟着他们的国家走。有人认为如果各民族多见见面,增进理解,他们相互间就不会再有敌意,这种观点也没能打动里茨勒:加强熟悉并不必然会增进好感。但民族主义的力量,即其在过去和现在的力量,不是里茨勒偏爱民族主义而非世界主义的唯一原因。他认为民族主义所代表的要比世界主义(也就是与政治密切相关的世界主义)更高贵。与政治密切相关的世界主义得到现代经济－技术－科学发展的支持。但这一发展没有加强反而削弱了人身上的人性。它增加了人的力量而不是智慧。人们在德国看得特别清楚,伴随着这种发展的是精神、品味和心智的腐化衰退。这种发展迫使人们变得前所未有地专业化,同时又激发人的各种好奇心并刺激人的各种兴趣,引诱人追求一种虚假的普遍性。它使人前所未有地难以专注于那些人的整全所完全依赖的事物。里茨勒找到了与政治密切相关的世界主义在智识上的根子,他称之为现代理想。在现代理想中,里茨勒辨别出三个要素。第一个要素是相信这种人类生活——即独立于有人引导的那种生活的人类生活——是一种绝对的好。第二个要素从第一个要素衍生而来,指的是普遍的无条件的怜悯(compassion)或者说人道主义。第三个要素是"物质主义(materialism)",也就是对快乐的关注压倒一切,不愿或没能力献身于理想。这种分析在今天并不受欢迎,但在历史上是正确的。要看清这种分析如何为民族主义辩护,我们将把里茨勒的思想表述如下。现代理想没有为崇敬(reverence)这一人类高贵的母体留出位置。对所有时代的大部分人和大部分时代的所有人来说,崇敬主要是[237]崇敬人们继承下来的遗产,崇敬传统。但各种传统从本质上讲是特殊的(particularistic),因而贴近民族主义而不是世界主义。

里茨勒支持民族主义的决定看似完全立足于经验,立足于对民族主义在过去和现在的力量的经验,以及对现实中世界主义低劣品性的经验。有人可能会说,这一决定没有公正对待世界主义的可能的未来及其许诺和理想。由于里茨勒与此同时教导说,民族绝不是其实际所是,而总是按其未来成其所是,因而这种对世界主义的未来的忽视就更引人注目。里茨勒就民族的本质提出的意见也很难克服这一困难。在里茨勒看来,个人和民族都是有生命的存在,都是真正的整体。但个人必然会死亡,而民族死亡的必然性并不存在;民族能够生活在永久存续的希望之中,个人则不能。因此,个人只有通过其民族才能参与到永恒中,从而他的民族是他唯一真实的道路。里茨勒在这一背景下引用了陀思妥耶夫斯基(Dostoyevsky)《群魔》(*Possessed*)中一个角色的话:每个民族有其自己的神(god),有自己的善恶观念;不存在适用于所有民族的上帝(God),也没有普遍有效的善恶观念。正如里茨勒自己承认的那样,我认为这一论证并不令人满意,最主要的理由在于,民族也可能像其他生成性的存在物一样,具有死亡的本质必然性。值得注意的是,里茨勒没有试图通过诉诸思想与语言的联系来确立民族的形而上尊严。这很可能有两个原因。首先,里茨勒似乎认为,语言不是思想所指向的真理的母体。此外,他非常清楚地看到,语言的统一所建立的共同体与政治共同体之间没有必然的联系,正如某些现代范例(一方面是瑞士,另一方面是美国和英国)所表明的那样。有人可能纳闷,除了柏拉图和亚里士多德的政治哲学,是否还有另外一种世界主义的备选方案。柏拉图和亚里士多德教导说,自然的政治共同体不是民族,而是[238]城邦;民族由此看上去像是城邦(polis)与世界都市(cosmopolis)之间的中转站,古典作家对城邦而非世界都市的偏爱体现了一种洞见,任何想阐明支撑民族主义却没有得到民族主义充分表达的真理的努力都不得不受到这种洞见的引导。无论如何,里茨勒后来放弃了年轻时的民族主义,以日益增长的献身精神研究柏拉图的《王制》(*Republic*)。

民族主义尽管在理论上如此无法令人满意,但在一个可预见到未来的由民族主义主导的世界中,民族主义仍为我们提供了一个理解当前政治形势和启发政治行动的最佳框架。民族主义当然要高于这些目的,它不仅优于法学家的构建,而且比由"社会"和"生长(growth)"这类概念所引导的某种社会学更高明。因为这种社会学容易让我们忘记民族主义者绝不会忘记的两件事。各种社会依然是、且在可预见的未来将仍是民族性社会或帝国性社会,以明确无误难以逾越的边界与其他社会隔开,这些边界是通过战争而非其手段建立的;如果社会要"生长(grow)",无论如何没人能保证它们不会从别的社会那里夺走阳光:谁鼓吹"生长"而不思考生长一词,不思考生长具有一个顶点,一旦突破则不能再生长,谁就是在鼓吹战争。

里茨勒还谈到,民族是这样一种存在物,只要健康,民族总是渴望生长。但里茨勒远没有隐瞒这样的事实,最可见的生长是大小的生长,是扩张:只要健康,民族就有一种向帝国和世界统治发展的倾向。不过,他认为,如果强度、深度、内在精神(inwardness)和意识——或者说"文化"——没有相应随之生长,扩张性的生长会导致灾难性的空洞。里茨勒因而反对严格意义上的民族主义分子,反对那些把生长仅仅理解为扩张、高估"武力"低估观念力量(power of ideas)的人。里茨勒偏离当时德国官方道路的可不仅这一点。按里茨勒的理解,民族主义使君主制与共和制之间的对抗丧失了先前的重要意义,因而他对德意志－普鲁士的君主制无动于衷。里茨勒的民族主义[239]从根本上讲是共和式的,至少处于变得清醒的民主派的边缘。里茨勒青睐的帝国主义是一种有远见、开明、清醒、耐心的帝国主义,是按不列颠模式塑造的帝国主义。以这种精神看待政治舞台,里茨勒得出的结论是,德国的民族利益同欧洲所有其他大国的民族利益一样,要求在可预见的未来保持和平,他努力教导他的同胞,尤其是他的上级,有关避免我们今天称之为第一次世界大战的那场战争的可能性。里茨勒特别关注这样一个事实,即白种人在亚洲和非洲仍有充足的空间,可进行齐头并进的扩张且互不冲突。他甚至设想,齐头并进的扩张时期结束的同时,有可能出现完全无法开战的状态,因为所有大国在战争中失去的将远远多于他们的所得。里茨勒看到,和平所面临的最大危险不是大量军备和这样的结盟体系(因为他认为,由于对成功进行精细的算计极其困难,各国会倾向于起用精明的政治家,采取谨慎的政策),而是民族主义运动在其中蓬勃发展的各国政府的软弱以及"缓慢变动的结盟体系为……一种坚固的两大阵营体系"(三个同盟国与协约国)所代替。

如果机动的可能仍然存在,如果根据国家利益而不是威信或煽动来决定外交事务的处理,在可预见的未来就能够避免战争。四十年后,里茨勒在其瓦尔格林讲座(Walgreen Lecture)《工业时代现代大众社会的政治决断》(*Political Decisions in the Modern Mass Society of the Industrial Age*)中又回到了这些问题。比较其1953年与1913年的言论,里茨勒立场的相似性让我非常惊讶。我似乎观察到其重点稍稍有些变动:四十年的经历似乎让里茨勒更清晰地看到与煽动民众(demagoguery)相对等的(vis-à-vis)现代各个非僭政政府的弱点的起源。

里茨勒所辩护的民族主义或帝国主义不止在一点上使人们想起韦伯(Max Weber)的政治观点。里茨勒与韦伯间的根本差异在于:[240]基督教关于战争与和平的教诲——更确切地说是登山宝训(Sermon on the Mount)——对韦伯来说是一个问题,而对里茨勒来说则不见得是个问题。这种差异是否与里茨勒出身大公教家庭而韦伯出身新教家庭这样的事实有关,我说不准。

对于里茨勒就1913年世界政治形势所做的分析,不可能进行概述。但应该说,那种清晰广博的分析是一个优秀的典范,国际关系专业学生能从中学到其手艺中的重要内容。如果必须要编辑一个国际关系读本,我会把里茨勒的分析放在里面。他的分析让我想起伯克(Burke)在《关于法国事务的思索》(*Thoughts on French Affairs*)中对1791年的欧洲形势所做的分析。

年轻的里茨勒在政治上是一名民族主义者,但他不是一名简单的(tout court)民族主义者。里茨勒把真正的世界主义与做作肤浅的世界主义区别开来,从个体的深度中洞察到真正的世界主义的根基。个人是其民族的一部分,但又不仅仅是其民族的一部分:"他有自己的任务、自己的目标和自己的价值。"因而,民族不是通向永恒的唯一道路。只有个人而不是民族才能从事追求真理的活动,这种追求把属于不同民族的人团结在一起。天才虽是某个民族之子,但属于全人类。用里茨勒三十年后出版的一篇文章中的话说,

> 流亡者自愿流亡且兴奋不已,他拒绝适应环境但心中毫无怨恨……他是任何社会的精英和最重要的成员,尽管他不认为自己是一位成员。他是马刺,鞭策着喜欢昏昏欲睡的马匹。

但这种真正的世界主义对各民族间的根本关系没有影响。

德意志帝国在战败中衰落崩溃。人们从那时起开始讨论西方的没落。在魏玛共和国时期,据我所知,里茨勒只出版了一本能称得上是政治性的著作——《论现时代的宿命和自由》(über Gebundenheit und Freiheit des gegenwärtigen Zeitalters [On Fatality and Freedom in the Present Age], 1929①)。此书主题是西方人的未来。尽管在给出的前景和题材方面有着巨大差异,里茨勒在德国创作的这两部政治作品仍有共同之处:两者都反对"忧郁的先知(the prophets of gloom)",都试图表明,若是明智(sanity)占据上风,就有希望。[241]实际上,疯狂(insanity)再次占据上风。在希特勒的政治领导和海德格尔的智识领导下,德意志进入了第三帝国(Third Reich)。里茨勒不得不离开德国。第三帝国及其最大的成就——第二次世界大战,确认了欧洲衰落的预言。在二战之后的冷战期间,里茨勒被迫写下他的第三部也是最后一部政治作品——瓦尔格林讲稿。他传达的信息仍没有变:如果我们重新主张明智且仍能够这样做,西方人就有希望,西方世界的末日就不会来临。因为,将明智的表达诬为"有争议的"与彻底压制明智的表达有着不可忽略的差别。

政治分析是里茨勒哲学研究的前台,是决不可忽视的前台。他对1913年世界政治形势的分析基于这样一个假设,即用科学的、自然科学的手段无法理解政治生活。里茨勒假设了一种方法的二元论,自然科学的方法与历史理解的方法。里茨勒将方法的二元论追

---

① [译按]书名中译据施特劳斯原著中给出的英译。施特劳斯译作 fatality 的德语原文 Gebundenheit 原指"束缚、约束、捆绑",亦引申为"被置于某种境遇"。

溯到一种可称为形而上学的二元论。他在《论不可能事物之必不可少的特点：一种政治理论的绪论》(Die Erforderlichkeit des Unmöglichen, Prolegomena zu einer Theorie der Politick [On the Indispensable Character of the Impossible, Preface to a Theory of Politics])一书中发展了其哲学前提，这部著作大约与《当今世界政治的基本特征》同时出版。由于没有找到该书，我只好读其1924年出版的第二本哲学书《形式与法律：一种自由形而上学构想》(Gestalt und Gesetz, Entwurf einer Metaphysik der Freiheit [Form and Law, Project of a Metaphysics of Freedom])。这本书旨在分析形而上学二元论造成的问题。

《形式与法律》是一份具有一战后前十年德国思想的动荡特征的文件。该书对既有的学术立场表示强烈的不满并探索一种新的思考方式，也就是说，它感觉到从那些学术立场返回到德国思想的伟大时代（从康德到黑格尔的时代）还不够。里茨勒对总的方向有一种意识，正如他相信的那样，人们必须按这一方向推进，不过具体的道路还不清晰明确。从盛行的不满和不安中，人们会洞悉到两种迥然不同的智识来源：基尔克果(Kierkegaard)和尼采(Nietzsche)。第一次世界大战结束时有三种重要的学术立场，我将按它们出现的[242]顺序来列举：马堡学派的新康德主义、狄尔泰(Dilthey)的生命哲学以及现象学。让人有些惊奇的是，尽管里茨勒的抱负与马堡学派的原则或倾向几乎没有什么共同之处，给他留下深刻印象的却是马堡学派而非其对手。在与里茨勒的交谈中，我搜集到如下理由：马堡学派的创建人柯亨(Hermann Cohen)以其灵魂中的激情和力量(fire and power)远远胜过1871年至1925年期间德国所有其他的哲学教授。某个学说的创始人的激情和力量并不能确立这一学说的真理性，但它们却是里茨勒持续地严肃关注这种学说的必不可少的条件。我们注意到，在激励德国人心智的那些超越学术的力量中，基尔克果根本没有打动里茨勒，深深打动他的是尼采。

在我所说的这本书中，里茨勒开始就接受了一种根本的二元论,并将其首先表述为法律与形式、无机物与有机物、自然与心智、必然性与自由的对立。里茨勒不认为对立双方中的一方能简化为另一方或由另一方推演而来:不能把心智理解为一种自然的产物或结果,也不能把自然理解为心智的衍生物。里茨勒同样反对把根本的二元论只看作是观察点的二元论(dualism of points of view):人既分有自然也分有其对立面的特性,人的统一需要一个单一的观察点,从中人的统一性能够得到把握。从根本上基于相同的原因,人们无法通过把对立双方的一方归为现象世界把另一方归为自在之物(Thing-in-itself)来解决这一难题:对立的双方都属于同一个世界。那么,所需要的就不仅仅是一种知识理论甚或一种对人类心智的批判,而是一种形而上学,其主题为单一世界的整全,这个世界的特征是一种根本的二元论。但里茨勒补充说,这种形而上学必须是批判性的。批判的形而上学(critical metaphysics)与过时的存在论形而上学(ontological metaphysics)截然相反,它基于康德的洞见,即事物之作为事物(things qua things)依靠人类的知识,事物由人类知识构造,换句话说,不存在被视为事物整体的整全。因而,形而上学的"中心问题"是"主体(the subject)、自我、灵魂或[243]单子问题"。里茨勒在这里没有谈到理性(reason)或心智;他把理性或心智看作主体或灵魂的一部分。换句话说,主体特有的自发性不仅仅像康德教导的那样是理性或知性(understanding)的自发性,而且还是各种感觉(the senses)的自发性。但这并不意味着主体就是人。人认为自己比植物和兽类有更高的尊严纯粹是由于人的骄傲。主体也不是上帝。不管怎样,批判的形而上学从根本上关注的是主体或灵魂,它是"自由的形而上学(mataphysics of freedom)"。

如果批判的形而上学是自由的形而上学,就必须把必然性理解为自由的衍生物:自由与必然性的二元论表明它只是临时的。只有在人的外围视角(peripheral perspective)中,一种更广泛的自由才表现为必然性。必然性、宿命、决定论实际上都不过是各种自由的创造性力量的相互限制,不过是各种创造性力量对其自身的创造物的依赖。同样,其他二元论也被证明是临时的。由此人们可以得出这样的印象,里茨勒完全压制了作为其出发点的二元论。

在《形式与法律》中,没有一对对立物比法律与形式(Law and Form)的对立受到更突出的强调:科学法则的数学公式与其源头——柏拉图-亚里士多德的理式(idea)或者说形式,或更确切地说,普遍的规则与具体的形式(gestalt)。不过结果证明这一二元论也是临时的。这并不意味着里茨勒对法律与形式的广泛讨论是多余的。如果要理解实在(reality)的真正特点,法律与形式的对立、从法律向形式的运动就必不可少。人免不了会从法律的角度进行思考,但这是理解实在最突出的(par excellence)障碍。不过,人必须也要意识到与其极端对立的一方同样存在错误,把实在理解为盲目的创造性意志,没有方向、没有意义、没有目标同样是错误的。处于错误的两个极端——法律与意志——之间的中道是形式。只有通过分析形式,里茨勒才发现这对根本的对立物,实际上,他随之发现的不是它们的和解而是它们本质上的不可分离。形式由一个进程生成,这个进程没有其他意义,只是生成形式,越来越高的形式。这一进程并不先于形式:成形(the forming)总是自己形成的。形式以其自己的形成活动是其所是。每个形式,无论是什么,[244]都指向自身之外,趋向自身之外。形式小于其应是。实在处于是与应当(Is and Ought)之间。是与应当之间根本的永恒的二律背反(antinomy)构成了实在。世界是恒久的不和谐、奋斗(striving)、渴望、努力和爱欲(eros),因而是恒久的生命。它努力追求无限、永恒和完美,所能达到的却只是有限、短暂和不完美。世界永远是不完美的:每一点善都只是由于某种恶而存在;爱与恨无法分离,快乐与痛苦同样如此;每个成就都要付出某种失败的代价;有生的事物都会有灭。人的手段或神的手段都不可能对此进行救赎:即便天国本身(Heaven ifself)也无法得到救赎。但恰恰由于这个原因,世界永远充满活力。用神学的语言说,上帝并非存在(God is not),他是永恒的生成(becoming)。如此理解的实在必然包含无限多的形式、形成性的形式（formative forms）、主体或有死的单子，其中任何一者在性质上都不同于所有其他东西，或者说它是独一无二的。这些单子彼此并不孤立。每个单子仿佛都在其他单子之中，并由于其独一无二的奋斗与其他单子发生冲突：实在是无限多的单子之间的永久冲突。单子之间没有和谐，因为并不存在一个未经创造的核心单子。每个单子都是核心，因而每个单子又都在外围。每个单子都渴望不可能的核心；这种渴望就是生命。每个单子有其自己的视角：实在在每个单子看来都是不一样的。实在是一个无限的进程，该进程引发了无限多的进程，或更确切地说由无限多的进程构成，也就是由各种形式的形成（the formation of forms）所构成，只有通过无限多互不相容的视角才能揭示出实在本身。在这种无限中，一切都是手段，一切都是目的：实在不是一个有等级的秩序。

但这种"永恒的相对性（eternal relativity）"难道不是摧毁了世界的统一性？它难道不会导致这样的结果：没有什么是真实的，一切都可允许？里茨勒对此表示否认。仍存在坚实稳固的东西，仍有统一性，但这个一和不变无法从任何"绝对的真如（absolute suchness）"或任何形式中找到，更不用说从数字或法律中找到了。世界的统一是命运（fate）的统一，也即其每个部分命运的统一：出生与死亡，奋斗与失败等等。在从新康德主义向批判的形而上学、从法律向形式以及形式的根据的转变中，里茨勒从方法的统一性转向命运的统一性。

我们从前面的全部论述得出的推论是，批判的形而上学[245]不同于过去的存在论形而上学的不仅是其主题，也包括其模式。批判的形而上学不是理论性的。它并不暗示人们离开变化的世界走向永远或永恒。作为批判的形而上学的哲学意识到哲学的限度。哲学任务的广博（把握整全、把握整个进程）与其手段的狭隘（各种概念）之间不成比例。哲学需要概念又必须突破概念。哲学的任务是没法完了的。哲学的命运是悲剧式的——同生命的每一种其他表现形式的命运一样有悲剧性。虽然哲学没能力用其概念把握整全,它却能以其命运复制或代表整全:因为整全是整全中各个部分命运的那个统一体。不能以超然的态度看待万事万物最深处永恒的二律背反;只有亲身经历才能揭示其意义,也就是说,只有经历彻底孤立的个体的极度痛苦,只有这种经历在一种终极的"尽管如此也要……"中到达顶点,才能揭示其意义;哲学意味着以可敬的方式遭受不幸,以倔强的方式拒绝救赎的错觉,把此世作为唯一的世界赞同它或爱它。以这种方式,也只有以这种方式,人世看起来才不是一切都可允许。

引领里茨勒从法律转向形式的现象是生物(living beings)和艺术作品。但这些现象不足以支持他关于实在的根据的思辨。在这些思辨中,里茨勒视为历史现象的东西引导着他:他把历史(History)看作各种不断更新的形式、越来越高的形式的创造。里茨勒的形而上学是以类比历史的方式理解自然的尝试。与此相应,他断言时间而非空间属于实在的核心,不,就是实在的核心:"时间是神明(deity)对自身的渴望。"

要在《形式与法律》中找到我所熟知的里茨勒有些困难。《形式与法律》与其以后的著作间的差异可以追溯到单独一个原因:塑造里茨勒后期思想的是海德格尔对他的影响以及他对海德格尔的反应。实际上,里茨勒身上受到海德格尔决定性影响的不是他的最深刻的倾向,而是其表达或不表达这种倾向的方式。

这可能是一种保守的说法:海德格尔是里茨勒曾遭遇的最强大的同时代力量。[246]要找到另一位对德国思想,不,对欧洲思想的影响与海德格尔相提并论的哲学教授,人们必须返回到黑格尔。但黑格尔还有某些同时代的人可以说与他并驾齐驱,至少人们将他们与黑格尔进行比较时不会显得非常愚蠢。海德格尔迄今为止却超越了同时代的所有人。早在大众了解海德格尔以前,这一点就很清楚。海德格尔一出现在舞台上就占据了中心并处于支配地位。海德格尔的支配在范围和强度上几乎持续不断地增加。海德格尔充分表达了盛行的不安和不满,因为他拥有清晰性和确定性——即便不是对于整条道路,至少也对最初决定性的几步。骚动或风暴逐渐平息。最终达到的是这样一种状态,局外人倾向于将其描述为批判能力的瘫痪;从事哲学(philosophizing)似乎被转化为满怀敬意地聆听刚刚开始的海德格尔神话(mythoi of Heidegger):

> 这时倘或他们看见了一个德高望重、受人尊敬的人物,就会安静下来,竖起耳朵肃立谛听他说什么。①

里茨勒在达沃斯(Davos)做了《论现代时代的宿命和自由》(Gebundenheit und Freiheit des gegenwaertigen Zeitalters)的演讲,同一批听众此前刚刚听过海德格尔与卡西尔(Cassirer)之间的争论。里茨勒毫不犹豫地站到海德格尔一边。没有其他选择。仅仅是对伟大的敏感就会命令里茨勒做出选择。卡西尔代表既定的学院立场。他是杰出的哲学教授但不是哲人。卡西尔博学但没有激情。他是一位表述清晰的作者,但他对问题的敏感比不上他的清晰和平静(placidity)。作为柯亨的弟子,卡西尔把柯亨的哲学体系(其核心是伦理学)转变为一种符号形式哲学(philosophy of symbolic form),伦理学在这种哲学中静悄悄地消失了。另一方面,海德格尔明确否认伦理学的可能性,因为他认为伦理学的理念与伦理学伴称清楚表达的现象之间呈现一种令人厌恶的不相称。

我们还记得,里茨勒在《形式与法律》中发现世界的统一性并不在任何可通向一种超然观点的"真如(suchness)"中,而是在其各个部分的命运中,[247]据说只有经历彻底孤立的个体的极度痛苦才能揭示命运本身;整全的各个部分被设想为有死的单子。人们能够说,里茨勒将"实体(substance)"等同于有死单子的命运,等同于有死单子的特定的有穷性(finiteness)。因此,对于海德格尔"实体"

---

① [译按]原文为拉丁文,语出《埃涅阿斯纪》,卷一第 151、152 行;中译据杨周翰译本(南京:译林出版社,1999,页 6)。

就是 Existenz[实存]的论点,里茨勒不是毫无准备。不过,里茨勒的有死单子不是特指人,而是指任何生物,也就是指任何存在者,尽管是人也只有人向里茨勒提供了其他存在者的线索:里茨勒试图根据整全与人或历史的相似性来理解整全。他从海德格尔那里首先学到的是,这样一种尝试预设了对人是什么的澄清。但是,正如里茨勒所强调的,是什么的问题或真如的问题没有触及根本;根本问题必须涉及人的命运,或像海德格尔说的,涉及人的 esse[存在],人的 Existenz[实存]。海德格尔对 Existenz[实存]的分析有意成为一种基础存在论(the fundamental ontology),也就是"第一哲学",因为哲学不过就是存在论。在《形式与法律》中,里茨勒曾提出,万物都有生有灭,或者说没有什么东西"存在(is)",而且,只有生与灭"存在"。里茨勒因而触及存在论问题,但与此同时,他也曾把存在论作为过时之物加以拒斥。然而,里茨勒在后期著作又把哲学等同于存在论。只有在非柏拉图的意义上使用柏拉图式的表述,人们才能最为简洁地表达海德格尔的存在论概念。存在论关注的不是各种存在者(beings),而是我们无论何时谈到任何"存在"的事物(anything that it "is")时所指的东西,或者说,存在论关注的是各种存在者借其得以存在的东西,或者是存在者通过分有它而得以存在并被称为存在的东西;这个不同于 entia[诸存在者]的 esse[存在]作为所有存在者的根基不是一个存在者,而是超越了存在(being)和存在性(beingness)①。esse 与 entia 的区别使里茨勒能够清楚地阐明《形式与法律》实际上所运用的最为根本的区别:命运与任何其他东西的区别——前者绝不会成为一件东西或一个对象,而后者则要么能成为一件东西,要么能成为一个对象。

里茨勒在此基础上所写的第一本书是《帕默尼德》(1934),这是他唯一一部致力于某个属于哲学史主题的著作。历史的问题,帕

---

① [译按]本译文将 beingness 译作"存在性",以兼与 being[存在者]及 to be[存在]相区分。

默尼德诗作的含义问题,对[248]里茨勒来说与最重要的"体系的"问题("systematic" problem)一致。存在论问题起初对我们而言不可理解,因为我们继承了一个有千百年历史的传统,这一传统误把存在论问题(esse[存在]的问题)当作宇宙论问题(entia[存在者]的整体性问题)或神学问题(最高 ens[存在者]的问题),而且,这一传统在其现代时期已逐渐忘记了存在论问题的最后一抹痕迹。我们全部的思考习惯、供我们支配的所有概念,在绝大多数情况下都源于存在论问题开始被宇宙论问题或神学问题覆盖或取代的时代。只有在西方思想的开端,尤其在帕默尼德那里,存在论问题才以清楚和纯粹的方式显现。因而,理解存在论问题意味着要从隐藏这个问题的传统的镣铐中解放出来,或者重新发现我们传统的起源:"体系的"问题与历史的问题密不可分。里茨勒在这方面听从了海德格尔的意见,在海德格尔看来,阐明存在论问题与哲学传统的"解构(Destruktion)"密不可分。里茨勒在关键的一点上偏离了海德格尔。海德格尔返回西方思想源头的目的在于克服西方思想尤其是希腊思想的局限。但里茨勒认为,希腊早期存在论是存在论真正的最终的基础。在海德格尔看来,希腊存在论的根本局限性在于希腊人把"存在(to be)"理解为"在场或临近(to be present or near)"这个事实。但里茨勒接受了希腊人的观点,据此,只有"在场"才是"真正地存在(to be truly)"。在他那本第尔斯(Diels)《前苏格拉底》(Vorsokratiker)的初版本上,里茨勒在"帕默尼德残篇"开头的空白处写道:这是块覆盖着尘土的哲学金子,与之相比,其他一切不过是用金子包着的尘土。而在其《帕默尼德》一书的结尾,里茨勒指明了他的信念:在所有后希腊的思想家中,帕默尼德可能只喜欢尼采,因为尼采正式宣告了正确的道路:同一者(the same)不是必须永恒复返,因为它总是整个地在场。

　　有必要简要地解释一下里茨勒对存在论的理解。所有思想最根本的前提[249]是人们可能称之为有关何为"存在(to be)"的含义的决断。例如,现代科学可以说是把"存在"等同于"每个人都可观察到的存在(to be observable by everyone)"或"一个可能的对象的存在(to be a possible object)"或"属于时空秩序(to belong to the the spatial-temporal order)"。这样理解的"存在"因而相对于特定的观察者、任何观察者、匿名的观察者而存在(is relative to)。但我们以某种方式推测(divine),"存在"首先意味着"在自身之中存在(to be in itself)",而不仅仅是"相对于……存在(to be relative…)":"存在"首先且主要意味着一个主体而非一个客体[或译:对象](object)的存在。那么,匿名观察者将比他的任何对象或所有对象在更根本的意义上"存在(be)"。进一步说,匿名观察者并不根据对其具有权威的"存在(to be)"的含义而"存在(is)"。我们能够观察的只是这个或那个观察者,此人总是远比匿名的观察者更多地存在。匿名的观察者和只相对于他而"存在(is)"的每种事物是一种抽象,我们以某种方式推测,"存在"主要意味着"具体存在(to be concrete)"。"具体存在"不仅意味着一个特定的存在者的存在,同样还意味着属于一个特定的整全,属于一个特定的动态处境(dynamic context):特定存在者与其特定的动态处境相分离就是一种抽象。每位真正的观察者都属于这样一个动态处境。观察者在多大程度上离开这一处境,在多大程度上从外部观看它,他就在多大程度上错失具体:真正的实在是"从内部来看的实在"。这意味着,为了成为真正真实的存在(to be truly real),实在(reality)必须被"看到(seen)":如果没有人类,就没有具体性(concreteness)。无论如何,如果"存在"意味着"具体存在",根本的问题就不能涉及这个或那个具体的某人或某物,也不能涉及具体的某些人或某些物在其具体处境中的整体,而只能涉及就其本身而论的具体性。更宽泛更谨慎地说,根本的问题不涉及这个或那个存在者,也不涉及诸存在者整体(the totality of beings),而是涉及存在性(beingness)。存在性不同于存在者,正如一不同于多。这并不意味着存在性是超验的上帝,而诸存在者是上帝在此世中的创造物:存在性不过是此世中的一切事物的此世性(this-worldliness)的根基;一只存在于多中;没有诸存在者就没有存在性,vice versa[反之亦然]。存在性与诸存在者的关系也并非如整全之于各部分的关系。存在性是所有存在者的同一命运、同一秩序、同一法律,尽管我们只有从人的案例中接近存在性。存在性的统一并不意味着单一性(simplicity),而是意味着不同事物的统一(unity of the different):存在性有一个复杂的[250]表述;存在是一个包含有形形色色要素或曰"力量(powers)"的整全,每一要素都需要其他要素并在它们中共同—在场(co - present);存在性是一个织体(texture),在其中,每条线都需要其他所有的线,或者说,在其中,整全为每条线所固有。正是通过这整个织体,任何存在者才"存在(is)"。虽然所有存在者有生有死,存在性却是不可改变的、永恒的、无时限的。然而与此同时,存在性据说又是"发生(occurrence)":正是由于这个原因,里茨勒偏爱使用动词esse[存在]而不是名词"beingness[存在性]"。

　　里茨勒按照这样理解的存在论来接近帕默尼德的诗作残篇。更确切地说,开始意识到存在论问题后,里茨勒才转向帕默尼德,而从帕默尼德那里所学到的东西部分地塑造了其存在论。帕默尼德的诗由两部分组成,第一部分致力于真理,第二部分致力于意见。根据传统或通俗的解释,帕默尼德在第一部分教诲说,存在者是一(being is one),因而多与变化(manyness and change)并不存在,或者说只是区区表象或意见,甚至知识与存在者都必须同一;在第二部分,帕默尼德描述了人类的一般意见,据此,存在多与变化,他从那一意见的错误原则中推断出该意见。这一错误的原则是,存在者不是一而是二(比如,光明与黑暗)。正如帕默尼德通过呈现多与变化的事物从那个混合体中产生所表明的那样,可以把表象的世界理解为一个光明与黑暗的混合体。里茨勒承续了莱因哈特(Karl Reinhardt)开启的解释道路,他主张,帕默尼德否认的不是诸存在者(beings)的多与变化,而是存在性的多与变化;意见不在于承认多和变化,而在于对支撑多和变化并使之可能的不可变统一体视而不见;存在性的统一是一种对立物的统一;意见在于将这些对立物完全分离,或在于看不到对立物中的一方在另一方中的共同—在场;意见意识到的只是在某一既定时刻通过感官知觉到的那种特性(quality)——它没有意识到,对立特性(the opposite quality)是共同—在场的,但在那个时刻却不能被感官知觉到:意见将真理等同于感官知觉到的东西;意见屈从于感性知觉。因此,意见的根本错误不在于假设了两个原则,光明与黑暗:这两个原则[251]和从中产生的每样东西都属于真理而不是意见。与此相应,帕默尼德诗的第二部分与其说对意见进行"系统化",不如说提供了对意见的真正解释。尤其是,正确理解的话,第二部分的一个残篇(残篇16)给我们带来了关于真理与意见的真正关系的决定性信息,而第一部分则没有提供这种信息。

  里茨勒的解释是现代帕默尼德研究的一个顶点。只要还关心帕默尼德本人教诲的内容(这不同于他的诗可能传达他并不必然意识到的内容),人们就几乎无法在里茨勒遵循的方向上再向前推进。里茨勒比其他人更为全面地处理了通俗的解释(the vulgar interpretation)。仍然存在的问题是,通俗的解释(它只看到把诗作两个部分分开的鸿沟)是否随之看到了现在面临被忽视的危险的某种东西。里茨勒自己谈到第二部分的"意象(imagery)"。这样说来,第二部分并没有传达纯粹的真理。但是,如果按里茨勒的主张,第一部分没有包含完全的真理:至少,第一部分没有显明关于存在者或存在性中的对立面的统一,那么第一部分也就同样没有传达纯粹的真理。这样的话,两部分的关系就不能等同于真理与意见的关系,而它们的关系只能反映(reflect)真理与意见的关系。纯粹的真理或纯粹的意见都无法在诗中完全看到;不过,帕默尼德让我们期望会在诗中完全看到它们。或许,帕默尼德不渴望用一种明显的方式来满足这种期望。如果这种怀疑最终是正确的,那么通俗和传统的解释——即第一部分提出了完全的真理,第二部分提出的只是意见——就可能充分表达了诗中人们可以称为直接的、普遍可见的含义,而里茨勒的解释将在隐匿且严肃的含义这个方向上超越传统的解释,然而他并没有企及帕默尼德诗作隐匿且严肃的含义。在这里与在其他地方一样,毫不妥协地回到表面可能是推进到内核必不可少的条件。

里茨勒的批判的形而上学声称得到了历史现象的支持,声称对该现象做了根本充分的阐释。当从批判的形而上学转向存在论时,里茨勒归于存在论的支持和职能[252]与他最初归于批判的形而上学的支持和职能相同。里茨勒因而面对这样两个困难:(1)把存在性理解为无时限的法则和秩序与把存在性理解为发生(occurence)之间存在张力,把存在性理解为超历史的(trans-historical)与把存在性理解为历史的之间存在张力;(2)所有对诸存在者或具体事物的理解据说都属于一个特定的动态处境中,或者说,所有对诸存在者或具体事物的理解据说本身就是具体的。难道对如此的存在性或具体性的理解也必定同样不真实(Must the same not be true also of the understanding of beingness or concreteness as such)？或者说,难道存在论者(the ontologist)能是一个匿名的观察者吗？如果这不可能,那么存在论本身难道不会卷入到过程中并随之变得相对化？

里茨勒在其论文《论美:走向一种艺术存在论》(*Traktat von Schönen. Zur Ontologie der Kunst*[Treatise of the Beautiful. Towards an ontology of art],1935)中继续考察这些问题。这篇论文旨在准备一种完全成熟的存在论,但只是准备:一种包罗万象的存在论的起点将不得不是历史现象而非艺术现象。不过,对艺术的分析是"一种历史学说"最合适的"绪论(prolegomenon)",因为它为分析者带来了承担更大任务的恰当情绪。与存在性相似的是艺术,而不是思想或概念。艺术而非自然属于美的领域。艺术表达对人自身的肯定(affirmation),而宗教则不然:艺术是没有诸神的宗教性(religiousness without gods);艺术不需要宗教而宗教需要艺术以便成为真正的宗教。最后但并非最不重要的是,艺术是没有上帝的基督教的最高疗救,正如里茨勒怀疑的那样,这一点限制了海德格尔的视野。

那么,在里茨勒看来,艺术的精髓是什么呢？艺术是表达,但从其方式上讲,表达某种程度上又是被表达。能够被表达的东西绝不会是一个事物(a thing);诸事物只能得到描述或指称;只有灵魂状态,只有我们自己是什么或能够是什么,才能够得到表达。例如,一幅出色的关于一块石头的绘画不同于区区一件复制品,它展现的那些特性可能是我们自己的状态或我们存在的可能方式:明亮或晦暗、粗糙或平滑、孤独感或归属感(loneliness or togetherness)等等;尽管方式不同,这幅出色的关于一块石头的绘画展现出的冷酷(stony)既存在于石头上也存在于我们身上。可以更确切地说,这幅画以这样的方式表达了孤独感,即归属感与[253]孤独感是共同－在场的,只不过归属感表面上全然不在场(absent)而已。好的艺术作品让我们在孤独感中看到归属感,在宁静中看到忧烦(haunted-ness),也就是说,宁静作为一个存在者的一种状态,是可能受到烦扰的。拙劣或贫乏的艺术与高雅艺术的不同在于这一事实,拙劣或贫乏的艺术没有展现甜美与可恶的对立以及诸如此类对立的共同－在场。当我们说一件艺术品"栩栩如生(alive)"时,我们确切的意思是,它展现出灵魂的可能状态,这些状态与其不在场的诸对立面共同－在场。艺术表达了诸对立物之间的一种居间状态(in-between)。但艺术又总是不止表达一种居间状态:它表达许多居间状态的居间状态。正是由于这个事实,艺术表达了灵魂,灵魂的织体,灵魂的存在性,乃至如此的存在性本身。在艺术品中,存在性本身,即生命的神秘,进入视线(comes to sight)或开始显现。这就是艺术作品何以神秘难解、道之不尽和璀璨华丽的原因。如果艺术作品使存在性可见(visible),那么存在性本身就是可见的或隐蔽的,且因此也或多或少地可见或隐蔽。存在性并非对可见或隐蔽无所谓;它有一种趋于进入视线的定向性。一个存在者根据存在性在其身上可见的程度或多或少地存在或分有存在性。我们日常生活中见到的石头并不揭示存在性——它只是一块石头而已。在出色的绘画中,石头不再是一块石头,即,不再是某种我们不可能是的东西;在出色的绘画中,石头在其存在性中变得可见;只有在艺术作品中,石头才真正地存在。一个灵魂在或较高或较低的程度上,或多或少地意识到自身的存在性,并随之或多或少地意识到存在性本身;只有通过意识到存在性,我们才真正地存在。只有当存在性显现时,它才存在。但存在性只在艺术作品中显现。只有在艺术作品中,存在性才存在:只有在表达中,被表达物才存在。只有作为发生(occurrence),不可变的织体才存在。只有被"看见"时,实在才存在,正如里茨勒对帕默尼德诗行的解释:存在性与对存在性的意识不可分割地结合在一起。但既然存在性是发生,那何以它应当在现实中被看到?这一点没有必然性,而如果存在性进入视线,它在每种情况下都会以不同方式显现,也就是说,存在性在每种情况下以不同的方式存在(is)。

这些设想(我只能对此给出最粗略的概要)指明了里茨勒探寻历史根基的方向:历史的根基是作为发生的存在性。据我所知,里茨勒并未尝试从这个观点出发理解[254]历史或者他所看到的存在论的命运:在哲学的诸开端中出现的存在论问题,在亚里士多德思想中被宇宙论问题遮蔽的存在论问题,现时代对存在论问题的遗忘,以及它在海德格尔思想中的再度出现。至于艺术或美的问题,里茨勒说,这问题是一个永恒的问题,但是否提出、能否提出这个问题则取决于历史。每个自信的时代对什么构成美或艺术精华都有一种特定的理解;每个健康的时代都有一种特定的风格,并将其视为唯一的好风格。只有衰朽的时代才会对所有其他时代或地方的艺术精华完全开放;在这样的时代,没有任何风格能说占绝对优势地位。只有在这样的时代,人们才会充分提出什么构成这样的艺术精华这一问题。那么,正如里茨勒所说的,迫使他提出艺术问题的是一种当前的需要或困境。这里说的当前的需要显然是以前从未感觉到的需要:为了回应当前的困境,现在第一次能充分提出艺术的永恒问题。因此,人们不由得想知道,当前的独一无二的需要与永恒的问题之间的关系是否是永恒问题本身的一部分,换句话说,人们能否正当地或严格地说到一个永恒的问题。当然有必要在其独一无二的特点中反思当前的需要。我们在里茨勒的演说《论现时代的宿命和自由》中发现了这种反思。在其中,里茨勒提到作为历史意识直接后果的相对主义或虚无主义。为反对这一直接后果,里茨勒从历史意识对每种已知的肯定和否定(Yes and No)的相对化中,推论出对一种新的肯定和否定的要求。由于这种要求产生于历史意识并通过历史意识形成,这让人们期望,具备完全自我意识后的历史意识将指向一种新的肯定与否定,为一种新的肯定与否定作准备,甚至可能去鉴别这一新的肯定与否定。更确切地说,既然历史意识是一种洞见,洞悉所有肯定与否定、所有规范或应当的根基,那么它就是绝对的洞见。因此,历史意识似乎不能仅仅满足于[255]一种新的肯定与否定,而必须指向绝对的肯定与否定,最终的肯定与否定。这似乎是必要的,因为正如人们可能认为的那样,只有绝对而非临时的东西才能约束意识。换句话说,历史意识如果理解了自身,似乎就会属于历史的绝对时刻,随之超越历史的相对性。里茨勒完全反对这一思路:历史是一个没完没了的进程,因此,它不允许有一个绝对的时刻,一种绝对的肯定与否定,只允许一种新的肯定与否定。通过哲学找不到新的肯定与否定,只能通过一种历史行动、一种生活本身的行动来找到新的肯定与否定。如果我对里茨勒的理解正确,他的意思是,哲学只能把人类生活理解为历史的,理解为动态的处境,理解为在一个本身运动着的空间中的运动,与此相随,哲学只能去理解所有可能的肯定与否定的形式特征,而没能力从这种理解中推论出任何实质性的肯定与否定。哲学的任务仅限于揭示生活或历史的永恒结构,揭示"永恒的人性(humanum)"——人的易变性(mutability)的不变形式。哲学为这个永恒问题寻求解决方案——这一方案如果充分,就不得不是永恒的解决方案、永远有效的解决方案。问题和解决方案的永恒并不取决于它们是否永远易于接近(accessible)。按照这一思路,里茨勒最终被迫放弃追求新的肯定与否定,转而追求不变或永恒的"作为所有尺度之尺度的'善本身'"。在《物理学与实在》(*Physics and Reality*,

1940)中,里茨勒借亚里士多德之口说:

> 关于存在者(being)自身的知识……本身就是目的(end)。其完善是存在者(Being)的纯粹活动,是最终的去处(Whither),所有目的通过这去处而成为目的。

如果我们可以这样说的话,历史主义是这种观点,根据历史主义,至少所有具体或深刻的思想本质上都属于一个具体的动态处境,而柏拉图主义是这种观点,根据柏拉图主义,纯粹的思想(pure thought)是"匿名的(anonymous)",它超越每一种动态处境,那我们必须接着说,里茨勒太强烈地感受到历史主义的困难,以至于他受到柏拉图主义的吸引,但艺术和历史变迁给他的印象太过深刻,以至于他难以毅然跟随柏拉图。按照柏拉图主义的观点,古典艺术只能有一种类型。但里茨勒[256]认为(这种观点今天更加看似有理),不仅希腊艺术有古典性(classicity),中国艺术、中世纪艺术、印象主义等等也有古典性。通过把古典看作艺术上的精华,里茨勒避免了通俗的相对主义或历史主义幼稚的荒谬。里茨勒对于美的事物实在太有才智太有经验,以致他从不曾有一刻相信,在艺术与垃圾、高质量作品与低质量作品之间施以区别"只不过是主观的",或者说对艺术品质的欣赏在任何重要方面取决于历史的或外在的知识。掌握"永恒的人性"可能不足以使人有充分的理由偏爱一种"肯定"而非另一种"肯定",或者比如说,偏爱古典式希腊艺术而非古典式中世纪艺术;因而,它可能不会带我们超越人们所说的一种合格的相对主义(a qualified relativism);但它足以充分揭示不合格的或通俗的相对主义难以形容的荒谬。

里茨勒的英文著作《物理学与实在》(*Physics and Reality*,1940)和《易变的与不变的人》(*Man: Mutable and Immutable*,1950)确认了我们从其德文著作中就其思想得出的印象。这两本书有非常密切也非常明显的联系:《易变的与不变的人》开始于《物理学与实在》

结束的地方。《物理学与实在》的副标题足以表明此书的特点:"有关现代物理学的亚里士多德讲座,国际科学家代表大会,剑桥,1940"。里茨勒藉亚里士多德使几百年来的现代物理学遭到一次彻底的批判。在我们这个时代,现代物理学明显遇到了根本的困难,赋予物理学的种种定理以一种纯粹操作性的意义,也就是放弃物理学揭示自然本身的真面目的最初主张,也无法克服这些根本困难。只有一条路可以走出绝境,即亚里士多德指明的道路。诸存在者在时间中运动和变化,从这个意义上说,物理学的首要主题是诸存在者。这样的存在者不为现代物理学所懂得,但为现代物理学家以及任何其他人所懂得:"你作为科学家谈论的自然不是当你说'我存在(I am)'时所指的自然。"人将自己经验并理解为一个在时间中运动和变化的存在者,亚里士多德从未忽略这一点,甚至正是从这一点开始接近运动或变化的现象。对这种经验和理解更准确的阐述就是里茨勒《易变的与不变的人——社会生活的根本结构》一书的职能。

[257]正如整个标题所表明的那样,这部著作致力于分析人,分析彻底社会性的人类生活,或者说,这部著作致力于分析社会或彻底属人的社会生活:社会的内核不是体制、利益,甚至也不是观念,而是激情、对幸福的追求、作为发生的人类境遇(le condition humaine as occurrence)、心灵(heart)及其逻辑、灵魂的生命。用学院派的语言讲,人们还不得不说,里茨勒关于人和人类事务的学说是一种不同于政治哲学的社会哲学。里茨勒的主题是作为"反应的宇宙、自发的文化(the universe of response, the spontaneous culture)"的"社会(Society)","社会"不同于由社会形成并为社会服务的国家(State)。社会也不等同于民族(the Nation),尽管里茨勒仍主张,完整或全面的社会是民族而不是"由多个民族组成的一个'文明'的可疑的统一体"。为里茨勒对激情的分析提供框架的社会是"社会的'理念(idea)'"或"任何可能的特定群体"可能是的东西,或"一种关系结构的图式(scheme)",该图式清楚表示了"在其相互关系

中构成了社会之为社会的人的要素"。"社会作为图式是一种抽象"。它特别从社会的诸多目的中进行抽象。里茨勒在这个背景下反对从手段和目的的角度进行思考,尤其是能够有"一个单一的目的,其他一切相对于它……都不过是手段"的概念。从这里我们能够理解为什么里茨勒的(不同于过去的政治哲学的)社会哲学不包含一种严格意义上的伦理学:他的核心主题不是德性和正义而是激情(或者说态度或情绪)。根据这一点,里茨勒讨论了[作为主体的]我(I)、绝不会变成客体的自我(the Self)与宾格的我(Me),(也就是作为客体的我)之间的关系,他甚至没有暗示良知。里茨勒意识到人绝不能从"没有社会给予任何关注"的问题或学说的角度来看待社会现象。但他没有由此得出结论说,必须按照社会现象进入公民或政治家视角的方式来理解社会现象。里茨勒没有从分析的真正开端(the true beginning of analysis)开始,没有从表面开始。分析者里茨勒的视角从一开始就不同于公民或政治家的视角。针对今天社会科学所接受的框架——"人-环境图式",[258]里茨勒制订出一个更为可靠更有创造力的图式:不是人对抗自己的环境(其他人作为客体都是这个环境的一部分),而是一个我们(We)生活"在"自己的世界中,这个我们由相互反应的一个我和一个你(Thou)构成,而将自己区别于一个他们(They)。虽然"我们世界中的我们"比封闭在"自身意识的盒子(the box of its consciousness)"中的笛卡尔式自我(Cartesian Ego)更具体,但它不过是对笛卡尔式起点的一个纠正:新的起点同笛卡尔的起点一样,仍是一种构建。非自然的名词"我""我的宾格""你""我们"清楚地揭示了诸多事物的这种状态。里茨勒试图从抽象起步向具体推进。他因此没有抵达具体。里茨勒没有从首先是既定的现象上升到它们的原则。

隐藏且经过修正的笛卡尔主义支撑着《易变的人与不变的人》所运用的框架,它与里茨勒思想的根本前提密切相关。《形式与法律》中展开的单子论观念初步显现了笛卡尔主义;因为单子是笛卡尔的自我的变体;它以其自发性不同于笛卡尔的自我。在《易变的人与不变的人》中,轮到单子转变为"我们世界中的我们"。引导里茨勒的单子论的问题关乎单子的本质特点或单子生命的本质结构;它不是由什么东西把无数单子统一起来从而形成世界的问题;后一个问题——宇宙(kosmos)问题——被认为是无法回答的;宇宙仍是一个未知数(an x)。里茨勒的单子论不同于莱布尼茨的单子论,它取代了宇宙论、取代了思辨的形而上学,因为思辨的形而上学看来似乎不可能。当里茨勒用存在论取代单子论时,其根本前提仍保持不变。里茨勒强调了这样的事实,在任何"世界"之外——这样的"世界"是一个"我们的世界",既包括一个可能的世界社会的"世界"又包括匿名观察者的"世界",有的是唯一的世界(the world),但唯一的世界仍然是个永恒的未知数。因此,唯一的世界就不是受限于可见的"我头上的星空"和可见的坚实大地的可见的整全。天空、大地及两者之间的事物已失去了对身体的眼睛或心灵的眼睛可见的轮廓,因为现代自然科学的酸性[259]消溶了那些轮廓;它们仿佛只有通过进入众多历史世界中的任何一个才能再次获得可见的轮廓,或者说"自然(natures)":不是那些可见的轮廓,而只是存在性的结构(fabric),这首先意味着,人的存在性的结构具有不可变易者(the immutable)的尊严。尽管里茨勒从现代物理学转而诉诸亚里士多德的物理学,从沉浸于历史主义的易变的人到转而诉诸人的不变性,但其存在论的根本预设是现代物理学及其孪生姐妹——"历史意识"。

然而,关于里茨勒的基本前提及他用来分析激情、不幸和幸福时使用的框架,无论人们如何疑虑重重,一旦面对这些分析本身及其体现出的广博、诚挚和精美,他们就会觉得这种疑虑几乎无关紧要了。到目前为止,这些分析仍优于当今心理学或其他学科尝试去做的一切工作。针对当前社会科学的现状,有一点需要着重指出。正如在早期思想中,有关灵魂本性的知识被看作导向了关于灵魂的正当或好的行动的知识,也就是关于好生活的知识,里茨勒对人类生活本质结构的理解,以一种极其正当的方式将他引向关于什么构成好生活、关于不同于习俗的"自然的秩序（the order of nature）"的非任意的断言。里茨勒对社会根本结构的分析"显然只是前道德的"。他由此表明,从"事实"到"价值"没有正当的导入途径这一共同信念,除了对"事实"令人惊讶的狭隘理解,没有其他基础。理解语言的"事实"意味着理解支撑"完美言辞"与多多少少不完美的言辞之间区别的诸多不可变的原则。理解笑的"事实"意味着认识到笑有各种层次,最低级的是傻子对不可笑之事的傻笑,最高的是神圣的笑（divine laughter）。理解友谊的"事实"——一种可能绝不完全是"事实"的"事实"——意味着认识到无爱之性低下或卑鄙的品性以及憎恨作为激情的"不知天高（knows no sky）"的狭隘。通过人性地谈论人的激情,里茨勒顺便让我们看到［260］他没有对1933年事件的意义做出误判或受其误导的强有力原因。里茨勒对激情的分析也有意成为一种对"狭隘的人性"的批判,这种狭隘的人性充斥海德格尔的实存分析;里茨勒的分析指向海德格尔的执拗沉默所构成的谜——海德格尔一方面对爱或仁慈,另一方面对笑以及值得笑的事物执拗地一言不发。

里茨勒的分析把羞耻和敬畏视为对脆弱者和隐秘者的尊重,他对激情的分析在此处达到顶峰。此外,里茨勒提出,人的尊严因羞耻敬畏而屹立或崩塌,因为人的伟大共在（co‑present）于其渺小中,其渺小也共在于其伟大中。最终,由于掌握了羞耻和敬畏的含义,里茨勒成为一位自由主义者,一位隐私热爱者。若某人侵犯人们的隐私,他就无法更好地理解他们,他只是不再看到他们。因为揭示人的存在的是人的生活、事迹和作品中的宽宏品性,是他在行动而非言辞中所尊重和崇敬的东西——是其灵魂向往的星辰,倘若它向往任何星辰的话。披露存在作为存在的"根本情绪"的不是苦闷（anguish）而是敬畏。由于受这种精神鼓舞,里茨勒在古希腊思想中要比在其所处时代的思想中更有归属感。

在沉思里茨勒的最高抱负时,我不止一次想到修昔底德（Thucydides）——想到修昔底德的沉静和男子气的温和,这种沉静和男子气的温和不寻求慰藉,以自由却不冷漠的方式看待隐藏着统一的对立面;它不试图把一个对立面化约为另一个对立面;它不像苏格拉底那样认为对立物中更高的一方更有力量,而是认为它比低的一方更脆弱更易碎。这就是里茨勒预言、向往并努力使之再度重见天日的珍宝。我们缅怀里茨勒的最好方式就是沿着他始终跟随且从未放弃的光亮前行。

书评十六则

李世祥 译　林志猛 校

[263]《今日柏拉图》(R. H. S. Crossman, *Plato Today*, New York: Oxford University Press, 1939)

作者对该书的主旨作了如下描述:

> 我是民主派、社会主义者,我看到法西斯主义遭到反对、民主制受到维护,其理由都非常不充分;正因为我意识到,今天最大的危险不是轻易接受,而是轻易反对极权主义哲学(Totalitarian philosophy),才努力用现代词汇重新表述《王制》。(页296)

通过使用《王制》(the Republic)的教诲,作者得以把握当今民主政制的缺点,还有右派和左派的政治信条和政治体制的短处,其明晰度在其阵营中实为罕见。不过,克罗斯曼(Crossman)坚决否认,针对当今动向提出的解决方案,柏拉图的作品能向我们提供一个可以接受的替代方案:"我越是读它[《王制》①],就越是恨它"(页292)。柏拉图意义上的完美政府,即"有德性右派(vituous Right)的独裁"必然"转变成一种文雅的法西斯主义形式"(页285),柏拉图本人"是个反动分子,坚决反对自由信条的每种原则"(页130)。因此,作者的最后一句话是:"我们需要的是苏格拉底,而非柏拉图"

---

① [译按]此为施特劳斯所加按语。

（页308）。

《今日柏拉图》的成败取决于克罗斯曼对苏格拉底和柏拉图所作的区分：苏格拉底"知道他一无所知"，柏拉图则是"一个权威信条的系统阐述者"（页90）。但正如作者阐述的那样，这种区分多多少少符合他对柏拉图两类写作的区分：一面是《苏格拉底的申辩》和《斐多》，另一面是《王制》和《书简七》（The Seventh Letter）。克罗斯曼没有向读者解释，为何他如此确信《王制》的教诲[264]是柏拉图式的而非苏格拉底式的，而《斐多》阐述的"俄尔甫斯教的宗教信仰（Orphic religious faith）"是真正的苏格拉底式的。

但要得出印象说，克罗斯曼主要关注的是就苏格拉底教诲或柏拉图教诲写一个超然的或令人比较满意的解释，这对克罗斯曼最不公平。该书有价值的部分是其中的五章，克罗斯曼在这五章中表明，对我们时代最重要的政治事实，柏拉图会如何评判或可能如何评判。复活一位死去的英雄让他说话（或写作），我们必须对克罗斯曼使用这种手法表示称道。柏拉图笔下的苏格拉底不使普罗塔戈拉（Protagoras）复活就无法公正地对待他。同样，在用于复活柏拉图的五章中，克罗斯曼经常使人们看到柏拉图的常识和节制，而此书的其他章节又以颇字面的方式处理死去的柏拉图的《王制》，从而含蓄地拒绝了柏拉图。只需提一个例子，克罗斯曼的柏拉图对一位国会议员（a Member of Parliament）说：

> 和你谈话时我应该假设你的种种理想是合理的。当然它们并不合理，但与我曾到访过的大部分国家的那些理想相比，它们不那么邪恶。（页144）

较之克罗斯曼直白地解释[柏拉图]那部对话时传达的任何说法，此类言论更接近《王制》的意图。

《卢梭前后的政治哲学史研究》(C. E. Vaughan, *Studies in the History of Political Philosophy Before and After Rousseau*, ed. by A. G. Little. Manchester: The University Press, 1939)

这是一个新出的廉价版,此部作品 1925 年初版,耗费了沃恩(Vaughan)自 1877 至 1922 年去世为止的全部精力。该书涵盖的研究涉及霍布斯、斯宾诺莎、洛克、孟德斯鸠、休谟、柏克、康德、费希特、黑格尔、孔德和马志尼(Mazzini)的诸多学说。沃恩的离世使他未能详细阐述或完成有关卢梭以及边沁和实用主义者(Bentham and the Utilitarians)的章节。

沃恩自己的政治哲学可以说是一种经自由派或进步论修正过的黑格尔主义,这决定了他对题材的选择以及处理这些题材的方式。[265]沃恩首先假设,"政治哲学的核心问题……毫无疑问是确保个人与国家之间的正当关系"(卷 1,页 2)。相应地,沃恩自称此书作为"一部有关政治哲学史的作品"(卷 1,页 v)只研究霍布斯以后的发展,因为只有在这段时间,这一核心问题才成为探讨的焦点(卷 1,页 3 和卷 2,页 278)。"到卢梭和柏克时期,这一问题的解决方案实际上已经完成"(卷 1,页 3),因为正当的解决方案预设了"国家从根本上优先于个人"(卷 2,页 91)的信念,而"个人主义者"的启蒙学说没有这种信念。柏克之后的思想家义不容辞的特定使命是,解决有关民族主义和工业主义的问题,而且不能忘记,比民族主义和社会主义"更深刻更重要"的问题是"个人与国家的关系"问题(卷 1,页 4)。因此,沃恩主要关注的是如下两者之间的斗争:一是法国大革命前盛行的"个人主义者"或"契约论者(contractarian)"观点,一是大革命后"社群主义者(communalist)"的观点(卷 2,页 264)。沃恩最终的主张是,他相信:有一种持续的进步"朝向一个本质上是进步性的目标"(卷 2,页 275)。

引导着沃恩的是一种历史哲学,但他不是个哲学的史学家(philosophic historian)。他是个教条的史学家(dogmatic hisrorian)。

关于政治哲学的问题及其解决方案,沃恩始于一个固定的且强烈维护的观点。对于自己思考的各种学说,沃恩主要不是从其本身来看,而是将它们放在一个框架内来看,我们可以说,这个框架是他个人观点所提供的。因此,尽管其作品旁征博引,沃恩的声音听起来几乎总是比他所讨论的作者的声音更响亮(more audible)。这是一种单调的声音。在处理不同思想家的学说时,沃恩没有解释这些思想家作品特有的文学特点;他几乎没有想过,必须要给予那些明确的表述以不同的分量,一方面是[斯宾诺莎]科学的《神学－政治论》(the scientific *Tractatus politicus*),另一方面是[霍布斯]科普的《利维坦》(the popular–scientific *Leviathan*),[洛克]成心不科学的《政府论》(*Civil Government*),[孟德斯鸠]故意晦涩费解的《论法的精神》(*Esprit des lois*)或[伯克]具有修辞色彩的《法国革命论》(*Reflictions on the Revolution in France*)。无论这种处理方式在其他情形下会有什么优点,[266]令人感到奇怪甚至难以理解的是,像沃恩这样的作家也会运用这种方式——沃恩的口号是"历史",他对启蒙学说的反对明确基于所谓已发现的事实,自发现的那一刻起即是"历史"的事实。让我们用多少不同的方式来表达同一种异议:尽管对过去学说做教条处理不会取得真正的成果(因为,既然教条的史学家在进行历史研究以前就已知道哲学问题的答案,那么这些研究只会增加他的学识而不是智慧),但最具灾难性的教条主义形式可能是,从不断进步的信念中所产生出的教条主义;如果这一信念坚实可靠,一般来说,今天的观点就比先前的观点更接近真理,因此,[今人]对前人的观点就不会兴致盎然,不会严肃地愿意听从先前思想家的教诲,不会认真地努力摆脱当今的偏见,也就不会产生进步。

然而,一个史学家,即便他相信不断进步,此外还认为霍布斯是契约论学说第一位"有创见的理论家(inspired theorist)"(卷1,页12,22),其首要任务仍应是,条理清楚地表述这一学说在霍布斯以前的形式,即传统的、没有创见的形式。否则,他就无法把握霍布斯所带来的深刻变化,这一变化为洛克、卢梭尤其是康德的契约论学说铺平了道路。沃恩甚至没有试着提出这个问题。他认为霍布斯这一体系的基础"不过是坏脾气的反复无常"（卷1，页161），结果，他对霍布斯"荒谬体系（preposterous system）"（卷1，页22）的解释成了一幅讽刺画。由于未能把握霍布斯区分自然权利（the right of nature）与自然法（the law of nature）的历史意义，甚至未能提及霍布斯有关臣民自由（the liberty of subjects）的学说，沃恩得出一个与他书中其余地方相矛盾的结论，即《利维坦》"仍然是，也应该仍然是，没有影响没有成果：一个无法繁殖同类的古怪杂种（a fantastic hybrid）"（卷1，页37）。人们会禁不住把沃恩的这一评论用在他本人加于孔德对宗教改革的评论的下述判断上：

> 然而，我们在这里关心的不是这种观点的不义，也不是其缺少历史洞见。[我们关心的是，]使这一观点符合有关进化及历史延续性的那些观念的不可能性，孔德声称自己在那些观念中发现了所有实证主义探究的基础。如果人类历史的进化[267]有什么意义，那就是必须把人类发展作为整体来看待，在这一发展中得以追溯的每个显著阶段，都为总的结果做出了某种根本的贡献。（卷2，页230）

沃恩以这种方式处理霍布斯的结果是，从根本上讲，他对其后思想家"远没有那么邪恶"的学说（卷1，页161）的解释，尽管更富同情心，但同样是不恰当的。

在这里提一个例子就足以在某种程度上证明上述批评。沃恩把柏克反对法国大革命原则解释成他反对"个人主义理论"，反对基于自然状态、自然权利和社会契约论主张的学说。在解释柏克的反对时，沃恩把"国家作为有机体的理论"转嫁到柏克头上（卷2，页25起），尽管柏克"有意避免有机体的隐喻"；沃恩甚至没有试着证明，柏克避免这一隐喻实属有意，或者说，他没有试着解释柏克为何避免这一隐喻。沃恩甚至走得如此之远，他将柏克的保守主义追溯到柏克持有有机体理论(卷2,页30)。结果,对于柏克接受自然状态、人权和社会契约的学说,沃恩不得不解释成偶然和不幸的失足,是令人遗憾的"供认(admission)"——"一种后来又被重复的供认,在柏克对法国大革命的攻击中,它必须得到坦白(it must be onfessed)"(卷2,页3起)。在另一同样具有启发性的论述中,沃恩引用了柏克的两段话后接着说,"这两段都承认——更准确的说法将是,它们大声地断言——自然权利的存在"(卷2,页18;两段话中的强调为笔者所加;类似的言论还见于页40,42,54以下和60)。众所周知,在发现"历史"以前,一个人要想理解(无论在世的还是离世的)其他人的意见,就必须始于(而不仅仅将其作为事后的想法加以承认)那些人"大声的断言",而非始于那些他们没有断言的学说。同样众所周知的是,如果人们没有同时证明以下两点——某个学说是一个作者的明确言述的明显的隐含意味(implication),且有令人信服的理由促使作者不去明确表述这一隐含意味——就不能将作者本人没有断言的一种学说转嫁给他。

《从黑格尔到尼采》(Karl Löwith, *Von Hegel bis Nietzsche*, Zürich, New York: Europa. 1941[译按]本书中译见北京:三联书店版2007)

[268]所有希望弄明白欧洲虚无主义尤其德国虚无主义出现的人,都会对本书感兴趣。此书主题可以说是从欧洲人道主义向德国虚无主义的转型,在书中,欧洲人道主义以歌德和黑格尔为范例,德国虚无主义则以恽格尔(Ernst Jünger)为范例。本书的论点是,自黑格尔以来的哲学发展为当今德国所发生的事件提供了线索,这一哲学发展具有"致命的逻辑上的无情"(页530)。就触及如此众多既具有一种政治特点又同样远离党派性的有争议的论题而言,很难再找到另一本书能与此书比肩。作者的写作不带愤怒和喜好(sine ira

et studio），没有伤感或暧昧，有的只是才华和一种自然的优雅。作者的处理手法是叙事和沉思而非论辩或分析。有时作者适应题材的特点，似乎是在勾勒而非讲述，例如对歌德"基督教式的异教信仰（Christian paganism）"和黑格尔"哲学式基督信仰（philosophic Christianism）"的描述。

我们能回忆起，从黑格尔去世到1860年后回归康德，这段时期被看作多多少少是德意志哲学的空白（页162以下）。那一时期已经过去：自一战结束后，许多或完全或部分模仿从黑格尔到尼采这一发展模式的人，都能非常公正地对待年长的谢林（Schelling）、基尔克果（Kierkegaard）和马克思的历史重要性。洛维特（Löwith）自年轻起就充满激情地关注战后的这一发展，并对之抱有批判性的同情，他抵达了一个几乎超越其范围的点，通过向我们明晰且清醒地解释这一发展模式，他对这一发展做了总结并与之告别。

这里所说的发展是下述哲学的转变：从对所有存在者的从永恒样式出发（sub specie aeternitatis）的一种考虑，转变为从自己时代的视角出发对自己时代的一种分析——接着这一转变的是尼采恢复哲学的原初意义的尝试（第一部分）；还有另一种转变：[269]从各种理想，诸如独立公民、工作（work）、教化（Bildung）、人道主义（Humanität）和基督教等，转变为如此多的"问题"，最终转变成令人厌恶的对象（第二部分）。尽管作者绝没有忽视他那一代人的经历，但他有勇气从一个既不是现时代也不是转变之后的那个时代的视角来看待这些转变；在选择其视角时，洛维特表现出的不仅有勇气，还有审慎（discretion）。洛维特对歌德的理解使他能看到，从黑格尔经过马克思、基尔克果和历史主义到尼采及之后，这条道路是必然的，不是绝对意义上的必然，而只是在黑格尔的基础上才是必然。通过对比黑格尔（他曾具有压倒性的影响而且这种影响仍非常强大）与其同时代长者歌德（用尼采的话说，他是"日耳曼历史上一个没有重要意义的偶然[an accident without consequences]"），洛维特表明了他为何不再相信黑格尔体系的绝对必然性的理由，即他不再相信黑格尔体系优于任何不以其为前提的学说。对于黑格尔把精神历史构建为绝对(Absolute)之举,洛维特以歌德所谓对自然的"原初现象(Urphänomene)"的感知与之相对,这一感知是无偏见地充分理解"历史"现象的基础,作为一种现象,历史现象属于"人类武断的领域",本身并不构成一个真正的整全或多个整全(页239以下和页290以下)。这一对峙表明,不是人道主义本身,如某些神学家可能具有的那种人道主义(见页35以下、页263和页528以下),而是一种特定的人道主义最终导致了虚无主义(比较关于"人道主义"[Humanität]一章的强调性结论与第二部分其他章节的结论)。

书的结尾一方面建议回到歌德,另一方面又断言"在这个时代(in der Zeit)"不可能回到歌德或任何其他人。这一相当隐晦的表述很可能意味着,就"时代""历史现实"而言,不可能回到较早的"历史现实":一旦某些习俗、信念或体制不再是人类生活无可争议的要素,任何精心的努力都无法恢复其最初的力量。但对公共事物有效的东西并不适用于洞见(insights):人们可能会忘记先前思想家们的洞见,但也能通过不懈的努力重新发现他们的洞见。虽然不可能回到"时代"、回到歌德的"世界"——魏玛(Weimar),但回到歌德的洞见和他的进路可能是一种必然。我承认,[270]人们拿不准这种对洛维特意图的解释是否正确(页13注1、页52、页112、页270以下、页463注31、页493和页529的论述似乎与之相悖)。如果这种解释正确,本书总体上就不只是历史主义危机的出色表达:它还会是摆脱历史主义危机的一大贡献。

19世纪的发展与歌德的态度及观点的富有成果的对抗仅限于第一部分,这个事实多少模糊了支撑全书的思想统一性。"公民社会的问题(Das Problem der bürgerlichen Gesellschaft)"是第二部分的第一章也是基本的一章,洛维特在这章中不是将黑格尔及其后继者与歌德进行对比,而是足够贴切地将他们与卢梭进行对比。不过,尽管洛维特对歌德的解释没有受到19世纪偏见的束缚,但他对卢梭的解释却保持在尤其由黑格尔确立的传统的限度内。他把卢梭所思考的人性（humanité）与爱国主义（patriotisme）之间永久的和最终的矛盾，等同于基督教理想与古典时代理想之间历史的、可解决的二律背反（页317以下）。洛维特没有意识到，卢梭主要关注的是"自然"与"习俗"间的根本差异，哲学传统认可这一差异，但19世纪的主流抹去了这一差异。（相应地，对拣选性亲和力[Elective Affinities]的分析原本可以说是第二部分第一章几乎同样适合的导言。）结果，洛维特对19世纪哲学思想政治化的表述，并不像他对与之平行的历史主义化（historicizing）进程的表述那样清楚明白。与之类似，就黑格尔把劳动看作"通向自然的消极行为"而言，如果洛维特一方面把黑格尔的这一观点与古典观点（把机械技艺和美术看作是对自然的模仿）进行对比，另一方面将之与洛克的劳动学说（劳动为私人权利的起源）进行对比，那么本来可以非常出色的一章——"劳动问题（Das Problem der Arbeit）"——将会让人受益匪浅。洛维特由此将会被引向揭示下列事物的共同起源：不仅仅是劳动（Arbeit）理想和教化理想的共同起源（页357），还是欧梅（Homais①）先生的理想和"为艺术而艺术（l'art pour l'art）"理想的共同起源。这些补充和类似的补充绝不会使该书有必要修改它建立于其上的原则，这证实了洛维特本书的价值。

《古今宪政主义》（Charles Howard McIlawain, *Constitutionalism, Ancient and Modern*, Ithaca：Cornell University Press，1940）

[271]本书概述了宪政主义发展的几个阶段，这些阶段与"我们此时此地面临的政治问题"（页vii）最为息息相关。这里初步探讨了"宪政主义的某些现代定义"（如我们可在潘恩[Paine]那里找

---

① [译按]Homais是法国作家福楼拜（Gustave Flaubert）的小说《包法利夫人》（*Madame Bovary*）中的一个药剂师角色。此人教养不足却自命不凡，是新兴的布尔乔亚阶层的代表。

到的"'宪法[constitution]'的新定义",以及由博林布鲁克[Bolingbroke]和柏克表达的"老派观点"),其中适当地插入了对英格兰宪政主义独特之处的勾勒。随后,作者描述了"古代的宪法概念"(尤其是柏拉图的《治邦者》[*Statesman*]);"罗马的宪政主义及其影响"(罗马和英格兰的宪政主义);"中世纪的宪政主义"(布拉克顿[Bracton]和福蒂斯丘[Fortescue]);"从中世纪到现代的过渡"(都铎[Tudor]时期);以及"现代宪政主义及其问题"(英格兰17世纪的宪政斗争及其与当今问题的相关性)。最后的论点是,"古人对法权(jurisdictio)与治权(gubernaculum)"、对"法律事务"与"国家事务"(见页127以下)的区分"仍有价值,可以帮助我们分析现今的问题"。因为,调和法权与治权"很可能仍是我们最为重大的实践问题,正如17世纪的英格兰一样",法权"对自由至关重要",而要使治理高效,治权就绝不能受到政治"审查和制衡"的削弱(页142以下)。

可以说,麦克伊尔韦恩(McIlwain)教授对宪政主义史的解释,直指以基尔克(von Gierke)为杰出代表的那个学派。"一两代人以前的时尚是,将所有宪政自由追溯到塔西佗描述的日耳曼部族的体制"(页43)。针对这种观点,作者主张必须要从罗马共和城邦而非日耳曼丛林中寻找现代宪政主义的起源(见页45)。但人们不禁要问,他在反对"浪漫派"观点方面是否走得足够远。[272]当把宪政主义史分为两个主要阶段时,麦克伊尔韦恩似乎听从了这种观点——首先是"更早且长得多的阶段",一直持续到18世纪,"在其中,人们没把种种宪法看作一种创造,而是看作一种生长(a growth)";接着是"'自我意识'阶段,在其中,人民被认为通过直接明确的制宪行为创造他们的宪法"(页23)。将现代观点与中世纪观点两相对照,这一划分让人多少有些信服;但从古典学说的角度来思考,这就站不住脚。倘若亚里士多德把宪法的"蓝图"和实际的宪法看作"一种生长",他就不会在实践上给予两者同等的重要性。

根据作者明显偏爱的另一种意见,"古代与现代宪政主义概念间"(页40)的分界线,"必须……从亚里士多德到西塞罗这段时期中寻找"(页45)。为阐明这一源于罗马或廊下派且迥异于希腊或前廊下派之希腊(pre - Stoic Greek)的"现代"观点,麦克伊尔韦恩着重引用了西塞罗的论述:"当自然法([the] law of nature)受到贬损时,没有国家还能制订出任何有约束力的法律","没有一个公元前5或4世纪的希腊人会梦到作出这一论述,甚至也不会有人料想自己能理解它"(页40;另见页37以下)。这一论断似乎没有什么根据。人们可能想知道,古今宪政主义和一般而言的古今政治思想的分界线,是否就一定不能在这样一个时期内寻找,也就是说,在16世纪后半叶和17世纪寻找。在此期间,政治哲人们有意识地用一种他们认为根本上全新的学说反对古代(及中世纪)的种种学说,麦克伊尔韦恩教授对中世纪和现代宪政主义间的差异的描述,与其说减少不如说确认了这一疑虑。

《斯宾诺莎与宗教》(Elmer Ellsworth Powell, *Spinoza and Religion*, Boston:Chapman and Grimes,1941)

[273]对广义上的斯宾诺莎哲学及狭义上他的政治哲学的一种充分理解,以清楚明了斯宾诺莎对宗教的态度为先决条件。究竟是从表面意义上理解《伦理学》(the *Ethics*)第一部分,即把它当作思辨神学,还是说,它只不过是一种显白表述,若以隐微方式表述的话,可能就是培根或霍布斯意义上的"第一哲学"? 这是鲍威尔(Powell)教授这本书的读者禁不住要提出的问题。该书的研究1906年首次出版,这是第二版,但其议题时至今日仍同当时一样具有挑战性,或者说,本应该同三十六年前一样具有挑战性。

作者对其主题的处理具有显著的直率、清晰和严肃。该书是"从宗教的立场"对自18世纪最后几十年来广为接受的意见的正面攻击,那种意见即:斯宾诺莎是一位宗教思想家,是"泛神论者(pantheist)"或"神秘论者(mystic)"。作者主张下列论点:斯宾诺莎是名无神论者;斯宾诺莎知道自己是名无神论者——"对于'沉醉于上帝的哲人(God-intoxicated philosopher)'这一称号,他当然会感到羞耻"(页242);斯宾诺莎最主要的兴趣完全是理论性的,"不掺杂任何可称为宗教兴趣的东西";斯宾诺莎的许多宗教表白与这一特点明显相悖,这是因为他审慎地适应当时流行的观点;斯宾诺莎"过分胆怯"、缺少勇气,这是"他最严重的性格缺陷"(页6、44),可以从斯宾诺莎的生长环境中得到解释(斯宾诺莎是那些西班牙-葡萄牙犹太人的后裔,为了不丧失家园和财产,他们表面上接受基督教,牺牲了自己的犹太教信仰)。

即便注意到作者的主要论点不过是重述18世纪晚期以前普遍接受的观点,还是不能贬低作者的原创性(比较页243)。17世纪和18世纪的哲学读者清楚[274]了解神学要义,对书刊审查和迫害对文学技巧带来的影响有着切身经历,对他们来说似乎差不多是不言而喻的东西,今天看来是一种几乎令人震惊的悖论。与此相应,以前的读者能够信任其鉴别力的地方,现代史家则确然需要并要求正确的程序规则(correct rules of procedure)。鲍威尔充分意识到这种必要性;他在其解释的序言中反思了斯宾诺莎的表达方式,以及正确阅读斯宾诺莎作品的方式——反思是本书最有价值的部分之一。作者的反思在恰当地标为斜体的解释学规则(hermeneutic rule)中达到高潮:

> 只要有两个段落彼此矛盾,其中一个用宗教术语表达,另一个没有用,我们一定要把后者当作斯宾诺莎传达真正含义的地方。(页65)

有些读者会认为,通过把"宗教"定义为对"一个或多个更高的人格力量"的"个人态度",作者回避了决定性的问题(页327)。尽管我认为这个定义能满足所有实践的目的,我还是觉得,如果作者的阐述不是基于他自己的宗教观点(无论多么坚实可靠),而是基于斯宾诺莎的宗教观点,换句话说,如果作者从对斯宾诺莎关于宗教(religio)和虔敬(pietas)的直白教诲的一种连贯讨论入手,他的阐述就会更令人信服。

鲍威尔的论点中最无法让人接受的是有关斯宾诺莎"过分胆怯"的看法(页 37 和页 62)。斯宾诺莎的胆怯,即便确实如此,并不过分。在斯宾诺莎的同代人中,还有谁能比霍布斯更为大胆?霍布斯却说他不敢像斯宾诺莎那样肆意地著述(见 Aubrey, *Lives*①,卷 1,页 357)。从所有的证据来看,说洛克"过分审慎"(Thomas Fowler,《洛克》[*Locke*],页 50)或者说卢梭是"胆怯的化身"(Alfred Cobban,《卢梭与现代国家》[*Rousseau and the Modern State*],页 55),要比说斯宾诺莎"过分胆怯"更准确。作者犯错误的原因是,他把目光限定在斯宾诺莎身上,由此对于一个具有典型特点的现象却给出了过分个人化的理由。

> 勇敢无畏原非此类无神论者的品格。他们的品格倒不如说更接近与之相反的一面;他们原本像是老伊壁鸠鲁派,实则毫无进取之意。但晚近以来他们却变得积极主动、狡猾诡谲、骚动狂暴且富有煽动性。(柏克,《关于法国事务的思索》[*Thoughts on French Affairs*])

当不再相信信仰上帝的社会必要性时,"此类无神论者"变得"积极主动、狡猾诡谲",他们不再[275]"胆怯";在那一重大事件之前,再次用柏克的话来说,他们"并不合群"。斯宾诺莎仍相信宗教的社会必要性(比较页 64 和页 260)。与此相应,乍看上去的过分

---

① [译按]指 17 世纪晚期传记作家 John Aubrey 所著《简要生平》(*Brief Lives*),其传主包括培根(Francis Bacon)、霍布斯、波义耳(Robert Boyle)、莎士比亚等多人。该书有多种现代版本。

胆怯或缺乏勇气或顶多是"过分圆滑"(页302),实际上不仅是"有理由的审慎",而且是在履行公民的职责或者说人的职责。

《论英格兰法的益处》(Sir John Fortescue, *De Laudibus Legum Angliae*, S. B. Chrimes 编辑、翻译并加了导言和注释。Cambridge: At the University Press; NewYork: The Macmillan Co., 1942)

研究比较法理学、政治思想史、英格兰法律史和宪政史的学生将会对本书兴致盎然,它首先可以说是福蒂斯丘(Fortescue)《论英格兰法的益处》的第一个评注版。福蒂斯丘的这本小书是一个"大臣(the chancellor)"(福蒂斯丘本人)与"王子"(亨利六世的独子爱德华)间的对话,通过将英格兰的治理形式和英格兰法与绝对君主制和大陆法(the civil laws)进行比较,大臣向王子展示了英格兰治理形式和英格兰法律的益处。所讨论的法律议题有:举证的程序、再婚(subsequent matrimony)的合法化、继承、未成年人的监护、偷窃、自由人(freedmen)、法律培训、休庭和延期;书中比较英格兰陪审团举证程序和罗马证人举证程序的部分占全书的三分之一强。

与本书内容相对照的背景多少令人有些伤感:英格兰的体制在对话中受到高度赞扬,两位对话者却因当时英格兰爆发的内战而四处流亡。年轻的王子一门心思地投身军事训练,年长的大臣不得不说服王子应[276]适当地熟悉法律。爱德华似乎有一种爱好大陆法的偏见,有这偏见可能是因为,大陆法蕴涵的专制主义会自然地取悦这位王子。王子感到这类比较可憎,当然就对之抱有偏见。他纳闷自己是否应该研究英格兰法或大陆法:毕竟,"人民不应受到统治,除非是由最好的法律[统治]",与其他法律相比,大陆法更有声望。正是在这一背景下,为年轻的王子着想,大臣提出要比较英格兰和大陆的体制,这一比较是从个人偏好出发的(ad hominem),虽说不上是应王子的要求(in usum Delphini),因而难免有故意偏向英格兰体制的不确之处(见页 177、页 206、页 ci 和 ciii 的编者评论)。令人感兴趣的是,大臣没有立即反驳说(编者似乎也相信这一点,页 xcvi)英格兰法优于大陆法。相反,大臣先是表明,英格兰的国王没有权利改变其王国的法律(即便这些法律有缺陷),因为其权力是"君主的兼政治的(regal and political)"而非仅仅是君主的,或换句话说,因为在英格兰,立法者既不是唯独君王(君主的统治[dominium regale]),也不是唯独公民(政治的统治[dominium politicum]),而是(世袭的)国王和议会的联合体(见编者对第十章和第十一章的注释)。根据一个多少有些不同的表述,正如各王国的起源(the source of kingdoms)只是属于君主,政治性王国(the political kingdoms)的起源并非国王的意志(尤其不是国王对尊严和荣誉的贪婪),而是"人民的意向(the intention of the people)";与此相应,"维持这一共同体(即政治性王国)的可靠真理"是臣民,凭借国王无法更改的法律,他们的权利得到保证,人身和利益得到保护。虽然这位大臣作为一名出色的亚里士多德派承认,一位拥有绝对权力的好国王能同一位进行"政治性"统治(第九章和第三十二章)的国王统治得一样好,但他的言论几乎不容置疑地表明,他偏爱君主兼政治的统治(dominium regale et politicum),不仅是因为这碰巧发生在英格兰,还因为它从本质上讲更好。这一判断很可能与这位大臣的信念有关(尽管它不完全取决于这种信念),即"自由是上帝灌输到人的天性中的"(比较第四十二章[页 104,6 以下]与第十二章[页 28,21])。[277]因此,在想到自己未来权力的局限性后,王子不再问大陆法是否绝对优于英格兰法,而是问英格兰法之于英格兰的统治是否同大陆法据称之于整个世界的统治一样好(比较第十四章结尾与第七章结尾及第九章开头)。大臣没有局限在用肯定的语气回答这一问题;通过证明英格兰法的绝对优越性,他远远地超越了这个问题。大臣对第一个例子(英格兰的陪审团体系)的讨论迫使王子承认英格兰法的优越性,并想知道为何合理的英格兰诉讼程序没有被处处接受。大臣提出,陪审团体系要求一个相当富有的农村人口为先决条件,尤其与法国相比,这一条件只有英格兰符合。王子对这一解释很满意,它与王子对那些可憎比较的不悦相吻合:与这一解释有关,赞扬英格兰法似乎没有必要谴责大陆法(第二十八章的结尾和第二十九章)。但大臣尽可能早地抓住机会表明,很大程度上,英格兰和法国的经济条件不同,乃因为统治英格兰的是一个君主兼政治的政府,而统治法国的是一个使农村人口贫困不堪的只有君主的政府(第三十三章)。那么,福蒂斯丘提出的与其说是"根据比较经济和社会状况来解释法律和宪政体制"(页177),不如说是根据政治背景来解释经济状况。

在翻译上,克莱姆斯(Chrimes)先生受令人称道的意图引导,"避免把拉丁文本翻译成可公正地描述为20世纪的正规散文",而是"尽可能紧贴福蒂斯丘言辞的字面意思和精神翻译成平实的英语"(页lvi)。多数情况下,他的表现符合这一标准。下面的校笺绝说不上完整,其中的数字指页数和行数,引号内是克莱姆斯先生的翻译,括号内是校正的译文。

[278]4,31和6,2:timor servilis"abject fear[卑下的恐惧]"(servile fear[奴性的恐惧]),timor filialis"a son's fear fro his father[一个儿子对父亲的恐惧]"(filial fear[子女的恐惧]);这些术语表达有特定的含义(见托马斯·阿奎那《神学大全》,2 2,qu. 19,art. 2 e. g.)。比较18,2及译文。

10,26 – 31:Iusticia particularis"Justice…of the kind[某类……正义]"(particular justice or justice in the narrower sense[特定的正义或更狭义的正义]);particularis virtus"(sort of) virtue[(某类)德性]"(particular virtue, special virtue[特定的德性,特别的德性]);omnis virtus"Virtue[德性]"(the whole virtue[德性整体]),比较亚里士多德《尼各马可伦理学》,1130a8 –9。

12,8:omnis virtus"of all virtue[所有德性]"(the whole virtue[德性整体])。

26,14:illa(即 sinagoga) militabat"and defended it[并保卫它]"(it was struggling[它在战斗])。

30,22 f. :populi illius"of the people[人民的]"(of that people, sc. of the people ruled politically[那种人民的,即以政治方式受统治的人民的])。

30,29:communitas illa"the community[共同体]"(that community, sc. the community ruled politically[那一共同体,即以政治方式受统治的共同体])。

30,33:proprias vires et propria alimenta"proper strength and due nourishment[适当的力量和应得的食物]"(the powers belonging to them and the nourishment belonging to them[属于他们的权力,属于他们的食物]);比较 32,1:substancias proprias[专属的实体]。

32,24: existimantes parendo legibus se beatos fore"thought themselves fortunate in obeying the laws[认为他们自己在遵守法律方面很幸运]"(thought that by obeying the laws they would become happy[认为通过遵守法律他们会变得幸福])。

34,19f. :non alio pacto"by no sort of agreement other[没有通过其他种类的协定]",比较 34,6。这里的翻译似乎给文本加入了比可能有的更为专业的含义(比较页 XCVI);我建议翻译成"in no other manner[没有以其他方式]"。

36,17:in constitucionem sive statutorum natuream mutantur "are changed into a constitution or something of the nature of statutes[被改变为一种宪法或某种具有法令性质的东西]"。我会绎读成 constitutionum,并将之译为"are changed so as to take on the nature of constitutions or statutes[被改变以便具有诸宪法或法令的性质]"。

42,16:que legume illarum eos(即 casus) melius iustiusque

diffiniat"which of the laws shows its superiorities better and more justly[哪些法律更好更公正地表明其优越性]"(which of these laws decides these(cases)better and more justly[这些法律中的哪一种更好更公正地判决了这些(案例)]。

《德意志哲学与政治》(John Dewey, *German Philosophy and Politics*, New York: Putnam, 1942)

[279]力量与温和或效率与慷慨能够结合在一起,这是只有大胆的人才会从过去一百年的德意志政治史中得出的一个结论。与此相应,熟悉盎格鲁-撒克逊生活方式的人禁不住要问,为什么"德意志就与众不同"。有些人回避这个问题,他们提到的是"另外的德意志",并非"与众不同的"德意志,那个不以铁和血也不以鲜血和大地而以哲学来定位的德意志。这一问题真正涉及的恰恰不是"另外的德意志"纯粹的存在,而是其政治的存在,政治的效率。杜威(Deway)的战时言论远没有为回避这一问题而内疚,他提出的问题是,在很大程度上,德意志哲学本身是否没有解释俾斯麦、威廉二世和希特勒的德意志所共有的特点。这一问题得到了肯定的回答。

没人会反对杜威的问题,但有必要反对他得出结论的方式。最为自然的步骤似乎是,尽可能准确地描述这一时期(一种权威主义、好战主义和民族主义的奇怪结合)德意志占主导地位的政治精神;然后查明,在多大程度上,那些德国人普遍认为最能代表德意志思想的哲人为这一精神提供了基石。我相信,结果会部分地确认杜威的论点。但如果考虑到康德,这一结果又会与那个论点相矛盾。如果康德确实像杜威所说的那样,是"德意志哲人"(页137),杜威论点的相当部分就会失去中肯。杜威选择从描述需要解释的现象开始,这一描述存在问题:"显然,具有独特性的德意志文明的主要标志在于,自我意识的唯心主义与各个活动领域内不可超越的技术效率和组织化的结合"(页69)。[280]这句话是对有关德意志精神的某种德意志"意识形态"的重述而非恰切描述。例如,人们难道不能用几乎相同的话描述美国文明?让人更为惊讶的是杜威的解释。他"在康德关于两个王国的学说中———一个是外在的,即物质的、必然的[王国],另一个是内在的,即理念的、自由的[王国]",在"内在王国"的首要性中(页69),发现了这种结合的"根本观念(root iedea)"。在一篇书评中,很难以与其相同的层次来讨论这一全面的论点。幸运的是,杜威基于康德本人的明确论述总结了康德学说在社会生活中的后果:"与这一内在自由王国相对的是公民和政治行为的王国,其原则是服从或从属业已确立的权威"(页76)。像笛卡尔和斯宾诺莎这些人也得出过相同的结论,他们的出发点是远为不同的终极假设。

德意志哲人一方面贬低"幸福",随之又过分强调道德中自我牺牲的一面,另一方面又过分强调军国主义,当杜威指出这两者的关联时,他的论据要可靠得多:"战争需要自我牺牲,这一点只是其具有深刻道德的更让人信服的论据"(页113)。杜威牢记于心的现象是,德意志哲人们反对把道德上的善无条件地等同于开明的自利(enlightened self-interest)的目标,坚持区分正直(honestum)和效用(utile),以至于他们很容易忘记人的自然目标是幸福:幸福和效用还有常识,在德意志哲学中几乎背负恶名。在某个特殊的德性——勇敢或者说军人的德性中,义务与自利间的区别最为明显。尽管变得正义、适度、文雅、温顺等等实际上有益于个人,但就个人本身而言,可称为勇敢的极致的德性——光荣地死在战场上——绝不会有什么回报。在为威胁性道德(menaced morality)即非唯利性道德辩护时,德国哲人替颂扬军人德性损害种种和平德性铺平了道路。尽管这种方式若得到始终如一的遵守,就会有助于揭露德意志思想似乎暴露出的一种[281]特定危险——没有幽默感或均衡感加以缓和的道德主义,但它应该通过一个重要的真理来启明,即自我否定作为一条准则要比(用一个德语抽象词汇来说)"自我实现"更安全地把人引向正派。

在攻击德意志哲学时,杜威不仅为民主制和国际秩序的事业辩护,还为对这一事业的某种特殊解释——他自己的哲学学说——辩护。杜威似乎认为,民主制与一种"坦率的实验性的"信念密切相关,正如政治专制主义与"一种绝对的哲学(a philosophy of absolutes)"密不可分。没有人会否认,"事实上,哲学绝对主义在实践中同政治专制主义一样危险"(页113)。但是,下面这一点不也正确吗?"坦率的实验性的""成功的……方法"(页142)在不审慎者的手中被证明是异常危险的,而信仰一种"绝对"则激发出这样的话语:"人人生而平等,造物主赋予他们不可剥夺的各种权利"。

《大公教思想中的国家:政治哲学专论》(Heinrich A. Rommen, *The State in Catholic Thought: A Treatise in Political Philosophy*, St. Louis: B. Herder. 1945)

现代人自认为在上帝之城的废墟上建起了人类之城,若想对这一伟大设计的正当性或前景做出公正判断,我们就必须熟悉大公教会的教诲,尤其是其政治教诲,无疑,大公教会是这一现代设计最强大的对手。有人认为,他们能通过指出梵蒂冈政策明显的机会主义来对付大公教的抗议。罗门(Rommen)博士本书的优点之一是,毫不含糊地表明大公教会千百年来通过最灵活的政策所坚定维持的原则。

大公教的国家思想的一个本质特征是,对于它声称要在更高统一性上调和的不同要素,它的着重点会根据形势的不同而改变。[282]罗门的书是一个有趣范例,它呈现了大公教思想对浪漫主义、正统王权主义(legitimist)或君主制倾向的抛弃,一旦大公教要与1789年的哲学原则斗争时,它便与这些思想倾向结盟,此书也呈现了大公教对晚期经院学更为民主的观点的回归。特别有价值的是罗门对大公教内部两派争议的解释:针对政治权威的起源,一派支持不那么民主的任命理论(designation theory),另一派支持更为民主的转让理论(translation theory)(第19章和第20章)。在罗门的表述中,可笼统地称为浪漫主义观点的唯一残余是他使用了"有机体的(organic)"这个词,不过,在他的作品中,该词不过指政治社会不会达到完全的、根本的人人平等。

在这样一种对大公教思想各要素统一性的重新解释中,大公教思想没有拒绝向非大公教思想学习,或者说,没有拒绝结合与大公教的原则可相调和但源自非大公教思想的那些观念。在罗门的书中,这方面最杰出的例子是其有关自然法的章节(第7章),这一章基本上都是在讨论不同于义务的自然权利,但罗门意识到,重点从义务转向权利源于清教而非大公教(见页423以下、556、564以下、580)。论各种治理形式的那章(第21章)几乎同样清晰地阐明了政治形势对体现不变原则的形式的影响,该章主要是解释上个世纪"绝大部分大公教政治哲学作家"反民主制的态度(页481)。

罗门没有因循某些大公教记者颇有问题的做法,尽管他对民主制明显有强烈的偏爱,他也没有忘记指出,接受民主制或其他非僭政的治理形式不是、也不能是大公教思想的定论,这要取决于特定时间特定国家的社会或政治形势(页3、8、69、79、412、440、477以下、715)。罗门同样径直区分了"作为政治权宜的宽容做法"与"理想状态",这种理想状态是"条件允许时(也就是,'绝大多数的人[283]本身是大公教徒'时)教会和国家的统一"。他也直接表明,教会和国家的统一在各种因素中尤其(inter alia)暗示,承认大公教会是"公共宗教和国教",且"国家法律审查并压制异端宣传的自由传播"(页367以下、593以下、605)。另一方面,罗门走得有点过头,他说(页337注),"圣托马斯(《神学大全》,IIa IIae q. 10 a. II)基于共同善(the common good)的观念为宽容犹太人和不信教者辩护"。总之,构成大公教国家思想的诸多要素具有明显的异质性,罗门成功揭示出这些要素背后给人深刻印象的统一性。但在解释非大公教立场时,罗门有时没有那么幸运,尤其是,他未能公正对待卢梭、进步主义(progressivism)和法兰西第三共和国。

在相当大的程度上,作者有理由将其作品称为"政治哲学专论"。它包含四个部分:"哲学基础"(政治人类学、政治神学、自然法);"国家的哲学"(国家的起源和本质、共同善、政治权威、主权、各种治理形式);"教会与国家";"各民族共同体"。今天还能碰上这样一本论述政治基本原则的书让人有点惊讶,它不只是对民主制的一个公开的或伪装的辩护(apology),它至少还试图对政治原则做一个头脑开放、不愤世嫉俗的解释。关于这个问题,我们必须推荐的尤其是罗门对政治哲学范围的阐述(页33以下和页49以下)。不过,人们不禁会注意到,罗门在谈论政治哲学的特点时不够清晰。在前言中,罗门声称他在作品中表述的政治哲学基于理性而非启示。但他后来又宣称,那种政治哲学最要紧之处恰在于"一直尊重神学",不,更确切地说是接受"信仰和启示"(页13以下,页116)。罗门没能成功地完全使自己限于严格意义上的政治哲学,而严格意义上的政治哲学有别于基于启示的政治教诲,这一点从他的以下论述中可以看得一清二楚,"没有神圣宗教的仁慈力量,就没有国家能够生存"(页603;比较页327以下和页708以下),也就是说,没有大公教的仁慈力量,就没有国家能够生存。

[284]但这些批评性的评论没有减损我的意见,即罗门此书颇有价值,不仅因为它澄清了大公教的立场,而且更重要的是,它表述政治哲学问题时带有一种全面性和道德严肃性,这一点实为罕见。

《圣托马斯·阿奎那基本著作选》(*Basic Writings of Saint Thomas Aquinas*, Anton C. Pegis 编,并附编者注释和前言,New York:Random House,1945,2卷)

佩西斯(Pegis)教授编的这本书为美国高等教育做了一大贡献。通过将之译成英文,他使人们能比较容易地理解《神学大全》(*Summa theologica*)的整个第一部分,以及其第二部分和《反异教大全》(*Summa contra Gentiles*)的部分章节,这让人足以大致了解托马斯的"这些构想：神治下人的生活，以及人要弄明白其命运所需要及能够发现的各种内外原则"。这一译本是多明我会（Dominican）英译本的修订版。佩西斯教授修订的"主要目标在于准确性，并保留圣托马斯专门术语的统一性"。只要挑出几个段落加以验证，我们会发现他取得了显著的成功。尤其是，他的翻译似乎不同寻常地摆脱了其他要不然也很好的哲学文本译文中常见的恶习：有时毫无必要地偏离字面。这不是要否认，本书再版时还有改进的空间。例如，在翻译处理自然法的 quaestio［疑问辩难］中（卷2，页777以下），apud omnes 毫无理由地就被译成多种不同的表达："in all men［在所有人中］"、"in all［在所有人/事/物中］"、"for all［为了所有人/事/物］"，而"est de jure nturali"被翻译为"is a matter of natural law［是一个自然法问题］"、"belongs to the natural law［属于自然法］"、"is of the natural law［是关于自然法的］"。"Mutakallimin"应全部替换为"mutakallimūn［穆斯林思辨神学家们］"。

在导言中，编者分析了托马斯作品的智识背景、他的"精神和重要意义"及其生平和著述。人们可能会希望，他应该用几页的篇幅［285］来介绍《神学大全》中使用的表述方法，对今天的读者来说，这种表述方法虽说不上不可理解，但起初肯定令人困惑。佩西斯概述了托马斯面对的问题及其解决办法，他的概述清楚、冷静，大部分情况下令人信服。佩西斯注意到，"得失攸关的基本问题"是"智慧的本性"，或换一种说法，"哲学自身的本性"，托马斯的成就在于"使哲学从哲人手中摆脱出来"。从下面的意义上讲，这当然正确：为了使"哲人成为基督教思想中有价值的理性工具"，托马斯不得不赋予哲学本身一种意义，一种根本上不同于亚里士多德式（或柏拉图式）的意义：与古典哲人及其在伊斯兰世界的伟大后继者（法拉比［Fārābī］）不同的是，托马斯认为哲学脱离了这样一种确信，即只有通过哲学才能获得幸福，或者说幸福本质上存在于哲学。

佩西斯反复承认，对于以理性为基础的亚里士多德教诲，托马斯不仅增加了一种基于启示的教诲，还在启示的层面上直接反对亚里士多德教诲的重要要素。但佩西斯认为,就核心的问题——创造的问题——而言,亚里士多德的学说与圣经学说并不截然对立,因为,"不知道创造的观念迥然不同于否认这一观念"。我没有看出这一区别在这里有什么用处。这样做是不是为了表明,人们能够调和亚里士多德教诲与圣经教诲,同时不废弃前者的"精神"?亚里士多德无意"使他对世界起源的解释不了了之",并且也没有使其不了了之,鉴于这一事实,两者如何能调和?无论有意还是无意,亚里士多德没有为启示教诲留出余地,以添加到其理性教诲中。

对托马斯作品的介绍必须指明道路,以克服今天妨碍真正理解托马斯的典型障碍,这些障碍就是主导着所有现今思想的两大力量——科学和历史。对于科学,佩西斯彻底投降。他承认托马斯作品中"有很坏的科学",不过又认为这并不影响托马斯哲学的价值。[286]托马斯的物理学与其自然神学密不可分,这造成了巨大的困难,难道人们能像佩西斯那样轻易地取消这些困难?更富有成效的做法或许是表明,托马斯物理学或亚里士多德物理学提出的那些问题,如何以及在多大程度上保留了它们的全部意义,而不管现代科学通过提出类型完全不同的问题所取得的任何进步。

至于历史,在清楚描述托马斯对先哲的态度时,佩西斯提到了托马斯看待"哲学史"的方式,或者说寻找"哲学史主线"的方式,他宣称,托马斯对"希腊哲学史和阿拉伯哲学史的成功诊断",使"13世纪(摆脱了)希腊和阿拉伯思想家们面对的历史主义危险"。抛开13世纪存在历史主义的危险这一奇怪的推断不讲,我要说的是,把托马斯对前人教诲的批判性研究解释成对哲学史的关注,这只会使本已困惑的人们更加困惑;可以说,托马斯的这一研究类似于一位数学家致力于研究数学文献而非数学史。通过主张"圣托马斯看到了展现在眼前的哲学史",而不是说托马斯研究前人的教诲时只关注他们的真或假,或者说对托马斯而言,论证而非"历史"才能合理地决定任何哲学论题的命运,佩西斯的看法表面上消除了上述困惑,但实际上是加深了困惑。

《科学家马基雅维利》(Leonardo Olschki, *Machiavelli the Scientist*, Berkeley：Gillick Press，1945)

"《君主论》(*The Prince*)的科学特点一直受到注意,很多时候备受强调,但从未得到正确描述和准确披露"。根据流行的观点,马基雅维利主要是"教授实用治国术的老师","其现实主义揭示了……他的科学头脑"。但在奥勒斯吉(Olschki)看来,马基雅维利的主要兴趣是阐述[287]"一门新的人文科学,在精神和思想步骤上,这门科学预见了伽利略为一种新的自然科学奠定的基础","其思想的抽象品质及他的一般化的力量(power of generalization)……揭示出……他的科学头脑"。奥勒斯吉认为,马基雅维利关注的是"如何"而非"为何",或者说他关注的是政治现象的原因;马基雅维利将政治理解为"一个普遍规则的体系",也即"需要通过归纳的思考方法来发现的内在法则";马基雅维利在这方面取得成功是因为,他能够把"[政治]现象的本性归纳为两个原则或动因",即命运(fortuna)和德性(virtù)。

我们无法说,奥勒斯吉对马基雅维利的科学分析实现了他在本书评开头引用的那句话中所做的承诺。奥勒斯吉根本没有超越上一段总结的论点。没有证据证明,马基雅维利是一位不同于实用治国术教师的"科学家"。"对马基雅维利作品持续的关注",取决于奥勒斯吉所谓的马基雅维利的"科学头脑"。这一事实(如果是个事实的话)当然无法证明,对马基雅维利本人来说,焦点是不同于实用治国术的"科学"。马基雅维利关注的往往是君主或共和国应该做什么,而不是他们经常或一般做什么,这似乎表明奥勒斯吉的论点从根本上就是错误的,他所依据的区别具有误导性。

关于马基雅维利所谓的只关注"如何"而非"为何"或原因,奥勒斯吉仅限于提出,马基雅维利某封信中的某个"因为(perchè)""是在情态意义上而非因果意义上使用"。马基雅维利在无数段落中都详细阐述过政治现象的原因,奥勒斯吉没有讨论过其中任何一段,尽管他碰巧引用了其中的一段。

关于马基雅维利对"普遍规则"的关注,奥勒斯吉特别强调一个事实:马基雅维利使用了"一般规则(regola generale)"这个词,他指出,对马基雅维利来说,这个词基本上等同于现代科学意义上的"自然法则(natural law)"。无疑,奥勒斯吉夸大了马基雅维利使用这个词的频率(页29,注32:"《君主论》,章3及各处");如果我没弄错的话,这个词在《君主论》中出现两次(章3和章23),在《论李维》中出现一次(卷一章9)。不管怎样,[288]这个词很少出现过,从未出现在马基雅维利解释其政治作品总体意图的段落中,马基雅维利也很少界定这个词的含义,因此,我们不能够根据它来解释马基雅维利的主要目的。我们顶多可以认为:尽管马基雅维利用"规则"来理解我们要有良好行动就应该遵守的东西,但他的"一般规则"中似乎没有规范性要素。这使人很难将马基雅维利的"一般规则"等同于现代科学意义上的"自然法则"。奥勒斯吉提出"达·芬奇(Leonardo da Vinvi)是第一位使用'自然法则'一词的作者",这也无法增强人们对他在此类问题上的论断的信心。

最后,至于马基雅维利把政治现象的本质归纳为两个原则(命运和德性)这一所谓的事实,有一点显而易见。不可变但可知的自然秩序与不可预测的命运道路之间的区别,以及自然与德性、富与贫、公与私、人与制度、爱戴与恐惧等等之间的区别,对马基雅维利来说,都不比命运与德性之间的区分来得更不重要、更缺少根本性。

不过,尽管有诸多缺点,奥勒斯吉的论点也不是一无是处。一两代人以前,人们想当然地认为,前现代政治哲学与现代政治哲学有着根本的差异,马基雅维利对现代政治哲学的出现起了决定性作用。近期的研究倾向于考察"历史的连续性"而非与传统的断裂——例如《君主论》与传统的君主镜鉴的血缘关系,而不是两者间的根本差异——从而模糊了马基雅维利作品划时代的特点。奥勒斯吉正确地反对这一倾向。但他没有公正对待这一倾向中的合理要素,这种合理要素是原则,即必须历史地理解马基雅维利的作品,也就是说,要从其本人的角度而非从19世纪社会科学的角度来理解马基雅维利。奥勒斯吉否认在马基雅维利之前存在任何值得一提的政治科学:

> 马基雅维利是第一位治国术理论家,他根据作为政治家和史学家的亲身经历来撰写这一主题。马基雅维利的前人对于任何类型的治理事务都没有洞见。

由于忘却了修昔底德、亚里士多德、珀律比乌斯(Polybius)、西塞罗、塔西佗(Tacitus)等人的成就,奥勒斯吉没能看到,[289]马基雅维利的成就不仅在于发现而且从根本上转变了政治哲学或政治科学的观念。

马基雅维利的德性概念最为突出地诠释了这一转变,在马基雅维利的政治哲学中,virtù 占据的地位可与 virtus[德性]在传统政治中的地位相提并论。奥勒斯吉认为这一马基雅维利式的概念衍生于中世纪医学,但没有给出任何证据。确实,马基雅维利有时在特殊的自然力量的意义上使用 virtù 一词(见马基雅维利在《论李维》卷一章 58 和卷二章 32 中有关 occulta virtù[隐蔽的德性]的论述,在卷一章 56 中有关 naturali virtù[自然的德性]的论述),但他使用这个词,更多的是涉及过去的政治著作和伦理著作中所指的含义(见《论李维》卷一章 60 和卷三章 33,用 virtù 来解释李维的 virtus;特别注意这个词在《君主论》章 8 和章 16 中的使用)。稳妥的说法是,马基雅维利的德性概念源于李维的或更普遍地说古典的德性概念的变形。

不从马基雅维利重新解释僭政的角度来理解,我们就无法弄懂他对德性的重新解释。在某些限定条件下,马基雅维利接受了传统对僭政与王政(或共同体)的区分。但不管怎样,在《君主论》中,传统的对抗不再有效。在奥勒斯吉看来,"马基雅维利一直在谴责僭政。《君主论》是本僭主手册这一流行观点是基于对本书的肤浅理解"。把《君主论》描述为僭主手册当然有不足之处;但把它说成是不同于僭主的君主手册同样错误。本书的特色恰恰在于,未区分君主与僭主:它用"君主"一词来同时指称君主和僭主。《君主论》(章1)的第一句话就表明了这一点。

君主与僭主的区别在《君主论》中不再重要,原因在于此书的主要目的是揭露"新君主"的本性,也就是,主要在于揭露(政治、法律、道德或宗教上的)"新的秩序与方式(nuovi ordini e modi)"的创建者的本性。一旦某种秩序得以确立,那些最为重要的区别就不再适用于实际确立的秩序,我们还可以补充说,不再适用于其"边界"(尤其是对外关系)。传统政治哲学定位于[290]"常规的"状态,即充分发展的社会秩序,而写《君主论》的那个马基雅维利主要关注的是霍布斯会称之为"自然状态"的东西,或更确切地说,关注"自然状态"向"公民状态"的转变。正是由于这一原因,马基雅维利不得不质疑道德区分的正当性:他否认道德区分适用于他所认为的最为重要的案例,即那个确立某种秩序的人,在这一秩序中,能够且应该践行某种道德德性。马基雅维利重新解释德性,以使之尤其包含创建者的特定卓越。人们会说,马基雅维利使社会秩序根基的问题成为焦点,而非使社会秩序的目的问题成为焦点。最为重要的是查明,这一定位的变化是否类似于现代科学对自然现象的研究所产生的影响。马基雅维利是(或有意要成为)19 或 20 世纪意义上的"科学家",只要接受这一站不住脚的前提,我们就无法回答上述问题,甚至无法提出上述问题。

《古典共和派:论 17 世纪英格兰思想模式的复兴》(Zera S. Fink, *The Classical Republicans. An Essay in the Recovery of a Pattern of Thought in Seventeenth Century England*, Evanston: Northwestern University Press,1945)

正是通过复兴和转变古典共和主义,现代共和主义才得以形成。17世纪英格兰"古典共和派"(哈灵顿[Harrington]、弥尔顿、锡德尼[Algernon Sidney]等)所从事的这一复兴,构成了芬克(Fink)学术研究的核心主题。在分析这些人及其混合政府观(views of mixed government)之前,芬克先勾勒了早期思想家的教诲,尤其是马基雅维利、摩尔(Thomas More)和孔塔里尼(Gasparro Contarini)的教诲。从芬克的表述中可以看出,鼓舞着"古典共和派"的有两个最重要的来源,除了那些古典作家本身外,还有马基雅维利的《论李维》(Discorsi)和实际所是或被相信所是的威尼斯的宪政。[291]芬克的论述尤其有价值的是,崇拜威尼斯对英格兰思想和文学(莎士比亚、斯威福特[Swift]及其他人)产生的影响,其中最有价值的是他对哈灵顿《大洋国》(Oceana)的分析。芬克的讨论以一个探究作结:"古典共和派"的观念如何"以这种或那种方式进入到伟大的英格兰政党思想中",尤其是辉格党(the Whigs)的思想。

如该书副标题所示,作者更关心的是"古典共和派"对古典模式的依赖而非改变。不过,芬克的表述证实,他们的教诲与古典政治哲学的教诲有着根本差异。如果只就他们采纳人民主权(polular sovereignty)原则来说,"古典共和派"基本上要比他们古典时代的老师们更民主(页14以下、19、53-60、67以下、88、100以下、119以下和172以下)。他们研究过马基雅维利,相对于非扩张主义者和贵族制的斯巴达而言,马基雅维利(不同于珀律比乌斯[Polybius],后者搁置了对这一主题的评判)明显偏爱扩张主义者,并因此偏爱相对民主的罗马共和国,更不要说芬克没有讨论的马基雅维利教诲中的其他民主要素。典型的是,大部分"古典共和派"也接受马基雅维利对帝国主义的赞同(页81以下、156以下、172以下和188以下)。

在这一研究所提出的基本观点中,最重要的莫过于相信"不朽政治实体(the immortal commonwealth)"的可能性,亦即有一种政治体制(a political constitution),其完善性能使之永远存续,无需经受任何变革。在柏拉图的《法义》(Laws)中,芬克找到了这一信念的"古典对应物",他断言大部分"古典共和派"都赞同这一信念(页63

和156）。但芬克没有深究古典乌托邦和现代乌托邦的确切关系。哈灵顿认为,适当的制度本身就会保证国家不会因任何内部原因而消亡。他相信这一点是因为,他认为政治实体的完美特点独立于公民们的道德品质(页61)。因此,哈灵顿反对古典思想家们的看法,他们不仅根据各种制度(institutions)来定义[政治]体制(the constitution),而且首先是根据共同体或其中有权威的那部分人实际追求的目标来定义,哈灵顿接受由霍布斯推进的观点：[292]人作为种种政治实体的"制造者(maker)",能够一劳永逸地解决作为政治实体之"质料(matter)"的人所固有的所有问题。哈灵顿为康德的论断铺平了道路：即使在魔鬼的国度中也能建立起最好的或者说唯一正当的政治秩序。就各种制度与道德品质的关系问题而言,巴克斯特(Richard Baxter,页61和88)而非哈灵顿更像是"古典共和派"——更不必说,柏拉图和亚里士多德当然不相信任何政治实体的不朽性,无论它如何完美。

由于关心古典思想在17世纪英格兰的复兴问题,作者有理由忽视托马斯·阿奎那和加尔文(Calvin)有关混合政府的观点。但瞧一下这些神学家有关希伯来国家(the Hebrew state)的论述,会有助于作者阐明"古典共和派"的观点：希伯来国家是混合政体的范例。

《国家的神话》(Ernst Cassirer, *The Myth of the State*, New Haven: Yale University Press, 1946)

在这部去世后出版的著作中,卡西尔(Ernst Cassirer)利用其符号形式哲学(philosophy of symbolic forms)来分析我们这个时代的病症。在赞同"一些现代政治体系"的自我解释时,卡西尔注意到在这些体系中"神话思想对理性思想的优势"(页3)。为了理解这一现象进而加以解释,卡西尔分析了神话的本性、"政治理论史上反对神话的斗争"以及"20世纪的神话"。本书在讨论"国家的神话"这一书名所示主题的同时,至少还概述了政治思想史。但只有把所说的关注点主要放在明确研究神话问题的章节上,这个标题才名副其实。

不同于先前研究神话的人,卡西尔提出,神话没有特定的题材(subject matter),因而只有通过理解"神话在人的社会文化生活中的功能",才能理解神话的本性(页33以下)。神话的职能就是[293]解释"宗教礼仪"。这些礼仪的职能反过来又是去满足"个体深层热切的欲望——把自己等同于共同体的生命和自然的生命的欲望";或者更确切地说,由于"在先民的思想中,自然本身不是受自然法则约束的自然事物(physical things)",因而"同一个社会——生命的社会——包含且接纳"共同体的生命和自然的生命,所以,礼仪能满足个体的欲望:"让自己浸入宇宙生命之流、失去自身的身份(identity)。"先民在礼仪中"完全无意识的"所作所为在神话中得到了解释。神话将最初表达在礼仪中的强烈情感(emotions)转变为形象(images);"神秘的符号主义导致情感的对象化"。但是,符号表达"不只是纯粹的外化,还有浓缩"和强化。我们可以说,神话使礼仪具有正当性并确保它们存续下来(页38以下、45以下)。由于神话使礼仪具有正当性,人们也可以说礼仪是"以神话观念为基础"(页279)。

无论人们如何评判这种神话观点,用"反对神话的斗争"从否定的角度来描述哲学本身,卡西尔这样做当然正确。他认为,在希腊哲学中,这一斗争在苏格拉底和柏拉图的学说中达到顶峰。苏格拉底提出"根本的实质性的""善恶问题",并认识到"神话没有回答这一问题",从而攻击到"神话世界的核心"(页55、60)。但只有柏拉图攻击到神话的根基;既然神话起源于人的"社会经验",那么神话唯一恰切的备选方案便是一种"理性的国家理论"(页38以下、61以下、76)。不错,"柏拉图没有完全禁绝神话传说;他甚至承认教育青少年时神话必不可少;但在讲述神话时必须要有严格的纪律约束"(页67)。"不思考柏拉图的神话,我们就无法思考柏拉图的哲学",这样说很对,但卡西尔认为,柏拉图只让神话进入其"形而上学和自然哲学",而在"他的政治理论"领域,柏拉图是"神话的公开敌人";柏拉图把神话从"其《王制》,也就是说,从其教育体系中"剔除出去(页71以下、77)。

在基督教取得成功后,针对神话的战争不得不全盘重新开始。尽管依赖希腊哲学,[294]但经院学家们更不用说教父们,无法再次取得柏拉图的成就,部分是因为"他们只知道并承认一个符号真理",因而看不到"字面意义","努力发现古典作家笔下的道德意义(sensus moralis)、引申意义(sensus anagogicus)和神秘意义(sensus mysticus)"(页88),部分是因为他们"怀疑原罪的事实"——卡西尔称之为一个"特定的神话元素","在任何中世纪思想家看来是不可能的"(页110)。

马基雅维利取得了摆脱神话的一次新解放。给予马基雅维利新政治学及其对"事实"的确切描述以统一性或特点的"建构性原则",乃是对国家"完全自治(full autonomy)"的要求,这种要求预设的不仅是国家的彻底世俗化,还有宗教本身的彻底世俗化(页130、137以下和154)。为解释其"一般科学原则"——"自然的均一性和同质性(uniformity and homogeneity)公理"——对政治事务有限的适用性,马基雅维利求助于命运(fortuna),也就是说,他显然求助于一种神话力量。但是,马基雅维利实际上因教导"人不臣服于命运"而把"命运的符号"世俗化,从而引入一种"特别属于现代的新的思想和情感元素"(页157、159以下)。但为了维护国家的"自治",马基雅维利不仅使国家与宗教分离,还使国家与道德割裂。要完成他的工作,就有必要恢复国家与道德之间的联系,且不必回到神话。这是在17、18世纪社会契约论学说中完成的。一方面,"没有什么比一份契约更少神秘色彩",另一方面,社会契约预设且担保了"人格权(right to personality)",人之人性正是通过人格权而起起伏伏(页140以下、173、175)。

浪漫主义尤其德国浪漫主义"突然对所有这些伟大成就提出异

议"。浪漫主义的根基是"重返诗歌源头的深切愿望",或者说是"将世界'诗化'"的愿望。但这促使人们对神话产生新的兴趣,神话现已成为"敬畏和崇拜的主题"。浪漫派的审美主义(romantic aestheticism)在政治上的不足,反过来为20世纪对神话"现实主义"的政治利用铺平了道路(页179、183以下)。

20世纪的神话——主要是国家社会主义(national socialism)培养出的神话[295]——通过混合英雄崇拜、种族崇拜和国家崇拜而形成。为了厘清这些神话要素并显示它们的异质性,卡西尔讨论了卡莱尔(Carlyle)、戈宾诺(Gobineau)和黑格尔的学说。尽管卡西尔没有完全卸除这些作家对国家社会主义所负的间接责任,但他坚持,这些导师与其作为国家社会主义分子的学生之间有着根本的差异(页216、222、232、239、243、267、273以下)。国家社会主义无法直接追溯到某一种学说或几种学说的结合体,其直接来源是人制造神话的冲动,这些冲动从没有"真正地消失和屈服",它们在社会生活的极端危机中用灾难性的结果来重申自己的主张。由于"文明人……无法完全忘记或否认理性的要求",20世纪的神话当然从根本上不同于所有原始神话;它是一个"人造物","由技术精湛巧妙的工匠编造而成"(页277、280、281)。

由于篇幅所限,我无法逐一详细探讨卡西尔的论点。所有论点的缺陷或许都可追溯到卡西尔未能说明浪漫主义对启蒙运动的社会契约学说的抛弃。卡西尔可能相信,尽管启蒙运动反对神话是对的,但由于没能对神话做充分的解释,启蒙运动本身也招致了正当的批判;由于他对神话的分析填补了这一空白,启蒙运动根本的道德-政治论点不会再遇到重大的困难。无论如何,若是卡西尔对18世纪人权学说的评价正确无误,那么,对于支持我们时代的政治神话的种种学说所提出的挑战——比如斯宾格勒(Spengler)和海德格尔的学说(页289-293)——要做出充分的答复,就不应是对国家神话进行没有结论的讨论,而是要从符号形式哲学彻底转变为一种以道德哲学为核心的教诲,也就是说,有点像是回到卡西尔的老师柯亨(Hermann Cohen)那里,即便不是回到康德本人那里。考虑到康德伦理学容易受到批评,卡西尔对康德道德原则的间或提及并未满足这一要求。

卡西尔似乎把浪漫派对启蒙运动的反叛追溯到唯美主义(aestheticism)。但唯美主义难道不是卡西尔本人学说的[296]精髓?针对柏拉图对诗歌的攻击,卡西尔说:"现代作家中没人会想把柏拉图对诗歌和艺术的反对插入到一部政治作品中。我们看不出这两个问题有什么联系"(页67)。但在柏拉图和其他哲人看来,政治和"艺术"都必须服从于道德,这难道不是两者间明显的联系?

对属于其学术兴趣范围内(无论如何偶然)的任何历史论题,像卡西尔这样博学的人所进行的探讨不会不对我们的历史理解做出贡献。本书最有价值的部分是有关马基雅维利的章节。尤其有用的是,卡西尔证明了当前对马基雅维利教诲的历史主义解释的不当之处(页124以下、142以下、151)。这一证明的价值不会受到如下事实削弱:在讨论他正确视为《君主论》的核心议题——即新君主国(principalities)——时,卡西尔实际上把新君主国等同于现代国家或现代僭政,从而陷入了历史主义的解释(页133以下、147以下)。卡西尔还认识到,《君主论》第十八章有着至关重要的意义,马基雅维利在这一章中把自己解释为另一位喀戎(Chiron)——也就是一位半人半兽的君主之师(页150)。

《古代法权哲学-国家哲学纲要》(Alfred Verdross - Rosseberg, *Grundlinien der antiken Rechts - und Staatsphilosophie*, Vieena:Julius Springer,1946)

费尔德罗斯(Verdross)描绘的希腊政治思想图景,要比国家社会主义者的版本更接近真相,这几乎不言而喻。这并不意味着费尔德罗斯的表述总是,或甚至在根本上,令人满意。这种表述必须被刻画为习传式的(conventional),它所依循的习传(convention)既是 19 和 20 世纪古典学者的研究产物或残余,也是从未彻底中断过的古典政治哲学传统。这类习传必然是真假混合、深浅相杂、虚实难辨。其最大的危险在于,[297] 它们难免会培养出一种对其题材的熟悉感,这种熟悉感反过来使人低估妨碍理解题材的困难。理解的开始是对需要理解的题材的特性有一种困惑或惊异的感觉。习传培养的熟悉感很容易剔除这种至关重要的体验。

费尔德罗斯相信,他在开辟一片新领域。他抱怨说,先前的研究忽略了前苏格拉底政治思想,他认为其著作的一大优点在于,关注从赫西俄德(Hesiod)到公元前 5 世纪民主学说的发展(页 v)。不过,对于解释古典政治思想应从柏拉图或亚里士多德开始这一观点,费尔德罗斯的反对倒有充分的依据。关于前苏格拉底的学说,我们拥有的信息支离破碎,因此,误读的危险或错把假设当事实的危险特别大。对这些残篇做哲学的理解,似乎只有柏拉图或亚里士多德的记述能提供一个非现代的参考体系,不充分理解柏拉图或亚里士多德的作品或教诲,我们就无法恰当地理解他们的记述。我相信,一旦考虑到妨碍从哲学上理解古典诗人和古典史家的政治观点的困难,人们就会得出相同的结论,尽管论证的过程有所不同。

无论如何,费尔德罗斯对希腊政治思想的解释试图从分析赫西俄德开始,这使他用一个现代参考体系代替唯一可能的古典参考体系,因此他提出,比如说,赫西俄德第一个区分了由自然法决定的实然(Is)与道德-法律的应然(the moral-legal Ought)(页 17;亦参页 126 以下和 149 以下;他使用了 19 世纪解释柏拉图和亚里士多德时对社会学的国家学说与法学的国家学说所做的区分)。费尔德罗斯忽视参考体系的问题或者说语境的问题,这使他对修昔底德和悲剧诗人的解释简单地直接以这些作家笔下人物的言辞为基础(页 34 以下、55 以下)。由于忽略了柏拉图放在普罗塔戈拉(Protagoras)口中的话的语境(见《普罗塔戈拉》,317a4-6 和 319b3 以下;比较 316c5 以下),费尔德罗斯倾向于赞同门泽尔(Menzel)的观点。门泽尔的观点主要以同样错误的解释为依据,[298]他认为,普罗塔戈拉是一位民主制理论家(页41以下、页48)。费尔德罗斯依照习传的方式把自然与习俗的对立归到智术师头上,这损害了他对智术师学说的表述,尽管他引用的一个赫拉克利特(Heraclitus)残篇恰恰包含了那一对立(页50以下、31)。费尔德罗斯还说,根据色诺芬的《回忆苏格拉底》,希琵阿斯(Hippias)引入并发展了不同于成文法的不成文法(页53以下),尽管根据上述文献来源,引入这一学说的是苏格拉底而非希琵阿斯。费尔德罗斯把苏格拉底呈现为政治德性的教师(页61),没有提到对柏拉图来说"政治德性"是个贬义词这个事实。"对苏格拉底而言,一切都清晰简单"(页70)。与此观点相应,费尔德罗斯满足于调和苏格拉底的名言(即正义之事就是合法之事)与苏格拉底对既存法律秩序的批评态度,他指出,苏格拉底所认可的自然法使"国家"正当化,并同时成为逐渐改进现实国家的一个标准(页68以下)。

由于过分看重某些现代语文学家的假设,费尔德罗斯毫无疑虑地宣称,《普罗塔戈拉》写于苏格拉底离世之前;通过《普罗塔戈拉》、《拉克斯》(Laches)和其他对话中的疑难角色,柏拉图"显然"有意表明苏格拉底方式的不足;柏拉图第一次西西里之行返回后所写的第一篇对话是《墨涅克塞努》(Menexenus);《会饮》(Banquet)"创作于[前]380年"(页70以下、74、76)。费尔德罗斯确信,成熟的柏拉图渴望在雅典掌权(页73、92)。在他看来,善的理式"显然"等同于"善神(the good God)"(页89)。在他看来同样显然的是,通过在《治邦者》(Statesman)中谈到掌握君王术并向实际统治者提供建议的私家人(the private man),柏拉图暗示了他在叙拉古的地位;而且,《治邦者》的神话中所提到的神圣牧羊人"不是别人,正是哲人王,也就是柏拉图本人"(页97以下)。费尔德罗斯没有注意到,《治邦者》基于对完美治邦者与哲人的明确区分,他宣称,"与柏拉图相反,亚里士多德把哲学与政治术分离开来"(页122)。他对亚里士多德政治教诲的解释,在决定性的一点上依赖于[299]一个假设性区分:亚里士多德的"Urpolitik[原初政治]"不同于他后期的政治教诲(页122起、137)。尽管费尔德罗斯比大部分作家更为清楚地看到,要了解柏拉图完全成熟的政治学说,我们必须回到《法义》而非《王制》或《治邦者》(页107、115),但他仍说,从《法义》卷十提出的"宗教法庭(inquisition)"来看,"柏拉图似乎已经完全忘记"其师苏格拉底的命运(页114)。费尔德罗斯没有看到,柏拉图用一种强制信仰宇宙诸神存在的法律,取代了强制信仰雅典城邦诸神存在的法律,从而为——即便不是哲学本身的自由——苏格拉底哲学的自由奠定了法律基础。

《人之傲慢:修昔底德与柏拉图政治哲学研究》(David Grene, *Man in his Pride: A Study in the Political Philosophy of Thucydides and Plato*, Uiversity of Chicago Press, 1950)

很难恰切地评价这本书。作者融文化史家和艺术家的特殊敏感于一身,这位艺术家对公认为哲学的东西虽不至于蔑视,但有一种不信任。格勒内(Grene)的书颤动着"充满激情的生命感",他感到,在柏拉图的灵魂里,这种生命感与对理式(ideas)的同样"充满激情的信仰"相互较量。柏拉图就推理的根本弱点以及间接交流对直接交流的优势提出了建议,这些建议给了格勒内一定程度的启发。对过分关注概念的精确和有条不紊的程序可能导致的隐患,格勒内感受至深、谴责极猛且唯恐避之不及。格勒内更关注的是揭示并复活修昔底德和柏拉图灵魂中隐藏的戏剧,或者说修昔底德和柏拉图思想中反映出的公元前5世纪雅典的人类现实,而非阐述他们的政治哲学本身,也即他们有关政治事物的本性和正当社会秩序的理由充分的观点。因此,格勒内让读者看到的修昔底德和柏拉图的许多东西,大部分以教授哲学为业的人看不到。[300]他使用的"政治哲学"一词与"政治意见"或"政治信念"同义,由此,他以令人满意的坦率为其基本前提负责。

本书至少可以说提出(即便不是证明)了下述论点。政治哲学出现在公元前 5 世纪的雅典,出现在与我们特别接近的社会中:无论那时还是现在,"人且只有人才是冲突的源头与解决,人丝毫不受宇宙的或超自然的制裁"。在公元前 5 世纪雅典人生活的极端处境下,修昔底德和柏拉图"所定义的范畴……可视为西方所有政治构想的活动范围"。这似乎意味着两位古典政治哲学大家彼此对立;格勒内使用了"两极"一词。他含蓄地反驳了一种普遍接受的观点,即认为站在与柏拉图相对一极的是智术师(Sophists)(而非修昔底德);现代政治哲学超越了所有古典政治哲学驻留的界限。人们可能希望作者说明,为什么要说修昔底德和柏拉图的政治教诲标示着"界限,从政治性的人的角度来看,我们西方传统的发展正是在这一界限内"。对于格勒内在这一问题上的沉默,有人会辩护说,我们刚刚开始认识一个领域,我们不得不在这一领域内寻找此类问题的答案,不,是此类问题的恰切表述。

格勒内注意到,修昔底德的意见与柏拉图归于忒拉绪马霍斯(Thrasymachus)和卡利克勒斯(Callicles)的观点间有一种亲缘关系;他谈到修昔底德的"唯物主义(materialism)"。但格勒内补充说,修昔底德"[在某些现象中]可能已经看到他所信仰的唯物主义的超越性"。这些现象显然不是人们所称的道德现象。确实,修昔底德相信"道德修饰词的意义所在",或者说他相信"旧的价值[正派与高贵]……曾经存在过,且在某种意义上仍然存在着,即便人们不再像以前那样对之表示敬意";但他并不相信,"道德问题本身实际上存在一种真正的力量"。修昔底德从中"可能已经看到他所信仰的唯物主义的超越性"的现象,乃是伯利克勒斯时代的雅典(Periclean Athens),或笼统地说乃是那个"伟大的国家",它生活在[301]"自身的优美和宏伟的光芒中",它本身就是目标,它的保存"不只意味着其所有居民的幸福或不幸",在这一形象中,"有悖希腊道德的最黑暗的行为也同爱美和爱智慧一样有着自己的真正位置"。这一解答基于许多假设,其一是修昔底德的品味与伯利克勒斯的品味相同。出于无法在这里阐明的理由,我认为真正的解答需要更全面更连贯地反思修昔底德就节制(moderation)德性说了些什么。这将首先要求有条不紊地反思那种伟大的德性本身。修昔底德不相信超自然的制裁,这一事实不能证明,修昔底德没有意识到"宇宙"或自然对不节制行为的制裁。

对于格勒内对柏拉图政治哲学的解释,我们甚至无法试着做出总结。有两点给我的印象最为深刻。首先,格勒内敏锐地意识到一面是政治与修辞的联系,另一面是修辞与爱欲(eros)的联系。他似乎将柏拉图政治哲学中内在的基本困难追溯到政治关系(统治者与被统治者的关系)与"爱欲"关系的比例失调。我认为这是一个重要的洞见。格勒内将真正的修辞(《斐德若》中勾勒的修辞)等同于柏拉图(在《法义》中)在书写各种法律的序曲时运用的艺术,我只希望这不会模糊了他的洞见。其次,格勒内似乎认为,在柏拉图的政治哲学中,哲人与王者有一种"不可避免的对立",这种对立似乎可以追溯到柏拉图的两种崇敬之间的张力,柏拉图既崇敬"反叛者苏格拉底",又崇敬"严格的、等级森严的"或者说"礼仪的(ritualistic)"社会。如果我没有弄错的话,格勒内这次又受到一个重要的洞见指引,实际上该洞见与前面提到的洞见是同一个。不过,先不说其他的种种考量,单是其下述主张就令人无法接受,即根据《法义》,甚至明显地根据《王制》,"在对永恒理式的模仿中……这一点并非根本:从一个时刻到另一时刻,或者说,从一个世代到另一世代,甚至统治者……也应当理解支撑最好或次好国家的组织的真理"。很难将这一主张与柏拉图有关夜间议事会(Nocturnal Council)的论述协调起来。[302]但正因如此,今天更好的做法也许是,夸大柏拉图有关哲学与政治间比例失调的论点,而非走老路无视哲学与政治关系中的问题。

《洛克的政治哲学》(J. W. Gough, *John Locke's Political Philosophy*, Oxford: The Clarendon Press, 1950)

这本书包括八个研究,分别致力于探讨下述论题:自然法;个人权利;民选政府(government by consent);洛克的财产理论;分权与主权;洛克与1688年革命;政治托管;洛克的宽容信念的发展。

作者使用了新鲜的材料(Lovelace 洛克文件汇编),但很难说他处理洛克政治哲学的方法让人感到新鲜。他处理题材的方法现已司空见惯。高夫(Gough)主要把洛克看作一方面是某个传统的代言人,另一方面是现代意见的代言人。该方法似乎适合这一题材。如果我们能相信高夫,洛克就不过是在走老路:"……[洛克]表面上是在树立一种基于自由地同意的个人的政府形式,实际做的却是,根据其时代流行的政治哲学来描述传统英格兰宪政的运作"(页71)。"……洛克政治体系中的几乎所有特点……实际上在当今的英国政治理论中已是老生常谈"(页98;比较页22、42、113、121、124、196)。鉴于所有"当今"政治理论的本性,这会以绝对令人满意的方式说明,为什么"洛克到处都是逻辑错误和前后不一"(页123),但让人纳闷的是,洛克为何比与他观点相同的诸多庸才获得了更大的名声。首先,人们会发现,很难理解为什么"人们慢慢才接受了洛克的政治学说",即便辉格党的那些领袖也是如此(页133、135)。

高夫的观点是其方法的结果。高夫努力[303]从历史的角度来理解洛克,但他有关"历史"方法的概念太过狭隘。他对这一问题只评论过一次,大意是"根据19、20世纪的经验来评判[洛克思想]完全是非历史的"(页41－42)。没有必要探讨高夫是否始终遵守这一准则,是否根据17世纪的经验评判洛克的思想时他就保持了必要的谨慎(比较页35与页189)。关键的一点是,由于试图首先根据17世纪英格兰的政治形势来理解洛克的政治思想,高夫被诱使仅仅把洛克的政治哲学理解为1688年革命的一种意识形态。

洛克似乎用宽泛的哲学术语来表述其政治理论,仿佛这纯

粹是一般原则的逻辑推导,但如果从字里行间阅读,我们会认出 17 世纪英格兰宪政的历史特点。(页 70)

我们可能不得不琢磨洛克字里行间暗示的意思,但这样做之前必须要有一个坚定的基础。我们首先必须了解,洛克为什么努力"用宽泛的哲学术语来表述其政治理论"。高夫似乎认为,洛克这样做是为了掩饰其学说的党派特点(页 38)。当然,唯一合理的解释是,若不或隐或显地提到"普遍的"原则,就不可能赞同或反对任何实际的因而也是"个别的"宪政。要是认为与他接受的英格兰宪政相比,洛克的普遍原则处于次要位置,这无异于本末倒置。

"政治哲学"是一个模糊的词汇,但谈到像洛克这样一个人的政治哲学时,无疑,人们必须假定政治哲学是哲学的一个分支。因此,我们必须从根本上看作洛克政治哲学背景的,不是 17 世纪的政治图景,而是 17 世纪欧洲的哲学状况。如果我没弄错的话,高夫甚至没提到培根、伽利略、笛卡尔和牛顿的名字。17 世纪哲学造成了且有意要造成与哲学传统的断裂。洛克本人在那场革命中扮演了一个主要角色。因而,有理由认为洛克的政治哲学根本上是一种革命性的或全新的学说。

洛克没有强调其学说的革命性特点,[304]这些特点远远说不上清晰明了。但这是人们唯一应该期望的。《政府论》想要达到一个双重目的:阐述政治的永恒原则,并为某个基于这些原则的特定政治体制辩护。因此,洛克表述其原则的方式必须不仅仅是"哲学的",同时还要是"公民的"。高夫本人注意到,洛克是个谨慎的人(页 177)。由于显而易见的原因,洛克在《政府论》(*Civil Government*)中要比在《人类理解论》(*Essay*)中谨慎得多。他不得不让自己对思想的表述而非自己的思想适应时代的偏见。我们必须从字里行间阅读《政府论》的主要原因在于,我们不得不区分洛克原汁原味的普遍原则与他表述这些原则选用的习传伪装。

洛克没有让善于思考的读者费尽心机去琢磨他的意思。洛克援引胡克(Hooker)的方式表明了他对传统的态度。仿佛是,在与胡克意见相同之处,他引用胡克的话;当与之有分歧时,他几乎从未提过胡克。史学家一个明显的职责就是,对观洛克的整个政治学说与胡克的整个政治学说。这样一种全面的对观既会揭示出,在洛克的政治哲学与传统政治哲学之间有一道既深且宽的鸿沟;也会揭示出洛克政治哲学的革命性特点。

综上所述,研究《政府论》的人必须最为密切地关注少数几个段落,在此,洛克自己说,他的学说是"奇特的(strange)"。高夫碰巧提到其中一个段落,却只是评论说洛克称之为"奇特的"某种学说已不再奇特(页88)。有必要补充的是,普遍忽视《政府论》上篇并不合理。对于这一问题,高夫只是说:

> 诚然,《政府论》上篇在反驳费尔麦(Filmer)这点上是一部充满争议的书,但这只是在当时引起了短暂的兴趣,现在可以将其抛之脑后。(页122)

这里只提一点,如果不考虑到与圣经历史的关系,人们就无法理解自然状态学说;但洛克在《政府论》上篇中使用的圣经材料要比在下篇多得多。[305]高夫注意到洛克与卢梭在自然状态的"史实性(historicity)"上的差异(页89),但他没有注意到这样的事实:卢梭否认自然状态的"史实性",因为卢梭发现,自然状态学说与圣经对人类起源的解释无法调和。在洛克与"当今英国政治理论"关系的问题中,这一议题的位置应是一目了然。

有一个典型的例子可说明高夫的处理方法,即他对洛克自然法学说的探讨。高夫注意到,洛克反对各民族对于自然法有普遍的一致意见这样的观点,换句话说,他承认除了运用"数学"证明,作为人的人没有其他方法知晓自然法;此外,洛克还试图为自然法提供一个享乐主义的(hedonist)基础。由于认为洛克的企图注定失败,高夫得出结论说,洛克自然法的真正基础是传统信仰(页5-10、

16–17)。无论如何评判这一结论,要想思索这一结论首先就得充分认识到以下事实,反对众人的同意(consensus gentium)并试图将自然法与享乐主义结合在一起预设了与传统方法的彻底决裂。人们至少不得不说,洛克的传统信仰与他独立思考的努力之间有一种强烈的张力。这种张力说明了洛克的谨慎和自我矛盾:他可能在自己反传统原则的某些后果面前退缩。此外,洛克要成为理性主义者和享乐主义者的企图可能也会受到谴责;这并不排除一种可能性,他的理性主义和享乐主义对其政治哲学产生了深远影响。洛克贬低所有人就道德原则达成的自然的一致意见,这难道与他的下述观点——即不同于人力的自然只提供了"几乎毫无价值的材料"——没有联系?洛克的享乐主义难道与他有关自然法原则的教诲(这些原则规范着公民社会中财产的积累和使用)没有联系?只要这些问题没有得到适当的探讨,我们就不能说已经理解了洛克的财产学说乃至其政治哲学。

《民主政府的哲学》(Yves R. Simon, *Philosophy of Democratic Government*, University of Chicago Press, 1951)

[306] 西蒙(Simon)的民主政府哲学如果说不是只关注,也主要是关注现代的民主制,即一种在大众工业社会中运作的、以党派体系为特点的民主制。西蒙既意识到现代民主固有的危险(对于民主本身和人类完善的危险),同时又坚定地拒绝堕入"文人们"常常沾染上的绝望。西蒙努力表明,我们仍有理由心怀希望。他以非凡的精确和彻底的坦诚阐述他所处理的问题,并时刻不忘清晰明了的义务。

西蒙把"一般性政府理论"作为其民主政府哲学的开场白。具体的民主问题分为四个部分来分析:民主的自由;民主制中的主权;民主的平等;民主与技术。在这里甚至无法列举他的讨论所揭示的许多重要议题。特别有价值的论述是,权威的职能(见页61注的总结)、民主制与自由主义(liberalism)之间的关系(页122 – 125),以及民意(public opinion)在民主社会中的适当位置(页185 – 190)。西蒙对民主与自由主义间关系的讨论,很可能有助于定义言论自由的根本局限性。他对民意的讨论为合理判断民意测验中固有的政治危险奠定了基础。人们必须注意到,西蒙并没有探讨,当下及可预见未来的国际形势会以何种方式影响到或可能影响到现代民主制的特点及前景。

西蒙的民主政府哲学以托马斯主义原则(Thomistic principles)为基础。不用说,托马斯主义与民主制在某些条件下是正义的这一观点相容,因此,托马斯主义尤与下述观点相容,即在当前,民主制是各种形式的僭政唯一可行的替代方案。[307]西蒙有条件地接受民主,但没有就此打住。西蒙表示完全赞同民主精神。

按西蒙的设想,民主精神远不同于教条的民主主义(doctrinaire democratism)。西蒙承认,

> 在某些时间和地点,少数人对多数人的半殖民统治可能是最好的安排,甚至是唯一能想到的安排。

人们会认为这意味着民主制简直是最好的政体,因而民主制的实现取决于特别有利的条件,也就是极难满足的条件。但我拿不准这一表述是否公正对待了西蒙的意图。通过将民主精神与"保守"精神两相对立,他阐明了自己对民主精神的理解。西蒙把保守主义理解为这样的观点:"只要人们始终是其所是,对多数人来说,就没有什么比少数人的父权统治更好。"保守主义由此将被等同于一种教条的看法:民主制在任何情况下都是不正当的,或至少是不可欲的。但不能说保守主义的核心是教条主义。如果有人还想在这一背景下谈论保守主义,他就只能说,合理的保守主义者在可疑情形下会偏向于非民主非僭政的政制,而合理的民主主义者在可疑情形下会偏向于民主制。西蒙对民主精神的特点描述如下:

除了愿意和渴望宣布有这样一些情形(无论这情形是否经常出现),在其中,多数人不需要父权统治,民主精神的另一个特点就是保守主义者极其反感的某种厚脸皮(audacity)。

正如我们所看到的,由于那种"愿意和渴望"并非民主主义者独有,因而,民主精神与众不同的特点就将是"某种厚脸皮",愿意"接受某种风险",保守主义者则躲避这种风险:"民主制大大加剧了对英雄主义的需求"(页 16 – 17)。"厚脸皮"一词指向了基本的问题,它不仅让人想起丹东(Danton)、马基雅维利,而且更重要的是伯利克勒斯的葬礼演说本身。

西蒙企图结合托马斯主义的原则与民主精神,这预设了托马斯主义的原则能够脱离它们所处的托马斯著作[308]的"保守"背景。西蒙从审查这样一种观点开始,即托马斯本人把群众(multitude)看作是政府权威的基本传播者。他得出结论说,"无保留地指出传播理论(transmission theory)属于阿奎那,这可能超出了文本提供的保证"(页 158 – 160)。除了西蒙就这一问题所做的论述,人们可能还会说"群众"并不必然指一个民主秩序中的群众。确实,如果假设所有人从与政治相关的角度来说都天生平等,有选举权的群众(the constituent multitude)就必须被理解为一种民主制,但属于亚里士多德学派的托马斯反对这一假设。于是,西蒙转向了卡耶坦(Cajetan)、贝拉明(Bellarmine)和苏亚雷斯(Suarez)的学说。贝拉明认为有选举权的群众由平等者组成(页 166),在苏亚雷斯看来,"民主制的形成自然而然(by nature),它与君主制和贵族制截然对立,后两者除非积极的处置否则无法存在"(页 172 – 176)。不过,正如西蒙所指出的,"这些思想家都无意推荐民主制";"传播理论的支持者并不将它理解为特别属于民主制的"(页 177)。也就是说,托马斯主义的古典拥护者仅仅停留在承认民主制是诸多正当的政制之一。他们并不赞同西蒙所谓的民主精神。但西蒙接着说,"如果不倾向于建立[民主的控制权],几乎就无法充分思考[传播理论所暗含的共同处置权]";"传播理论内含的民众控制概念与它支持民主制的推进不可分离"(页180–181)。问题在这里出现了,为什么这一民主的隐含意味逃过了古典托马斯主义作家的注意。

在谈到现代民主制一个至关重要的前提时,西蒙似乎提出了答案:"人权的普遍论(the universalism of the rights of man)"。

> 如果始终允许各种理论观念在事件的实际进程中展现其后果,在唯名论的黄金时代[17、18世纪],人权的普遍论就不会成为历史存在。但一个冲突的道德环境可能会遏制一种理论的发展趋向。(页201)

如果可以把这句话作为问题的答案,人们将会得出[309]如下结论:与民主精神相一致的理论在现实主义的黄金时代本应形成,但历史的偶然(那一时代的道德环境)却阻止它形成。由于历史偶然(启蒙运动时代的道德环境),上述理论只是到了比如说18世纪才出现。于是,这将在很大程度上取决于清楚把握两个时代道德环境的差异。无论如何,西蒙认为,支持民主制的偏见是传播理论的必然结果,也就是说,对于那种理论的意义,我们能比其最杰出的提倡者理解得更好。或者,我们可以把西蒙就另一相关主题(即对于"致命的经济不平等"的态度转变)的论述应用到这一主题上:"关于这一主题,我们的良知已经改变,无疑也得到了提升"(页205)。我可以坦言,很难相信我们就重要主题而言"良知得到了提升",或者说,我们能比过去的伟大思想家们本人更好地理解他们。我倾向于假设,托马斯主义的古典派已经充分思考了传播理论,阐明了其必然的隐含意味。因此,我会认为明智的做法是假设,民主精神是传播理论的一种可能的而不是必然的发展,这一发展需要有外在的或偶然的环境支持。

西蒙将"人性的平等主义动力(the equalitarian dynamics of human nature)"与"现代社会"的平等主义动力相提并论(页206–

207;强调为笔者所加)。他的论证和引证似乎都不足以担保第一个主张的合理性,但许多评论者会赞同第二个主张。如果可以假设,在历史变迁上,存在一种进步的法则或明显的智慧,那就允许从第二个主张转向第一个主张。西蒙并不相信存在这样一种法则(页286-287)。西蒙并没有说,"有可能相信普通人的命运能可靠地托付给上等阶层的智慧"这样的时代已一去不返;他只是说"那一时代已经远去,看上去(apparently[译按]该词亦有'显然'的意思),不会再回来"(页98-99)。作为政治哲人而非历史哲人或伪先知,西蒙显然感觉到,没有人能知道,人类能否挺过核战争时代(比较页273),并且,经过这个时代后,我们今天视为完全过时的非民主政体,[310]会不会再次成为"最佳的安排,甚至是唯一可想象的安排"。

西蒙把现代社会的平等主义动力追溯到人性的平等主义动力,因为,他把现代处境(可以说是自19世纪中叶就存在或出现的处境)看作正常的处境。

> ……在某些条件下,有限的投票要比普遍的投票更能体现真正的城邦生活——这种情况的发生就如普遍的无知一样,是这类反常状态的一个结果……此类情形在我们的时代也不罕见;从整个人类史来看,这种情形的频繁出现遮掩了其纯粹偶然的特点。
>
> ……对于选举的完整的政治特点而言,所有人参加政治选举是一个正常条件。资格审查涉及的情形是,全体投票因偶然而无法履行其表现共同体整个生活的正常职能。(页87)

这等于说,民主所要求的条件是正常的条件,是人性要求的条件。要评判这一主张的有效性,我们必须看一下西蒙讨论民主的平等时所提到的一个例子,"防止夭折风险的平等权利"。"要求人类社会努力保护人的生命,这就是人性;这一要求对人性的所有承载者同样有效"。但正如西蒙所注意到的,人性的这一要求只是凭借现代技术的发展才接近所有人取得一种真正权利的状态(页 205)。人们不由得纳闷,适用于这一特定权利的东西,经过适当修改(mutatis mutandis),是否同样适用于消除许多国家在不远的过去"普遍的无知"(比较页 206 – 207)。总体而言,西蒙没有表明,他所认为的正常条件是否只是预设了现代技术的一个条件。他也没有表明,他所认为的我们良知的提升,是否是不可避免的结果——源于将一种不变的良知运用于现代技术创造的处境或机会。

如果现代技术本身是正常的,现代技术创造的条件也会是正常条件。那么,西蒙的书在讨论"民主与技术"时达到高潮就有很好的理由。[311]正如民主制一样,技术社会植根于人性:

> 主宰物理的自然(physical nature)是人的天命(vocation)的一部分……在实现其天命的过程中,人在世世代代使用经验程序后,发展科学方法并投入使用,这是很正常的。

但"这并不意味着社会技术化的进程受到了严格必然性的支配"。最主要的,这并不意味着这一进程是正常的,它所创造的处境是人的正常处境:"出于一种危险感,人本可以决定在征服自然时奉行节制。"人能够在节制与厚脸皮之间做出选择。但"事实上,约束性因素终究被击败了"(页 273)。一个决策,不论其意图有多好,若不是明显有德性有智慧,我们都无权为其所创造的处境鼓掌。但我们无法从这一处境中脱身;我们的职责是在这种处境中有德性有智慧地行事。我们必须意识到现在比以往变得更严重的危险,意识到那种逃入"反社会梦想"的企图(页 273)。人们不由得赞同这一清醒且有男子气的结论。

附录:"什么是政治哲学"中的论证

朗佩特(Laurence Lampert) 著

李雪梅 译 李世祥 校

阅读施特劳斯是一道颇有难度的习题,且大多数困难都源于作者的精心谋划。如此刻意设计是施特劳斯严格区分意见和知识的必然结果,二者的区别预先决定了,只有具备某种品性的读者才会需要理解施特劳斯书籍和文章的真正含义。尽管——甚至某种程度上正是因为——施特劳斯的著作表面上读起来清晰直白,他所设计的困难依然存在。发现这种精心谋划的晦涩既令人愤怒也使人愉悦。愤怒是因为,它看似对读者是如此不敬,如此公然冒犯读者对作者的合理期望。施特劳斯的读者当然也曾孜孜钻研过其他著作中的其他类型的晦涩,作者有意缺乏直白清楚的迹象不会被欣然接受。但是,这一发现又不缺少某种施特劳斯本人曾指出的乐趣。① 这些乐趣迎合了某种特别的天性,施特劳斯所取悦和吸引的正是拥有这样天性的人们。无论如何,这是一项姗姗而来的发现,并且遭到众多怀疑——至少对我们这些不曾师从施特劳斯或其弟子的人来说如此。

不过,人们应能预料到,施特劳斯会实践他本人在柏拉图、迈蒙尼德、马基雅维利和斯宾诺莎这些作者身上重新发现的写作艺术。

---

① 参施特劳斯,《迫害与写作的艺术》(*Persecution and the Art of Writing*, Glencoe, Illinois: Free Press, 1952, 页24-25, 36, 55-60, 162-163, 184);《城邦与人》(*The City and Man*, Chicago: Rand McNally, 1964, 页50-54)。

人们也能预料到施特劳斯对这一艺术的实践也应与他们的有所不同,因为最初使这些人采用权宜方法的迫害不再是我们当今的社会特色。尽管如此,那些当初令他们的实践可能可欲的信念依然能为人们共享,这些信念关涉民意(public views)与哲学,或用我们后面将讨论的说法,这些信念关涉对属己之物的爱(love of one's own)与对善的爱(love of the good)。

为了探求施特劳斯的观点,读者可以研究其著作中的难点,但施特劳斯频繁地将读者的注意力从他自己的观点转移到论题本身。其结果就是,对于任何对他的著作发生兴趣的人来说,其中的难点仅仅是个开始而已,因为所有难点都是在请读者进一步阅读其著作所指向的其他难懂的作家;这是在邀请读者开始一种生活方式,非常近似于柏拉图的《王制》,《王制》是苏格拉底对格劳孔(Glaucon)和阿得曼托斯(Adeimantus)发出的开始一种新生活的邀请——不同之处就是施特劳斯邀请我们阅读古书。

施特劳斯著作的核心是古代与现代之间永无休止的斗争。下文讨论的是在这场斗争中的一次小冲突。这是一起尤为有趣的冲突,因为它清晰展现了施特劳斯战略上的复杂性。继续借用军事的隐喻,在文章中,他甘愿于在一处战场上输掉,以便有可能在别处赢得长远的胜利——在所有的观众面前,施特劳斯被击败了,但其目的是说服那些目睹这场表面的失败后依然迟迟不肯离去的极少数好奇而又挑剔的质疑者。

"什么是政治哲学"是施特劳斯著作《什么是政治哲学:及其他研究》一书①重要的主题文章,此文近期作为《政治哲学:施特劳斯论文六篇》②中的首篇重新发表。该文章描述了古代和现代对政治

---

① Leo Strauss, *What is Political Philosophy? And Other Studies*. Glencoe,Illinois:Free Press,1959,页 9 – 55。下文所引页码皆参此版。
② Hilail Gildin 编,*Political Philosophy:Six Essays by Leo Strauss*. Indianapolis:Bobbs Merrill,1975,页 3 – 57。

哲学问题的解决方案。显然,读者期待施特劳斯会为古典政治哲学辩护。但与"什么是政治哲学"的中心部分所提供的辩护相比,读者所期待的是更强有力的辩护。在这个部分,施特劳斯针对两种常见的反驳为古典政治哲学作了辩护,但他对这些反驳的回应只能说是零碎不全且回避问题实质。然而,回应的明显弱点并非疏忽大意所致,此外,与一切表象相反的是,对古典政治哲学的辩护——尽管文章的其他部分都不曾直接涉及这一辩护——并不依赖于对这些反驳的回应。与他在文章第一部分所描述的政治科学不同的是,施特劳斯的文章本身并没有采用"可以在课堂传播的教学形式"(页15)。我在接下来的第一节将表明施特劳斯对两种反驳所作回应的不足;在第二节我将表明,这种不足意味着一种隐蔽的预期,期待一种更为详尽且类别上决然不同的回应。

一

施特劳斯在文章的中间部分或者说第二部分呈现了"古典解决方案",引述了对该解决方案的两种常见反驳,然后试图对它们进行回应。这两个反驳如下:

1)古典政治哲学反民主,因而是坏的;2)古典政治哲学基于古典自然哲学或古典宇宙论,现代自然科学的成功业已证明这一基础不真实(页36)。

施特劳斯文章的绝大多数读者会倾向于赞同这两种反驳,但施特劳斯的回应似乎并未给予它们特别严肃的对待。

施特劳斯对第一种反驳的回应承认了古典作家的反民主立场,并为此辩解说,民主制并非古典作家实现其目标——即德性——的可行手段。施特劳斯的回应(这一回应相当于他对古典作家反对民主制的论证的阐述)以如下断言结束,"然而,倘使不存在对传统政治哲学道德上的或政治上的有效反驳……"(页38),但是他的论证并没有证明有正当的理由把这种笼统的断言作为结论;它并没有证明,对古典政治哲学道德上的和政治上的所有反驳都是无效的。

正如施特劳斯展示的,反对民主制的论证依靠两条推理路线。第一条推理路线如下:德性要求教育,教育要求闲暇,闲暇要求财富,而财富总是由相对少数的人拥有。(把这条路线反过来)民主制或多数人的统治则将会是:穷人、无暇者与未受教育者的统治(施特劳斯微妙地止步于此,但还加上了一步:)以及无德者(the non-virtuous)的统治。就像施特劳斯所承认的,"如果人们不需要教育来获得对德性的牢固信念,这一古典式论据就不会有说服力"(页37)。施特劳斯引用了卢梭作为另一观念的导师,卢梭认为人们不需要教育来达到上述目的,认为自然为人们配备了所需要的善。对古典式推理的这一挑战被施特劳斯用以下两点考量简短地打发了:(1)"正是这个卢梭被迫制订了一项教育方案,只有极少数人在财力上能够负担这一方案"(页37);(2)我们当中很少有人持有卢梭的观点,因此它不构成针对古典政治哲学的普遍反驳的基础,从而可以置之不理。

然而,又该如何看待普及教育(universal education)呢?——因为,对于第一条推理路线所提出的问题,普及教育是一条自然而然的出路,并且是现代世界为使民主制可行而选择的道路。施特劳斯在此处应用了第二条推理路线:普及型教育要求经济富足,而后者要求将技术从道德和政治的控制下解放出来。施特劳斯不做论证就宣称古典教诲包含了"含蓄的预言,即技术和艺术从道德和政治中获得解放将导致灾难或人的非人化"(页37)。施特劳斯宣称这一预言从未被驳倒过。

施特劳斯的结论是,不存在针对古典政治哲学有效的道德上和政治上的反驳,这一结论未经论证的前提是宣称,标准的道德上和政治上的反驳源于这样一个思想体系,它必然抛弃道德和政治对技术的控制。其要点可能在于,一个抛弃了道德和政治的体系无法产生有效的道德上和政治上的反驳。

但是这一回应完全未击中反驳的主旨,因为反对者几乎不会承认,普及教育所需的技术必然会从道德和政治中获得解放。施特劳斯也没有论及任何反对者应该承认这一点的理由。施特劳斯的论证并不试图说服反对者同意这一命题;它仅仅是个反诉(counter-charge)。令普及教育成为可能的技术必须抛弃道德和政治控制,这个说法并非一目了然。再说,似乎有一些依赖技术之外的道德上和政治上的反驳(例如针对奴隶制)可能从这一语境中产生,由此令施特劳斯的结论难以成立,因为它涵盖了所有道德上和政治上的反驳。最起码,施特劳斯针对这些反对古典政治哲学的道德和政治反驳的论证回避了问题的实质。他的论证假设,这些反驳只会产生于某种特定的技术立场,它还假设,由于这种技术从道德和政治中获得了解放,这些反驳只能是自相矛盾的。

与对第一个反驳的回应相比,施特劳斯对第二个反驳的回应更加简略、更令人费解。该反驳认为,古典政治哲学注定与一个过时的宇宙论绑在一起。施特劳斯的回应的主要依据是,苏格拉底这位古典政治哲学的奠基人并不委身于任何宇宙论。施特劳斯与其说是论证,不如说是断言:有关政治事物的知识有可能撇开任何宇宙论承诺。回应的第二段包含了一系列苏格拉底式的主张,即哲学是求索有关整全的知识。哲学据说是一种求索,其目的是政治知识和宇宙论知识的完全结合。"而这一结合并不受我们支配"(页39)。

但这些反击的断言完全没有击中反驳的要点和主旨——亦即古典政治哲学无法与现代自然科学握手言和,后者的成功已证明了古典宇宙论的不真实。即使我们认可施特劳斯的观点,即从逻辑上说古典政治哲学可以脱离古代宇宙论,他也还是未能证明其与现代宇宙论的兼容性。在这方面,施特劳斯还附加了一个主张:

无论现代自然科学的意义是什么,它无法影响我们对何为人身上的人性的理解。对现代自然科学来说,从整全的角度理解人意味着以次人(sub-human)的眼光来理解人。但从这一角度来看,人作为人完全不可理解。(页38)

这一论点过于简单地重申了苏格拉底的立场,且丝毫未论证这一立场的真实性。而对于提出反驳的人来说,这一主张并非自明(现代自然科学显然已影响了我们对人身上的人性的理解,即使——如施特劳斯看上去暗示的那样——仅仅是通过无视人之人性),也很难被当作真实的。这部分回应是由这样一个反诉构成的,即反驳本身所依据的是一个令人类变得无法理解的宇宙论。

与第一个回应相同,构成第二个回应的只是几乎没什么说服力的反面主张(counter-claims)而已。它们几乎不足以让反对者重新考虑自己的反驳,因为它们想当然地假定所争论的古典政治哲学的真理性。回应未能严肃对待反驳。而这些反驳恰恰是大多数读者倾向于提出的,因为它们反映出我们对什么是善(民主制)的认识和我们对什么是真(现代科学)的认识。

二

针对这两个看上去如此必要和有力的反驳,为何施特劳斯的回应却如此缺少说服力?人们被迫反复回顾他的论证以便发现其理据和重要意义。施特劳斯的战略只是一点一点显露出来的。在陈述那些反驳本身之前,他就以既直接又轻蔑的方式来描述它们。提出这样的反驳"既不需要原创性,也不需要才智,甚至不需要博学"(页36)。人们推断,这些都不是有可能提出的最严肃的反驳,尽管它们是施特劳斯唯一提及并作出回应(或者说并未回应)的反驳。似乎还有确实需要原创性、才智和博学的反驳。它们是什么?为什么未被提及?它们是否可能比提到的这些反驳更为重要?为什么不对它们做出回应？

这些反驳出现的语境间接为这些问题提供了答案。就在这两个反驳出现之前，施特劳斯刚刚阐述了"古典解决方案"。推测起来，这部分大概是摆出反对意见所反驳的观点。但这是个错误的推测。施特劳斯呈现的古典解决方案中不包含任何可以引发以上反驳的内容。此外，紧随在反驳之后，施特劳斯又阐述了"现代解决方案"，这部分间接表明，确实存在原创性的、有才智的和博学的反驳，并且它们确实反驳了施特劳斯所呈现的古典解决方案。但施特劳斯从未将这些现代解决方案描述成反驳，亦从未直接回应它们。于是，我们面对的是如下迷局：引述了的反驳并未反对他呈现的古典解决方案；他对这些反驳的回应方式显然不令人满意；那些原创性的、有才智的和博学的反驳确实反对了他所阐述的古典解决方案，但施特劳斯并未将这些当作针对古典解决方案的反驳，也不予以回应。面对这些困惑，人们回到"古典解决方案"本身——它是什么？它到底是如何得到辩护的？

文章中间部分的题目"古典解决方案"似乎许诺会对这个解决方案是什么做出陈述。本节的大部分是关于[柏拉图]《法义》(*Laws*)的讨论。据说"古典政治哲学的特点在柏拉图的《法义》中得到最为清晰的展现"（页29），这么说似乎又承诺会陈述古典政治哲学的特点是什么。然而，就这些期待来说，讨论所涉及的材料令人惊讶，因为首先，施特劳斯的文章不论是对解决方案还是对古典政治哲学的特点，看上去都没有什么直接的陈述。论述所侧重的内容初看上去似乎无关紧要，甚至微不足道。但这种表面上的无关紧要渐渐地显露为最核心的内容。

中间部分的讨论涉及了柏拉图、苏格拉底和亚里士多德。亚里士多德是在最后以最简短的篇幅论及的，但对他的讨论也是最直截了当的，施特劳斯在这一讨论中回溯性地阐明了其论述柏拉图和苏格拉底的意义所在。涉及亚里士多德的唯一一段文字中唯一的要点是，亚里士多德谨慎地区分对属己之物的爱和对善的爱，并（因为潜在的不明智)谨慎地捍卫这一区分。古典政治哲学从未忘记属己之物的重要性,但从不把它置于善之上。由于[人们]普遍倾向于爱属己之物,这一区分在政治上是危险的;但它在哲学上是必要的,揭示这一区别的同时必须保持最大程度的审慎和机敏。

回头去看,此前对柏拉图和苏格拉底的讨论就是这一区分的例证。它们暗示了所有对待哲学的方式的政治特点。这些讨论展示了哲人如何处理哲学的政治(the politics of philosophy)。① 关于柏拉图的讨论涉及一个主要问题:在最好的法律更接近雅典法律而不是克里特(Crete)和斯巴达(Sparta)法律的情况下,一个来自雅典的异乡人如何能够与一个克里特人和一个斯巴达人探讨最好的法律?也就是说,来自雅典的异乡人如何向那些将雅典认作异族且热爱属己的克里特和斯巴达的人推荐雅典的好法律?关于苏格拉底的更简短的讨论也涉及了哲学的政治。它展示了苏格拉底在决定面对并接受雅典法庭的判决时,是如何调和了对属己之物的爱与对善的爱。这种决定对于哲人而言是一个政治决定,因为这涉及属己与善之间的关系。这个特定决定的本性澄清了政治决定以及古典政治哲学的特点:"它[苏格拉底的选择]并非在于按照一种简单、普遍、不可变更的规则对他的案例作简单的归类"(页33)。

在论述苏格拉底、柏拉图和亚里士多德的时候,施特劳斯始终对揭示所涉及问题时的情景和场合(circumstances and occasions)给予极其细心的关注,好像情景和场合与问题本身同等重要。因此,当问题涉及对属己之物的爱与对善的爱之间的区分时,这就变得清楚了,情景和场合确实是如此重要。

尽管一开始,施特劳斯对于古典解决方案是什么似乎没做实质

---

① 这里并非暗示,这是这些讨论所关注的唯一内容,或者唯一重要的内容。更为确切的说法是,这些内容对于针对反驳的回应不够充分这一问题尤有启发。这一限定同样也适用于此后对施特劳斯文章的第一和第三部分的使用。

性阐述,但逐渐变得显而易见的是,实质性的内容既是对属己之物的爱与对善的爱之间的区分,也是认识到,必须以最大的谨慎、以对揭示时的情景最小心翼翼的关注来接近这一区分。① 那么,那两个反驳呢?它们显然并未反对[施特劳斯]所阐述的古典解决方案。倒是关于古典解决方案的讨论先对它们进行了解释——尽管是间接解释。对属己之物的爱与对善的爱之间的区分展现了两个反驳的本性。施特劳斯揭示出,这些反驳未能对二者做出那一区分。也就是说,它们干脆痛快地将属己之物(此处指我们自己,亦即现代人)等同于善,它们还将古典作家们排除在属己之物以外,从而视为错误和更糟的东西加以拒斥。施特劳斯关于古典解决方案的阐述不动声色地告知读者这些反驳的本性。我们都倾向于提出这样的异议,正是因为它们反映了什么是我们自己的东西。

那么,又如何解释[施特劳斯]对反驳的回应呢?它们同样未能区分对属己之物的爱与对善的爱。回应拥有与反驳一样的论证基础。就施特劳斯在文章第一部分详述的区分而言,反驳和对其回应都是"政治思想"的实例而非政治哲学的实例,两者都"主要对一种特定的秩序或政策感兴趣,或者依附于这种秩序或政策"(页12),都"武断地假定了能被充分质疑的各种原则"(页13)。回应只不过是基于能被质疑的原则做出的反诉,它们(从性质和内容上同样)显示了标准的反驳的特点,因为标准的反驳本身也委身于一些

---

① 就施特劳斯在别处所做的一个区分来说,这里对古典政治哲学只做了单方面的论述,尽管这里讨论的这一方面更为重要:

……"政治哲学"这一措辞中,"政治的"这个形容词与其说指明一种主题,不如说指明一种处理的方式;从这一观点出发,我以为,"政治哲学"的首要涵义不是指以哲学的方式来处理政治,而是指以政治的或大众的方式来处理哲学,或者说是指对哲学的政治导引——尝试将有资格的公民,或更准确地说,将他们有资格的后代从政治生活引入哲学生活(施特劳斯:《什么是政治哲学》,页 93 – 94)。

[译按]此段引文出自本书"论古典政治哲学"一文。

能被质疑的原则(有关技术和宇宙论)。这些回应指出,古典与现代之间原则上存在一个明显的分裂,而它们选择了古典政治哲学的立场。那些反驳为施特劳斯提供了一个机遇:以文章此前明显预见到的方式为古典政治哲学辩护。施特劳斯在关于《法义》的讨论中提到过:斯巴达人对雅典政制的攻击给了来自雅典的异乡人一个完美的借口来为雅典政制辩护(页30以下)。正如来自雅典的异乡人通过扮演爱国者而不是哲人的角色来为政制作辩护那样,施特劳斯在此处只是以一个拥护者的身份为古典政治哲学进行辩解。他的回应从古典政治哲学的视角示范了那些反驳的本性;回应通过模仿这一本性来示范这些本性。但这些回应不是施特劳斯针对反驳的最终论断,也不是他在文章中举证古典政治哲学的重要特性的唯一方式。

虽然这两个反驳既不需要原创性,也不需要才智和博学(也许有人会说回应同样不需要),但确实存在需要原创性、才智和博学的反驳,而且施特劳斯的文章并没有忽略这些反驳,尽管他并未将它们直指为反驳。确切地说,它们是以"各种现代解决方案"的形式出现的。这些解决方案反对古典解决方案,依据在于,古典解决方案并非是一个解决方案,而施特劳斯对古典解决方案的论述明确地承认了这个事实。也就是说,对于古典政治哲学来说,最好的政治秩序的建立全凭机运,或者更直接的说法是,最好的政治秩序缺乏现实性(actuality)。如果一种解决方案就是那种秩序的建立,那它就不算是解决方案。严肃的反驳批判古典政治哲学的方式无异于柏拉图道出的公众批判哲人的方式:哲人要么无用要么有害,他对属己之物无用或有害,因为他不是属己之物的一名党徒(partisan)(柏拉图:《王制》493e – 494a)。这就是说,严肃的反驳确实认识到对属己之物的爱与对善的爱之间的区别,但他们因其不现实而予以拒斥。与前面提到的反驳不同的是,此处这些反驳确实反对施特劳斯所阐述的古典解决方案。现代解决方案所尝试的是一个真正的解决办法,那就是从属己之物而非从善中判明自己的方位(页41),并寻求实现一个新的社会秩序。现代解决方案抹去了对属己之物的爱与对善的爱之间的区别(页42)。这种诉求恰恰迎合了那些在这二者之间选择将自己置于善之上的人们(页45以下)。这个解决方案是人及其征服机运的决心所引发的人类状态的一场革命。①

施特劳斯对这个最严肃的反驳的阐述悄然解释了前两个反驳并为它们找到了根据。它间接地表明,前两个他所贬低的反驳与此处严肃的反驳之间存在着必要的联系。

宇宙论问题(第二个反驳)更加一目了然。马基雅维利直接将宇宙论当作尚未解决的难题。马基雅维利的方案基于这样一种宇宙论,即假定"目的论的自然科学具有站不住脚的特点"(页47),然而这一假设本身一直缺乏根据,直到现代科学为其提供了这种根据。霍布斯和洛克继承了反目的论的原则,而卢梭则完成了"从人的目的(end)转向人的开端(beginning)",卢梭理解的自然状态"并不超越自身"(页52)。尼采迈出了反目的论的宇宙论的最后一步,对他来说"自然已不再以合乎法则的仁慈的(lawful and merciful)面目出现。因此,生存的根本体验不再是极乐的体验,而是对苦难、空虚和深渊的体验"(页54;亦参页53)。所有这些情况都显示,政治哲学的上述发展基于一种特定的反目的论的宇宙论。我们必须从第二种反驳和对其的回应的角度来解读这一论述,因为正是在那里

---

① 显然,尽管施特劳斯没有直接说明,随着从古典到现代的演变,"解决方案"一词的含义已发生了变化。古典的解决方案解决什么?它解决"什么是政治哲学"这一问题,是通过认识到哲学的政治性来解决的。各种现代的解决方案解决什么?它们解决"什么是政治哲学"的问题,依靠的是解决——或着手解决——人类处境的问题。现代政治哲人企图成为一个新的社会秩序的立法者和先知。他们力求消除机运,并实现"正当或可欲的社会秩序"(页46以下)。由于古典政治哲人并非一种政制的立法者和先知,他们所要解决的必然有所不同。因为他们的目的是善,是最好的政治秩序,而实现最好的政治秩序还靠机运(页34)。施特劳斯对各种现代解决方案的论述为我们展示的是,尽管它们提出了原创性的、有才智的、博学的反驳,但它们实际上代表了古典政治哲学某个单一目标(a single objective)的持续展开。

首先提出了宇宙论问题,并留下了对它的质疑。这一论述表明——正如回应所提示的那样——反驳本身依据的就是一种特别的宇宙论,这种宇宙论取消了自然目的,从而取消了古典政治哲学。另一方面,文章称古典政治哲学"凭借整全的神秘特性"肇端(页39),并且政治事务本身即便抛开某种宇宙论亦是可知的(页39以下;亦参页27以下)。因此,尽管可以说,对于一种取消自然目的的宇宙论观点来说,古典政治哲学是不可能的,但只有现代政治哲学才直接依赖于一种特定的宇宙论。

在对第一个反驳的回应中,民主问题直接地(即便也是有问题地)引出技术问题。文章的第三部分从未使用"技术"一词,但技术本身作为现代人为了征服机运所作的努力经常出现。在那里,征服机运被视为现代政治哲学规划的一个基本部分,它与现代政治哲学实现自己所渴望的新社会秩序的决心密不可分(页41,46以下,51,53以下,55)。征服机运导致的不仅是对自然的主宰,同样也是对人的操纵和训练,人现在被视为有无限的可塑性(页42)。借用对第一个反驳的回应中的说法:现代技术被表现为从道德和政治中获得了解放,是因为它是这样一种政治哲学的本质产物,这种哲学把更低而不是更高作为其取向——还不仅仅是其取向,而且还是其手段,因为施特劳斯强调了这样一个事实:现代政治哲学依靠的是释放"盲目自私的激情"(页54)以实现它所渴望的新秩序。它依靠的是"发现或发明了用一种不道德或非道德事物来替代道德的需要"(页49;参页43,48,49,54)。我们必须根据对第一个反驳的回应来解读对征服机运的论述,因为技术从道德和政治中获得解放在那里第一次被提到并留下了对它的质疑。对第一个反驳的回应暗示了论及现代解决方案时详述的内容,即现代解决方案必然包括了企图征服机运的技术,并且它被从道德和政治的控制下解放出来,无论那种解放是以荣誉(页42以下)、权力(页48以下)、获取(acquisitiveness)(页49)、情感(feeling)(页53)的名义还是以创造力(页54)的名义。另一方面,古典政治哲学据说"摆脱了所有的狂热主义,因为它知道邪恶无法根除,因此人对政治的期望必须适度"(页28),而且古典政治哲学认为,技术从道德和政治中获得解放"将招致灾难或人的非人化"(页37)。

文章第三部分含蓄地重述了标准的反驳,从而维系了这些反驳的重要性。它们首次被提及便因其肤浅的形式而遭到轻视,它们在文章中所处的位置和对它们的回应都指示了这一形式的肤浅。对它们更加详尽(尽管更加隐蔽)的再次阐述出现在批判古典政治哲学的原创性的、有才智的和博学的反驳中,也就是说,这些反驳真正认识到了通常引述的反驳所未能认识到的古典政治哲学的解决方案和特点。对最初的那些反驳的回应是既不完整又回避问题实质的反诉,这些回应通过断言指出了反驳背后隐藏的东西。但这些回应是为了在讨论现代解决方案时揭示这些反驳的真正根基所做的准备。常见的反驳所依据的是对古典立场的误解和对自身根基的无知。

然而,如果现代方案(project)——文章含蓄地揭示了这种方案正是两个反驳的根源——本身就是针对古典政治哲学的严肃反驳,又该如何对其作答呢?施特劳斯文章的结尾看似没有结论:它以论述显然受施特劳斯谴责的激进历史主义(radical historicism)(海德格尔)收尾,并没有对其进行批驳。为什么施特劳斯对原创性的、有才智的和博学的反驳不做正面回应呢?要回答这个问题必须考虑以下两点:(1)施特劳斯文章的本性;(2)为古典政治哲学做出的任何可能辩护会招致的责难(consequent strictures)。

(1)如果我们从文章的中间部分认识到,以审慎机敏的方式区分对属己之物的爱与对善的爱是古典政治哲学的特点,并且如果我们从我们对两个反驳的赞同中认识到,现代(the modern)就是我们的属己之物,那么,通篇文章揭示出,文章本身正是本着古典政治哲学的精神进行的一次练习。文章中间部分不只是表现了古典政治哲学的本性,还同样表现了施特劳斯文章的本性。施特劳斯的文章同样以微妙并有所保留的方式尝试引起读者注意对属己之物的爱与对善的爱之间的区别。它承认人们对属己之物的依附所具有的价值和深度,但也认识到,那种依附可以损害对善的爱,因为属己之物并不体现为(embody)善。按标准的苏格拉底方式来表述,这篇文章认识到,存在一些需要人们学习但又无法用常规方法教授的真理。此文通过遵循古典政治哲学最重要也最危险的区分来最为严肃地对待古典政治哲学。下面一点将清楚地显示施特劳斯委身(commitment to)古典政治哲学的证据。

(2)严肃对待古典政治哲学所要求的缄默(reticence)不是一言不发(silence),在古典政治哲学允许的狭窄范围内,从施特劳斯的文章中可以发现对古典解决方案的一种辩护以及对现代解决方案的一个回应。自然,这个辩护必须以挑战和引发质疑为主。在文章的第三部分,激进历史主义被描述成现代观点的持续展开,这种现代观点起始于马基雅维利对古典政治哲学的原创性的、有才智的和博学的反驳。以海德格尔为顶峰的现代哲学既被视为一个保持着自我一致性的发展,也被视为对古典政治哲学的反驳。在论述这一发展的时候,施特劳斯小心翼翼地指出它对最高事物(善)的一贯的且必然的抛弃;它依赖人身上"较低的"因素取得成功;它抛弃道德和政治对技术的控制;它依赖一种独有的(exclusive)宇宙论;以及它在尼采和海德格尔身上最终且必然结出的果实的可悲特点。施特劳斯以这些特定的方式驳斥了许多现代哲人持有的错综复杂且时常标新立异的立场。施特劳斯论述的严谨和智识上的一丝不苟(intellectual austerity),似乎使它远离我们那些直接和私密的关注。它似乎与"属于我们自己的东西(our own)"相去甚远,肯定比前面两个反驳中的民主制和科学的陈词滥调离我们更远。读者们无法立即辨认出,对几个哲人的批判正是对属于我们自己的东西的正面攻击。但是,这当然是对属于我们自己的东西的攻击,这一攻击始终克制着不去指明这些哲人与我们那些老生常谈的真理(verities)之间的必然联系。无论如何,可以由读者来补充如下关键要点:对于最先引述的两个针对古人的反驳,我们显然当作属于我们自己的东西加以赞同,这两种反驳必然根植于现代哲学。这些反驳("我们的"反驳)必然衍生于那种原创性的、有才智的和博学的反驳。这两个反驳看上去如此有力,如此迎合我们在道德和科学上的优越性,由此,施特劳斯以极大的保留和谨慎展示出,这两种反驳具有一个最为可疑的根基。施特劳斯表明,我们清楚地辨认为属于我们自己的东西既与不那么容易被辨认为属于我们自己的东西系缚在一起,从而也与在古典政治哲学的狭窄范围内能受到攻击并会遭到质疑的东西系缚在一起。

表面上如此理由充沛的反驳与表面上如此缺乏说服力的回应之间尚未解决的冲突是对第三部分的冲突的预示,这一冲突初看上去纯粹是学术性的(academic),但它实际上却是彻头彻尾根本性的冲突。在这后一种冲突中以及在对第一个反驳的回应所包含的反诉中,施特劳斯暗示出进行更深入探究所必须贯彻的路线,以便有可能寻求属于我们自身立场之外的一种立场。这就是对古典政治哲学的辩护。这是以唯一适合古典政治哲学的方式对其核心区分的重建。

人名索引

(数字为原书页码,中译本在行文中以[ ]标明)

Albo,Joseph(阿尔伯),157n.,158n.,169.

Aristototle(亚里士多德),10,27,33,35,37,47,50,58,74,76,81n.,82n.,83n.,84n.,85n.,86n.,87n.,89n.,91,92,93n.,94,100,111,120,161,163,164n.,230,237,243,254,255,256,259,272,276,278,285,286,288,289,292,297,298-299

Austen,Jane(奥斯丁),104

Averroes(阿威罗伊),41,102,220

Avicenna(阿维森纳),161

Bacon(培根),47,172,273

Baxter,Richard(巴克斯特),292

Belaval,Yvon(贝勒瓦),228-232

Bergson(柏格森),17

Burke(柏克),240,265,267,274-275

Calvin(加尔文),292

Carneades(卡涅阿德斯),204,216

Cassirer,Ernst(卡西尔),246,292-296

Chrimes,S.B.(克莱姆斯),275-278

Cicero(西塞罗),82n.,83n.,87n.,89n.,93n.,127,288

Cobban,Alfred(科班),274

Cohen,Hermann(柯亨),17,242,246,295

Comte,Auguste(孔德),18

Comtino, Eliezer(科姆提诺),157n.

Crossman, R. H. S.(克罗斯曼),263 - 264

Democritus(德谟克利特),122

Descartes(笛卡尔),23,28,50,178n.,199 - 200,206,258,280

Dewey, John(杜威),72n.,279 - 281

Dilthey, Wilhelm(狄尔泰),242

Dostoievski(陀思陀耶夫斯基),104,237

Empedocles(恩培多克勒),96

Engels, Friedrich(恩格斯),130

Falakera Shem - tob(法拉克拉),161n.

Fārābi(法拉比),84n.,127,134 - 154,156n.,159n.,163,167n.,168n.,285

Fink, Zera S.(芬克),290 - 292

Fortescue, Sir John(福蒂斯丘),275 - 278

Fowler, Thomas(富勒),274

Gierke, Otto von(基尔克),271

Goethe(歌德),268 - 270

Gough, J. W.(高夫),302 - 305

Grene, David(格勒内),299 - 302

Gronovius, J. F.(葛罗诺维斯),93n.

Grotius(格劳秀斯),93n.,175

Halevi, Yehuda(哈列维),164n.

Harrington(哈灵顿),47,291,292

Hegel(黑格尔),50,54,58,75,88,105,109,111,129,171,174,175,195,241,246,264 - 265,268 - 270

Heidegger(海德格尔),17,241,245 - 248,252,254,260

Herzl, Theodor(赫茨尔),13

Hesiod(赫西俄德),36

Hobbes(霍布斯),47 – 52,105,111,170 – 196,200,215,217,218,265,266 – 267,273,274,290,291

Homer(荷马),29

Hooker,Richard(胡克),199,204,304

Hume(休谟),74,81n. ,178n.

Husserl(胡塞尔),17

Ibn Aknīn,Joseph(伊本·阿克宁),161n.

Isocrates(伊索克拉底),82n. ,84n.

Jefferson,Thomas(杰斐逊),86

Kant(康德),50,52,54,174,175,230,241,242,243,266,268,279,280,291,295

Kierkegaard(基尔克果),241,242,268,269

Klein,Jacob(克莱因),75n.

Kojève,Alexandre(科耶夫),96,104 – 133,230,231

Leibniz(莱布尼茨),230,258

Leyden,W. von(莱顿),197 – 200

Lindsay,A. D.(林赛),69n.

Locke(洛克),49 – 51,63n. ,171,174,178n. ,197 – 220,266,270,274,302 – 305

Löwith,Karl(洛维特),268 – 270

Lucian(路吉阿诺斯),189

Lucretius(卢克莱修),50

Macaulay(麦考雷),81n.

Machiavelli(马基雅维利),40,41,43 – 49,54,101 – 103,104,105,111,180,218,286 – 290,291,294,296,307

Maimonides(迈蒙尼德),102,127,155 – 169,230,231

Mann,Thomas(托马斯·曼),235

Marx, Karl(马克思),41,129,195,268,269
McIlwain, Charles Howard(麦克伊尔韦恩),271-272
Mendelssohn, Moses(门德尔松),157n.,158n.
Mentz, Friedrich(门茨),116
Montesquieu(孟德斯鸠),47,49,50,84n.,126

Nietzsche(尼采),54,55,129,171,172,241,248,268,269

Olschki, Leonardo(奥勒斯吉),286-290

Parmenides(帕默尼德),247-248,250-251,255
Pascal(帕斯卡尔),115,217
Pegis, Anton C.(佩西斯),284-286
Pinsker, Leon(平斯克),13
Plato(柏拉图),20,26,27,29,31-33,36,39,50,54,58,60,63,81n.,82n.,83n.,84n.,87n.,88n.,90,91n.,92n.,93,94n.,96,99,100,110,112,118-120,125,126,134-154,161,163,193,194,228,230,237,238,243,247,255,263-264,285,291-294,297-302
Plutarch(普鲁塔克),93n.,126
Polin, Raymond(波林),173-196
Polybius(珀律比乌斯),93n.,288,291
Powell, Elmer Ellsworth(鲍威尔),273-275

Reimarus, Hermann Samuel(莱马鲁斯),189
Reinhardt, Karl(莱因哈特),250
Renan, Ernest(勒南),228
Riezler, Kurt(里茨勒),233-260
Rommen, Heinrich A.(罗门),281-284
Rousseau(卢梭),37,47,50-54,83n.,85n.,191,195,266,270,274,305

Sabine, George H.(萨拜因),223-228

Salutati, Coluccio(萨卢塔蒂),97

Schelling(谢林),88n.

Schopenhauer(叔本华),171,172

Seneca(塞涅卡),92n.

Sidney, Algernon(锡德尼),47

Simon, Yves R.(西蒙),306-311

Smith, Adam(亚当·斯密),111

Socrates(苏格拉底),32,33,36,38,39,88,89,91,92,93,100,105,109,116,117,119,120,123,127,153-154,194,260,263-264,293,298

Spinoza(斯宾诺莎),13,47,171,174,192,225-227,230,231,273-275,280

Tacitus(塔西佗),288

Thomas Aquinas(托马斯·阿奎那),11,84n.,94n.,198,199,200,204,208,211,215,219,278,284-286,292,306-308

Thucydides(修昔底德),82n.,260,288,299-301

Tocqueville, Alexis de(托克维尔),81n.

Tönnies, Ferdinand(腾尼斯),178n.

Vaughan, C. E.(沃恩),264-267

Verdross-Rossberg, Alfred(费尔德罗斯),296-299

Voegelin, Eric(沃格林),96-103

Weber, Max(韦伯),23,239-240

Whitehead(怀特海),17

Wolfson, H. A.(沃尔夫森),159n.,160,161,164,165n.,168n.

Xenophon(色诺芬),82n.,84n.,86n.,88,91n.,92n.,93n.,94n.,95ff.,298

图书在版编目（CIP）数据

什么是政治哲学/（美）施特劳斯（Leo Strauss）著；李世祥等译. --2版
--北京：华夏出版社，2019.10（2021.12重印）
（西方传统：经典与解释）
书名原文：What is Political Philosophy
ISBN 978-7-5080-9776-3

Ⅰ.①什… Ⅱ.①施… ②李… Ⅲ.①政治哲学－研究 Ⅳ.①D0

中国版本图书馆CIP数据核字（2019）第124114号

Simplified Chinese Translation Copyright ©2011 by Huaxia Publishing House
What is Political Philosophy
Original English Language Edition Copyright ©1959 by The Free Press
All Rights Reserved
Published by Arrangement with The Original Publisher, FREE PRESS, a Division of Simon & Schuster, Inc.

版权所有，翻印必究
北京市版权局著作权合同登记号：图字01-2009-1517号

什么是政治哲学

作　　者	[美]施特劳斯
译　　者	李世祥 等
责任编辑	李安琴
责任印制	刘　洋
出版发行	华夏出版社有限公司
经　　销	新华书店
印　　装	北京汇林印务有限公司
版　　次	2019年10月北京第2版 2021年12月北京第2次印刷
开　　本	880×1230　1/32
印　　张	10.75
字　　数	290千字
定　　价	75.00元

华夏出版社有限公司 地址：北京市东直门外香河园北里4号　邮编：100028
网址：www.hxph.com.cn　电话：(010)64663331(转)
若发现本版图书有印装质量问题，请与我社营销中心联系调换。

西方传统：经典与解释
Classici et Commentarii

HERMES
刘小枫◎主编

古今丛编

克尔凯郭尔　[美]江思图 著
货币哲学　[德]西美尔 著
孟德斯鸠的自由主义哲学　[美]潘戈 著
莫尔及其乌托邦　[德]考茨基 著
试论古今革命　[法]夏多布里昂 著
但丁：皈依的诗学　[美]弗里切尔罗 著
在西方的目光下　[英]康拉德 著
大学与博雅教育　董成龙 编
探究哲学与信仰　[美]郝岚 著
民主的本性　[法]马南 著
梅尔维尔的政治哲学　李小均 编/译
席勒美学的哲学背景　[美]维塞尔 著
果戈里与鬼　[俄]梅列日科夫斯基 著
自传性反思　[美]沃格林 著
黑格尔与普世秩序　[美]希克斯 等著
新的方式与制度　[美]曼斯菲尔德 著
科耶夫的新拉丁帝国　[法]科耶夫 等著
《利维坦》附录　[英]霍布斯 著
或此或彼（上、下）　[丹麦]基尔克果 著
海德格尔式的现代神学　刘小枫 选编
双重束缚　[法]基拉尔 著
古今之争中的核心问题　[德]迈尔 著
论永恒的智慧　[德]苏索 著
宗教经验种种　[美]詹姆斯 著
尼采反卢梭　[美]凯斯·安塞尔-皮尔逊 著
舍勒思想评述　[美]弗林斯 著
诗与哲学之争　[美]罗森 著
神圣与世俗　[罗]伊利亚德 著
但丁的圣约书　[美]霍金斯 著

古典学丛编

论王政　[古罗马]金嘴狄翁 著
论希罗多德　[古罗马]卢里叶 著
探究希腊人的灵魂　[美]戴维斯 著
尤利安文选　马勇 编/译
论月面　[古罗马]普鲁塔克 著
雅典谐剧与逻各斯　[美]奥里根 著
菜园哲人伊壁鸠鲁　罗晓颖 选编
《劳作与时日》笺释　吴雅凌 撰
希腊古风时期的真理大师　[法]德蒂安 著
古罗马的教育　[英]葛怀恩 著
古典学与现代性　刘小枫 编
表演文化与雅典民主政制
[英]戈尔德希尔、奥斯本 编
西方古典文献学发凡　刘小枫 编
古典语文学常谈　[德]克拉夫特 著
古希腊文学常谈　[英]多佛 等著
撒路斯特与政治史学　刘小枫 编
希罗多德的王霸之辨　吴小锋 编/译
第二代智术师　[英]安德森 著
英雄诗系笺释　[古希腊]荷马 著
统治的热望　[美]福特 著
论埃及神学与哲学　[古希腊]普鲁塔克 著
凯撒的剑与笔　李世祥 编/译
伊壁鸠鲁主义的政治哲学
[意]詹姆斯·尼古拉斯 著
修昔底德笔下的人性　[美]欧文 著
修昔底德笔下的演说　[美]斯塔特 著
古希腊政治理论　[美]格雷纳 著
神谱笺释　吴雅凌 撰
赫西俄德：神话之艺
[法]居代·德·拉孔波 等著
赫拉克勒斯之盾笺释　罗逍然 译笺
《埃涅阿斯纪》章义　王承教 选编
维吉尔的帝国　[美]阿德勒 著
塔西佗的政治史学　曾维术 编

古希腊诗歌丛编
古希腊早期诉歌诗人 [英]鲍勒 著
诗歌与城邦 [美]费拉格、纳吉 主编
阿尔戈英雄纪（上、下）
[古希腊]阿波罗尼俄斯 著
俄耳甫斯教祷歌 吴雅凌 编译
俄耳甫斯教辑语 吴雅凌 编译

古希腊肃剧注疏集
希腊肃剧与政治哲学 [美]阿伦斯多夫 著

古希腊礼法
希腊人的正义观 [英]哈夫洛克 著

廊下派集
廊下派的神和宇宙 [墨]里卡多·萨勒斯 编
廊下派的城邦观 [英]斯科菲尔德 著

希伯莱圣经历代注疏
希腊化世界中的犹太人 [英]威廉逊 著
第一亚当和第二亚当 [德]朋霍费尔 著

新约历代经解
属灵的寓意 [古罗马]俄里根 著

基督教与古典传统
保罗与马克安 [德]文森 著
加尔文与现代政治的基础 [美]汉考克 著
无执之道 [德]文森 著
恐惧与战栗 [丹麦]基尔克果 著
托尔斯泰与陀思妥耶夫斯基
[俄]梅列日科夫斯基 著
论宗教大法官的传说 [俄]罗赞诺夫 著
海德格尔与有限性思想（重订版）
刘小枫 选编
上帝国的信息 [德]拉加茨 著
基督教理论与现代 [德]特洛尔奇 著
亚历山大的克雷芒 [意]塞尔瓦托·利拉 著
中世纪的心灵之旅 [意]圣·波纳文图拉 著

德意志古典传统丛编
彭忒西勒亚 [德]克莱斯特 著
穆佐书简 [奥]里尔克 著

纪念苏格拉底——哈曼文选 刘新利 选编
夜颂中的革命和宗教 [德]诺瓦利斯 著
大革命与诗话小说 [德]诺瓦利斯 著
黑格尔的观念论 [美]皮平 著
浪漫派风格——施勒格尔批评文集 [德]施勒格尔 著

美国宪政与古典传统
美国1787年宪法讲疏 [美]阿纳斯塔普罗 著

世界史与古典传统
西方古代的天下观 刘小枫 编
从普遍历史到历史主义 刘小枫 编

启蒙研究丛编
浪漫的律令 [美]拜泽尔 著
现实与理性 [法]科维纲 著
论古人的智慧 [英]培根 著
托兰德与激进启蒙 刘小枫 编
图书馆里的古今之战 [英]斯威夫特 著

荷马注疏集
不为人知的奥德修斯 [美]诺特维克 著
模仿荷马 [美]丹尼斯·麦克唐纳 著

品达注疏集
幽暗的诱惑 [美]汉密尔顿 著

欧里庇得斯集
自由与僭越 罗峰 编译

阿里斯托芬集
《阿卡奈人》笺释 [古希腊]阿里斯托芬 著

色诺芬注疏集
居鲁士的教育 [古希腊]色诺芬 著
色诺芬的《会饮》 [古希腊]色诺芬 著

柏拉图注疏集
柏拉图的灵魂学 [加]罗宾逊 著
柏拉图书简 彭磊 译注
克力同章句 程志敏 郑兴凤 撰
哲学的奥德赛——《王制》引论 [美]郝兰 著
爱欲与启蒙的迷醉 [美]贝尔格 著
为哲学的写作技艺一辩 [美]伯格 著

柏拉图式的迷宫——《斐多》义疏 [美]伯格 著
哲学如何成为苏格拉底式的 [美]朗佩特 著
苏格拉底与希琵阿斯 王江涛 编译
理想国 [古希腊]柏拉图 著
谁来教育老师 刘小枫 编
立法者的神学 林志猛 编
柏拉图对话中的神 [法]薇依 著
厄庇诺米斯 [古希腊]柏拉图 著
智慧与幸福 程志敏 选编
论柏拉图对话 [德]施莱尔马赫 著
柏拉图《美诺》疏证 [美]克莱因 著
政治哲学的悖论 [美]郝岚 著
神话诗人柏拉图 张文涛 选编
阿尔喀比亚德 [古希腊]柏拉图 著
叙拉古的雅典异乡人 彭磊 选编
阿威罗伊论《王制》 [阿拉伯]阿威罗伊 著
《王制》要义 刘小枫 选编
柏拉图的《会饮》 [古希腊]柏拉图 等著
苏格拉底的申辩（修订版） [古希腊]柏拉图 著
苏格拉底与政治共同体 [美]尼柯尔斯 著
政制与美德——柏拉图《法义》疏解 [美]潘戈 著
《法义》导读 [法]卡斯代尔·布舒奇 著
论真理的本质 [德]海德格尔 著
哲人的无知 [德]费勃 著
米诺斯 [古希腊]柏拉图 著

亚里士多德注疏集

亚里士多德《政治学》中的教诲 [美]潘戈 著
品格的技艺 [美]加佛 著
亚里士多德哲学的基本概念 [德]海德格尔 著
《政治学》疏证 [意]托马斯·阿奎那 著
尼各马可伦理学义疏 [美]伯格 著
哲学之诗 [美]戴维斯 著
对亚里士多德的现象学解释 [德]海德格尔 著
城邦与自然——亚里士多德与现代性 刘小枫 编
论诗术中篇义疏 [阿拉伯]阿威罗伊 著
哲学的政治 [美]戴维斯 著

普鲁塔克集

普鲁塔克的《对比列传》 [英]达夫 著
普鲁塔克的实践伦理学 [比利时]胡芙 著

阿尔法拉比集

政治制度与政治箴言 阿尔法拉比 著

马基雅维利集

君主及其战争技艺 娄林 选编

莎士比亚绎读

莎士比亚的历史剧 [英]蒂利亚德 著
莎士比亚戏剧与政治哲学 彭磊 选编
莎士比亚的政治盛典 [美]阿鲁里斯/苏利文 编
丹麦王子与马基雅维利 罗峰 选编

洛克集

上帝、洛克与平等 [美]沃尔德伦 著

卢梭集

论哲学生活的幸福 [德]迈尔 著
致博蒙书 [法]卢梭 著
政治制度论 [法]卢梭 著
哲学的自传 [美]戴维斯 著
文学与道德杂篇 [法]卢梭 著
设计论证 [美]吉尔丁 著
卢梭的自然状态 [美]普拉特纳 等著
卢梭的榜样人生 [美]凯利 著

莱辛注疏集

汉堡剧评 [德]莱辛 著
关于悲剧的通信 [德]莱辛 著
《智者纳坦》（研究版） [德]莱辛 等著
启蒙运动的内在问题 [美]维塞尔 著
莱辛剧作七种 [德]莱辛 著
历史与启示——莱辛神学文选 [德]莱辛 著
论人类的教育 [德]莱辛 著

尼采注疏集

尼采引论 [德]施特格迈尔 著
尼采与基督教 刘小枫 编
尼采眼中的苏格拉底 [美]丹豪瑟 著

尼采的使命 [美]朗佩特 著
尼采与现时代 [美]朗佩特 著
动物与超人之间的绳索 [德]A.彼珀 著

施特劳斯集

论僭政（重订本） [美]施特劳斯 [法]科耶夫 著
苏格拉底问题与现代性（增订本）
犹太哲人与启蒙（增订本）
霍布斯的宗教批判
斯宾诺莎的宗教批判
门德尔松与莱辛
哲学与律法——论迈蒙尼德及其先驱
迫害与写作艺术
柏拉图式政治哲学研究
论柏拉图的《会饮》
柏拉图《法义》的论辩与情节
什么是政治哲学
古典政治理性主义的重生（重订本）
回归古典政治哲学——施特劳斯通信集
苏格拉底与阿里斯托芬

***

施特劳斯的持久重要性 [美]朗佩特 著
论源初遗忘 [美]维克利 著
政治哲学与启示宗教的挑战 [德]迈尔 著
阅读施特劳斯 [美]斯密什 著
施特劳斯与流亡政治学 [美]谢帕德 著
隐匿的对话 [德]迈尔 著
驯服欲望 [法]科耶夫 等著

施米特集

宪法专政 [美]罗斯托 著
施米特对自由主义的批判 [美]约翰·麦考米克 著

伯纳德特集

古典诗学之路（第二版） [美]伯格 编
弓与琴（重订本） [美]伯纳德特 著
神圣的罪业 [美]伯纳德特 著

布鲁姆集

巨人与侏儒（1960-1990）
人应该如何生活——柏拉图《王制》释义
爱的设计——卢梭与浪漫派
爱的戏剧——莎士比亚与自然
爱的阶梯——柏拉图的《会饮》
伊索克拉底的政治哲学

沃格林集

自传体反思录 [美]沃格林 著

大学素质教育读本

古典诗文绎读 西学卷·古代编（上、下）
古典诗文绎读 西学卷·现代编（上、下）

中国传统：经典与解释
Classici et Commentarii
华夏章华
刘小枫 陈少明 ◎ 主编

《孔丛子》训读及研究 / 雷欣翰 撰
论语说义 / [清]宋翔凤 撰
周易古经注解考辨 / 李炳海 著
浮山文集 / [明]方以智 著
药地炮庄 / [明]方以智 著
药地炮庄笺释·总论篇 / [明]方以智 著
青原志略 / [明]方以智 编
冬灰录 / [明]方以智 著
冬炼三时传旧火 / 邢益海 编
《毛诗》郑王比义发微 / 史应勇 著
宋人经筵诗讲义四种 / [宋]张纲 等撰
道德真经藏室纂微篇 / [宋]陈景元 撰
道德真经四子古道集解 / [金]寇才质 撰
皇清经解提要 / [清]沈豫 撰
经学通论 / [清]皮锡瑞 著
松阳讲义 / [清]陆陇其 著
起凤书院答问 / [清]姚永朴 撰
周礼疑义辨证 / 陈衍 撰

《铎书》校注 / 孙尚扬 肖清和 等校注
韩愈志 / 钱基博 著
论语辑释 / 陈大齐 著
《庄子·天下篇》注疏四种 / 张丰乾 编
荀子的辩说 / 陈文洁 著
古学经子 / 王锦民 著
经学以自治 / 刘少虎 著
从公羊学论《春秋》的性质 / 阮芝生 撰

编修 [博雅读本]
 凯若斯：古希腊语文读本 [全二册]
 古希腊语文学述要
 雅努斯：古典拉丁语文读本
 古典拉丁语文学述要
 危微精一：政治法学原理九讲
 琴瑟友之：钢琴与古典乐色十讲

译著
 普罗塔戈拉（详注本）
 柏拉图四书

刘小枫集

民主与政治德性
昭告幽微
以美为鉴
古典学与古今之争 [增订本]
这一代人的怕和爱 [第三版]
沉重的肉身 [珍藏版]
圣灵降临的叙事 [增订本]
罪与欠
儒教与民族国家
拣尽寒枝
施特劳斯的路标
重启古典诗学
设计共和
现代人及其敌人
海德格尔与中国
共和与经纶
现代性与现代中国
现代性社会理论绪论
诗化哲学 [重订本]
拯救与逍遥 [修订本]
走向十字架上的真
西学断章

经典与解释辑刊

1. 柏拉图的哲学戏剧
2. 经典与解释的张力
3. 康德与启蒙
4. 荷尔德林的新神话
5. 古典传统与自由教育
6. 卢梭的苏格拉底主义
7. 赫尔墨斯的计谋
8. 苏格拉底问题
9. 美德可教吗
10. 马基雅维利的喜剧
11. 回想托克维尔
12. 阅读的德性
13. 色诺芬的品味
14. 政治哲学中的摩西
15. 诗学解诂
16. 柏拉图的真伪
17. 修昔底德的春秋笔法
18. 血气与政治
19. 索福克勒斯与雅典启蒙
20. 犹太教中的柏拉图门徒
21. 莎士比亚笔下的王者
22. 政治哲学中的莎士比亚
23. 政治生活的限度与满足
24. 雅典民主的谐剧
25. 维柯与古今之争
26. 霍布斯的修辞
27. 埃斯库罗斯的神义论
28. 施莱尔马赫的柏拉图
29. 奥林匹亚的荣耀
30. 笛卡尔的精灵
31. 柏拉图与天人政治
32. 海德格尔的政治时刻
33. 荷马笔下的伦理
34. 格劳秀斯与国际正义
35. 西塞罗的苏格拉底
36. 基尔克果的苏格拉底
37. 《理想国》的内与外
38. 诗艺与政治
39. 律法与政治哲学
40. 古今之间的但丁
41. 拉伯雷与赫尔墨斯秘学
42. 柏拉图与古典乐教
43. 孟德斯鸠论政制衰败
44. 博丹论主权
45. 道伯与比较古典学
46. 伊索寓言中的伦理
47. 斯威夫特与启蒙
48. 赫西俄德的世界
49. 洛克的自然法辩难
50. 斯宾格勒与西方的没落
51. 地缘政治学的历史片段
52. 施米特论战争与政治
53. 普鲁塔克与罗马政治